国家科学技术学术著作出版基金资助出版

区块链技术
及其在信息网络中的应用

薛开平　罗昕怡　洪佳楠　著

科学出版社

北　京

内 容 简 介

本书从信息网络的角度探讨区块链的技术特性和应用模式。全书共有 10 章。第 1～3 章为第一部分，概述区块链的技术基础、技术研究和技术应用，总结了学术界在包括共识机制、安全与隐私、扩容与跨链等关键技术，以及身份与数据安全、移动通信、物联网等信息网络相关领域的应用案例。第 4～6 章为第二部分，以公钥证书管理和移动通信等场景为例，探讨现有身份认证体系的问题，并提出基于区块链的解决方案。第 7～10 章为第三部分，以智能医疗、智能电网和移动通信场景为例，探讨区块链在数据存储与共享过程中的优良特性及隐私问题，并在相关场景下提出对区块链隐私保护与访问控制的解决方案。

本书可供从事区块链技术和信息网络技术等研究的科研人员、工程技术人员、高等院校相关专业的师生使用。

图书在版编目（CIP）数据

区块链技术及其在信息网络中的应用 / 薛开平，罗昕怡，洪佳楠著. —北京：科学出版社，2024.6

ISBN 978-7-03-077781-2

Ⅰ. ①区… Ⅱ. ①薛… ②罗… ③洪… Ⅲ. ①区块链技术-应用-信息网络-研究 Ⅳ. ①G202

中国国家版本馆 CIP 数据核字（2024）第 021093 号

责任编辑：惠 雪 曾佳佳 / 责任校对：郝璐璐
责任印制：张 伟 / 封面设计：许 瑞

科 学 出 版 社 出版

北京东黄城根北街 16 号
邮政编码：100717
http://www.sciencep.com

北京九州迅驰传媒文化有限公司印刷
科学出版社发行 各地新华书店经销

*

2024 年 6 月第 一 版 开本：720×1000 1/16
2024 年 6 月第一次印刷 印张：15 3/4
字数：312 000

定价：**129.00 元**
（如有印装质量问题，我社负责调换）

序 言 一

区块链作为一项备受关注的新兴技术，自诞生以来，迅速在全球掀起了一场颠覆性的信息化革命浪潮。目前各主要国家均意识到其巨大的潜力，都在加快布局发展区块链技术。通过对共识机制和智能合约等多种技术的集成创新应用，区块链为各参与方建立提供数字信任的分布式共享账本，具有数据公开透明、信息安全程度高和可追溯性强等特点。正是这些优势使得区块链能够以去中心化、无地域限制的方式进行大规模协作，从而改变传统的商业模式，提供更高效、安全、可信的解决方案。因此，区块链技术在各行各业中具有广泛的应用前景，有望发挥促进数字经济、推动信息化发展、构建可信互联网等重要作用，为社会创造更多价值。

2018 年 5 月 20 日，工业和信息化部信息中心发布的《2018 年中国区块链产业白皮书》指出，区块链作为一项颠覆性技术，正在引领全球新一轮技术变革和产业变革。在当前形势下，我国区块链技术持续创新，区块链产业初步形成，开始在供应链金融、征信、产品溯源、版权交易、数字身份、电子证据等领域快速应用。这些应用有望推动我国经济体系实现技术、组织和效率等方面的变革，为构建现代化经济体系做出重要贡献。

区块链技术因其独特魅力吸引了大批学者将其作为研究方向。根据统计，全球区块链论文的发表量从 2018 年的 300 余篇增加到 2022 年的近 6000 篇。这些论文不仅涵盖了区块链核心机制研究，而且包括区块链在各种场景下的应用模式探索。

《区块链技术及其在信息网络中的应用》作者薛开平教授及其研究团队长期从事未来网络体系架构以及网络和数据安全相关的研究，并在 2017 年正式选择将区块链核心技术及其应用作为团队的主要研究方向之一。得益于深厚的信息网络研究功底，该团队将区块链与信息网络深度融合，以区块链技术为切入点，围绕"认证"与"数据"这两个关键词，深入探索区块链技术为信息网络技术革新带来的新机遇和挑战。

该书以学术研究成果为基础，全面阐述区块链技术的核心概念、技术研究和应用案例，集学术性、实用性、前瞻性和可读性于一体。该书深入探讨大量的实际信息网络应用场景，并详细阐述区块链技术在身份与数据安全、移动通信资源管理、物联网、智慧医疗、智能电网等领域的创新实践。通过对这些应用案例的研究，该书展示了成功应用区块链技术所带来的实质性收益和影响力。同时，针对每个领域中存在的问题和挑战，提出了基于区块链的解决方案，并对其进行深入探讨。通过分享研究成果，该书为读者呈现区块链技术在信息网络方面的前沿应用和发展趋势。无疑，这将为读者提供新的思考视角，推动信息网络技术的进一步革新。

　　该书对区块链技术描述准确，具备高质量的理论深度和广度；行文简洁、易于理解，满足不同读者群体的阅读需求，特别是非专业读者。因此，该书不仅适用于信息网络、区块链、大数据等相关专业的研究人员阅读参考，也可作为对区块链技术感兴趣读者的入门科普读物。我迫切希望《区块链技术及其在信息网络中的应用》为区块链赋能的信息网络的安全与可信发展做出贡献，从而推动数字经济时代的尽快到来。为此，我向广大读者推荐这本新书。

中国电科集团首席科学家、中国工程院院士　陆军

序　言　二

　　当前，信息化已进入加快数字化发展、建设数字中国的新阶段，创新、变革、突破成为重要关键词。加速信息技术迭代升级，加快数字化发展，大力发展数字经济，是"十四五"规划对信息化发展提出的核心要求。作为数据流通的主要载体，信息网络在信息化建设中扮演着重要的角色。然而，随着信息技术的快速发展，信息网络面临的安全与隐私问题也变得日益复杂。因此，亟须建立健全新型数字基础设施，优化创新信息网络技术。

　　中心化是传统信息网络体系的重要特征，一项网络服务的可靠性和安全性很大程度上取决于中心服务器的运行状态。然而，这种高度的中心化会导致诸多问题，包括针对重要服务器的单点攻击，针对相关管理人员的社会工程攻击，以及中心之间的相互隔离导致的数据孤岛问题等。中心化架构的局限性催生了去中心化的架构设计，使得网络服务能够在不依赖中心服务器的条件下可靠运行。实现去中心化的思路大致可分为两类：联盟架构和点对点架构。前者通过多个服务器替代原有的单个中心服务器，利用多个服务器之间的互补和互制来提高整个系统的安全性；后者则完全去除了服务器的概念，使网络中所有节点都作为对等实体来共同维护网络服务。

　　尽管去中心化设计能够解决中心化带来的问题，但去中心化本身也引入了一系列新的问题。例如，如何保障所有参与节点的数据与行为的一致性，如何将用户对中心服务器的信任转移至非中心节点上，如何高效地存储和传输数据等。为了解决这些问题，一个完整的去中心信息网络架构应至少包括去中心的网络层、数据层、共识层、系统层以及应用层，而这一系统的构建是非常复杂的。正因为这种复杂性，区块链技术成为了优化和革新信息网络的一种有效方法。

　　区块链起源于加密货币，因其具有出色的去中心化、去信任化、可扩展、匿名化等特点，迅速成为一项备受瞩目的新兴技术。区块链可视为一系列分布式技术的有效集成创新，由底层的点对点网络，基于块链式存储结构的数据层，搭载分布式共识机制的共识层，支持智能合约开发和执行的系统层，以及部署各类上层应用的应用层组成，能够提供安全可靠且易于使用的去中心化架构。因此，区块链技术为去中心化架构提供基础框架，帮助广大研究者与开发者绕开复杂的底层系统设计，使他们专注于更为细节与专业的问题研究。

　　《区块链技术及其在信息网络中的应用》详细论述了利用区块链技术实现信息

网络的优化与创新方法。书中总结了区块链在身份认证、数据安全、移动通信、物联网等信息网络相关领域的典型应用案例，并深入探讨了现有的身份认证和数据共享协议存在的问题，以及在相关领域应用区块链的重要意义。此外，在相关场景下，该书还提出了基于区块链的解决方案。该书适合对区块链、信息网络、物联网、数据管理等相关领域感兴趣的广大读者阅读，特别是区块链领域的专业技术人员，阅读该书将有助于拓宽思维，提高分析和解决问题的能力。

　　该书获得了 2022 年度国家科学技术学术著作出版基金的资助，本人作为申报该项资助时的推荐专家之一，在第一时间阅读了初稿。该书内容反映了国内外学者，尤其是作者团队在区块链核心技术和应用方面的最新研究进展。相信该书的出版，将有利于推动区块链技术的发展和应用。该书作者薛开平教授及其所在的中国科学技术大学团队在网络安全协议和应用密码学方面积累了丰富的研究成果，近年来，他们致力于研究区块链技术本身的技术演进及其在信息网络领域的赋能技术。这些扎实的研究基础保证了图书内容在深度和广度上的有效延伸。通过阅读该书，读者可以全面了解区块链技术的基本概念和最新研究成果，深入了解区块链技术在不同领域中的应用，这将积极推动区块链领域的研究与创新发展。

北京理工大学网络空间安全学院党委书记、教授
中国计算机学会区块链专委会主任　祝烈煌

前　　言

　　区块链是新一代信息技术的重要组成部分，通过对分布式网络、加密技术、智能合约等多种技术的集成，实现分布式信任、不可篡改存储和不可干预执行三大特性，有望解决传统中心化网络信息体系面临的单点故障、数据篡改、人为干预等主要问题，重构信息体系。

　　传统的中心化网络信息体系存在一系列安全隐患，包括中心服务器及其人员提供了十分明确的攻击目标（单点攻击）；中心服务器的不透明性使得人为操纵相对容易，不透明的中心服务器使得难以分辨造假数据；中心服务器之间的隔离性产生的数据孤岛限制了数字化、信息化建设等。虽然这些问题并不是绝对无法解决的，但历史经验表明，在保留中心化架构的前提下，解决这些问题的代价是昂贵的。

　　区块链的三大安全特性：分布式信任——保证多数实体之间的数据和状态是完全一致的，不可篡改存储——保证少数的恶意实体无法篡改已上链的任意数据，不可干预执行——一旦业务逻辑以合约的形式被定义在链上，它一定会被正确执行，使得区块链具有极高的应用价值。因此，学术界和工业界都在积极探索如何使用区块链在各行各业构建去中心的可信系统。但是，在探索区块链应用模式的过程中，也产生了急迫的优化需求，包括分布式共识导致的性能瓶颈、公开性导致的隐私泄露，同时，虽然区块链打破了中心数据孤岛，但是联盟数据孤岛仍然存在，链间互通仍是挑战。

　　因此，对区块链的研究大体上可以分为协议优化与应用探索两个方面。在协议优化方面，在解决区块链技术本身的安全问题的同时，通过分片、侧链、支付通道等扩容技术解决性能瓶颈，借助密码算法和可信硬件等技术解决隐私风险，构建链中继等技术实现安全的跨链交互。在应用探索方面，随着以太坊智能合约的提出，区块链的应用范围从单一的货币领域扩大到涉及合约功能的其他金融领域，如股票、债券等更广泛的非货币应用；而随着联盟链等更为高效的区块链系统的出现，区块链开始在各种行业中实现分布式应用落地，包括公证、仲裁、审计、物流、通信、医疗、投票等。

　　本书汇总了学术界在区块链协议优化与应用探索两方面的研究成果，并在一些经典场景下探讨了利用区块链进行身份认证和数据共享的具体方法。本书第1～3章对区块链的技术基础、技术研究和技术应用进行了系统性总结，以学术界研究成果为基础，探讨了区块链安全性、隐私保护、扩容和跨链等方面的需求和解决方案，汇总了区块链在身份与数据安全、移动通信、物联网等信息网络相关领域的应用案例。第 4～10 章以移动通信、公钥证书、智能医疗、智能电网等场景为例，探讨现有的身份认证和数据共享协议存在的问题，以及在相关领域应用区块链的重要意义，并针对具体问题提出了解决方案。

本书主要由薛开平、罗昕怡、洪佳楠撰写完成。在撰写过程中参考了课题组近年来的研究成果和相关博士/硕士学位论文。全书的撰写得到了实验室师生的积极配合，特别感谢为撰写本书做出显著贡献的周焕城、马永金、许婕、田航宇、艾明瑞、李美琪、孙文拓、徐卓、汪子凯、丁雷、张烨等博士和硕士研究生。

本书的出版得到了国家科学技术学术著作出版基金的资助。此外，本书主要成果来自课题组受资助项目：国家重点研发计划项目（编号：2016YFB0800301）、国家自然科学基金项目（编号：61671420、61972371）、安徽省重点研发计划项目（编号：2022A05020050）、中国科学院青年创新促进会优秀会员支持计划（编号：Y202093）等，在此特别表示感谢。

受作者的水平和学识所限，书中难免存在不足之处，敬请读者批评指正。

作　者

2023 年 8 月

目　录

第1章　区块链技术基础

区块链是分布式网络、加密技术、智能合约等多种技术集成的分布式系统，实现了数据维护透明、不易篡改、可追溯，有望解决网络空间的信任和安全问题，推动互联网从传递信息向传递价值变革，重构信息产业体系。作为分布式系统，区块链运行在分布式网络上，通过共识机制实现网络节点间的数据一致性，构建分布式信任环境；作为数据账本，区块链以交易为最小数据单元，将交易打包为区块进行数据存储，并利用非对称加密、哈希等密码算法和默克尔哈希树（Merkle hash tree，MHT）、布隆过滤器（Bloom filter）等验证结构，实现数据的不可篡改存储和高效验证。在分布式信任和不可篡改存储的基础上，通过巧妙的数据结构和共识逻辑设计，区块链能够提供图灵完备编程语言，支持用户在区块链上发布任意复杂的智能合约，实现安全可信的分布式应用。本章介绍区块链相关的基础知识，包括区块链起源及其基本结构，比特币、以太坊等代表性加密货币，区块链的关键技术，开源项目和软件，国内互联网公司发布的区块链平台等。

1.1　区块链技术概述

1.1.1　区块链起源

20 世纪 80 年代初，科学家们就有了对加密货币的最初设想。1983 年，Chaum 首次提出了将加密技术运用到现金上的想法，并设计了加密货币 e-cash[1]。基于盲签名技术，e-cash 具有不可追踪的特性。尽管 e-cash 在一定程度上保护用户隐私，但是仍依赖银行等中心机构的协助。1997 年，Back 发明了 hashcash[2] 来解决邮件系统中的拒绝服务（denial of service，DoS）攻击问题。hashcash 首次提出用工作量证明（proof of work，PoW）机制来获取权限，该机制在之后被比特币采用。1998 年，Dai 首次提出了不依赖中心机构的匿名数字货币：B-money[3]。在 B-money 中，任何人在给出指定数学难解问题的正确答案后，都可以发行一定量的货币。B-money 解决了加密货币合理发行的问题，但是未能解决"双重支付"问题，即同一笔货币被消费两次以上，最终 B-money 未能得到实际应用。2005 年，Szabo 提出了去中心化加密货币 Bit Gold[4]。在 Bit Gold 中，用户通过竞争数学难题获得铸币权，并且上一个难题的结果将作为下一个难题的参数，具有链式结构。然而该方案只停留在理论阶段，未能真正实现。

上述加密货币方案要么依赖一个中心化的机构参与管理，要么停留在理论设计阶段而未能实现。直到 2008 年，Nakamoto（中本聪）提出比特币[5]，并在 2009 年公开了最初的实现代码，首次从实践意义上实现了一套去中心化的开源加密货币系统。比特币首次提出基于区块链技术来维护账本，利用点对点（peer to peer，P2P）网络技术[6]实现账本同步，并基于密码学原理来确保交易的可靠性，是一个完全分布式的、不依赖任何可信管理机构的加密货币系统。

比特币的重要意义不仅体现在其对分布式加密货币的具体实现，从其核心设计中提炼出的区块链技术更是具有极大的应用价值。区块链技术是密码学、分布式网络和数据存储、共识算法等技术的集成创新。区块链利用块链式数据结构来存储与验证数据，利用分布式共识算法来生成和更新数据，利用密码学技术保证数据传输和访问的安全[7]，具有去中心化、不可篡改、可追溯、自治、透明、开放等特性。区块链技术作为分布式账本技术的新潮，变革了传统的集中式记账技术，可在金融、物联网、移动通信等诸多领域发挥重要作用。

自比特币诞生后，基于区块链技术的开源项目日新月异，其中最为著名的是以太坊项目。2013 年，Buterin 发布了以太坊白皮书[8]，启动了以太坊项目。相比于比特币，以太坊的核心特性是支持智能合约（smart contract）。比特币仅支持数字货币交易这一单一功能，其区块链系统仅提供基于货币交易的简单脚本应用。而以太坊智能合约将区块链脚本延伸到图灵完备的通用计算领域，能够支持更为复杂多变的应用场景。

总而言之，区块链支持了首个自带信任的、防篡改和抗双重支付的加密货币——比特币，还能够支持除加密货币之外的更加通用的计算逻辑，以以太坊为代表的智能合约技术支持图灵完备的编程语言。区块链将基于可信中心的记账技术发展为更为先进的分布式记账技术，成功实现了在非完全可信的、存在欺骗的网络中维持一个可信的、不可篡改的账本。记账技术对于资产的管理和流通十分关键，而分布式的可信记账技术对于当前多维、开放的商业模式意义重大。区块链技术作为分布式记账技术的具体实现，具有极高的潜力和价值。

1.1.2　区块链基本结构

区块链作为分布式账本，以区块作为数据结构存储交易信息。区块链结构如图 1.1 所示，区块包括两个部分，分别为区块体和区块头。区块体存储了交易记录。交易记录根据具体的应用而有所不同，可以为转账记录、智能合约记录、清算记录甚至物联网数据记录等。区块头存储了时间戳、利用默克尔哈希树（MHT）[9]

打包交易后得到的树根（MHT root）、上一区块哈希（previous hash）等摘要信息。其中，上一区块哈希指当前区块的上一个区块的哈希值，基于哈希的抗碰撞性，每个区块只能指向唯一的上一区块。因此，区块链将区块按照前后顺序有序链接起来，并通过分布式网络和共识机制使所有节点保存全网一致的区块链副本。当一个新区块被所有节点共识后，每个节点将其添加到自己的区块链副本上，即称该区块成功上链。而一旦成功上链，该区块将不可更改。

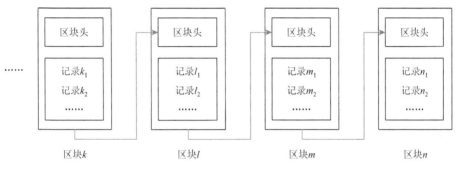

图 1.1　区块链结构

1.1.3　区块链分类

根据节点间关系的不同，区块链一般被分为三大类：公有链、私有链和联盟链。

公有链（public chain）：网络中的所有节点都能读取和发送交易、参与共识过程，并通过竞争获得记账权利。公有链是完全分布式的区块链，区块链数据公开，用户参与度高。因而，为保障系统可靠运行，公有链对共识机制和安全机制也有着更高的要求。公有链是应用最早、最为广泛的区块链，包括比特币、以太坊等在内的各大虚拟货币均属于公有链。

私有链（private chain）：单个机构独立维护的区块链系统，其主要作用是借助区块链的链式结构保障数据存储的可靠性，防止机构内的个人做出删除或篡改数据等恶意行为。私有链是相对中心化的区块链，系统参与实体的诚实度及信任基础相对较高，可以搭载更简洁高效的共识算法，因此具有更高的吞吐量。

联盟链（consortium block chain）：权限的控制介于公有链和私有链之间，参与的区块链节点是预先确定的，节点间通常具有良好的合作关系。预选节点具有记账的权利，每个块的生成由预选节点共识决定。其他节点可以参与交易，但不参与记账过程。根据权限的控制策略，区块链上的数据可以对外开放，也可进行任意程度的控制。联盟链为部分意义上的分布式区块链，适合合作机构共同维护，其典型应用包括超级账本（Hyperledger[10]）和 FISCO BCOS[11]等。

公有链是绝对开放的系统，任何节点都可以参与记账、进行交易和查询区块链，因此具有极强的安全性和可信性。但是，也正是由于参与节点数量不受控，公有链往往具有较低的吞吐量，无法支持更加复杂的应用需求。私有链则是相对封闭的，一般在企业或机构内部应用。而联盟链保留了原有的中心，但将多个中心联合构成了更大的联盟系统，相比私有链更加可信，相比公有链更加高效，在实际生产环境中发挥着重要作用。

1.1.4　区块链特点

区块链具有去中心化、不可篡改、开放性和自治性等重要特性。去中心化是区块链最本质的特性，意味着数据的记录、处理和存储不再依赖可信的第三方机构。区块链使用分布式的存储和算力，全网的节点基于分布式的共识算法对数据进行验证、存储、传递和管理。基于大多数节点诚实的假设，分布式的共识算法能保证数据的一致性和安全性，解放了对第三方机构背书的依赖。传统的中心化网络中存在单点瓶颈问题，攻破中心节点即可破坏整个网络。而对于区块链网络，攻破任意一个节点无法破坏整个系统，例如，在比特币中，掌握网内超过 51%的节点只是获得控制权的开始。不可篡改是区块链另一个重要的安全特性。数据一旦被验证写入区块链，将被永久存储，无法被修改（具有特殊功能的私有链除外）。在比特币中，除非掌控了系统中 51%以上的算力，否则任何形式的篡改攻击都无法实现，因此区块链的数据具有极高的稳定性和可靠性。

开放性和自治性使得区块链的数据公开透明和管理灵活自主。对于区块链上的数据公开透明，在公有链上，任何节点均可通过开放的接口查询区块中的内容；即使在联盟链和私有链上，在联盟范围内或机构内的所有参与实体具有同等的读写权限，相比原有的中心系统，具有更强的开放性和可审计性。自治性指区块链中的节点基于相同的规则运行区块链协议，使整个系统的所有节点都能自动地记录数据、交换数据、处理数据，不再需要传统应用中的可信中心进行干预，因此具有高度的自治性。

1.2　比　特　币

比特币作为区块链思想诞生的摇篮，在区块链历史中具有重要意义。比特币是首个基于区块链技术的应用，并且是首个实现的分布式加密货币，在信息技术、金融学等重要领域都得到了广泛关注。比特币项目是密码学、分布式网络和数据存储、博弈论、共识算法等技术的集合创新，其发展历程和设计思路，对于研究和探索区块链技术具有重要价值。

1.2.1　比特币数据结构

比特币作为区块链技术最初实现的应用，具有典型的块链式结构。比特币区块结构如图 1.2 所示，比特币的区块包含区块头和区块体两部分。区块体中存储了一组交易。区块头存储了父区块的哈希值、用于验证区块时效性的时间戳、区块链当前的版本号、用于共识计算竞争的难度值和随机数，还存储了区块体中所有交易以默克尔哈希树（MHT）形式汇总得到的树根（MHT root）。

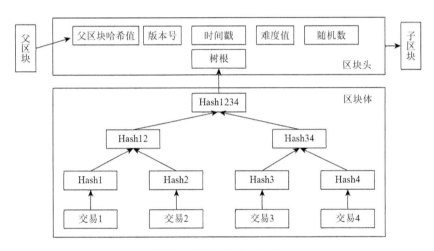

图 1.2　比特币区块结构

比特币中所有的交易都为转账交易。比特币交易格式如图 1.3 所示，包括输入、输出和签名三个部分。其中输出又被称作未花费交易输出（unspent transaction output，UTXO），可以理解为该账户中的可用余额。交易的输入必须引用已存在的一个或多个 UTXO。为了保证输入 UTXO 的合法性，证明交易的发起者合法拥有这些 UTXO，发起者需要使用自己的私钥对 UTXO 签名；矿工之后会验证该签名，以确认被引用的 UTXO 是被交易发起者所拥有的。交易的输出 UTXO 可以指向一个或多个账户并附上输出币额。交易的输入总币额和输出总币额一般存在差额，这一部分差额将作为交易费奖励给将交易写入区块的矿工。

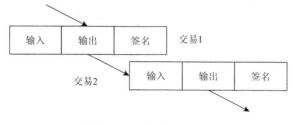

图 1.3　比特币交易格式

1.2.2　比特币节点类型

从网络传输上看,比特币中各个节点是相互对等的,但从上层应用的视角看,会根据不同节点所提供的不同功能,将它们分为四类:比特币核心(bitcoin core)节点、普通全节点(full node)、独立挖矿(solo miner)节点和轻量级钱包(light weight wallet)节点。比特币核心节点是路由、链存储、挖矿和钱包的功能集合:路由发现并维持与对等节点的连接,同时参与验证并转发交易和区块信息;链存储存储完整且最新的区块链数据,使得节点能够独立验证所有交易数据;挖矿为记账(写区块)和铸币的过程,节点通过工作量证明(PoW)竞争完成该过程;钱包的主要功能是管理账户的私钥、资产,并实施交易行为。在比特币中,每个账户表示一个地址,该地址为非对称加密算法中公钥的哈希值。由于在非对称密码学中,公钥公开而私钥保密,所以在交易过程中基于私钥的签名能唯一标识账户的行为,且具有不可伪造性。

比特币核心节点是比特币官方推荐的节点运行模式,拥有完整的四个功能,而其他三类节点则在不同方面进行了精简。普通全节点指任何存储了完整链数据的节点,但它不一定具有挖矿和钱包功能。独立挖矿节点则不保存完整链数据,而是依赖矿池提供的数据参与挖矿工作。轻量级钱包节点不保留所有区块,但是保存了所有的区块头,具有钱包功能。轻量级钱包节点作为轻量级的客户端,适用于普通用户管理资产和进行比特币交易。轻量级钱包节点虽然不能像普通全节点那样验证交易的合法性,但是可以通过简单支付验证(simplified payment verification, SPV)的方式验证交易的结果,检验交易是否被写入区块链上。

1.2.3　比特币工作流程

比特币作为加密货币,其最重要也是唯一的功能便是转账交易。为了保证交易能顺利完成,需要执行以下交易生成、交易验证和区块打包三个步骤。

首先,节点产生一个合法的交易。交易的输入是已存在的 UTXO;交易的输出是一个新的 UTXO，包括收款账户和金额。一个交易可以包含若干个输入和输出，但是输入的总币额必须大于或等于输出的总币额，多出的部分将作为交易费奖励给将交易写入区块的矿工。为了保证节点拥有支配输入 UTXO 的权限，节点需要附上见证数据，也就是 UTXO 对应账户的数字签名。当生成完交易后，节点将交易向网络广播。

然后，当其他节点收到交易后，需要验证交易的合法性。验证步骤包括三步：第一，验证见证数据是否为输入账户所对应的数字签名；第二，验证交易的输入是否大于输出；第三，查询当前未被使用的 UTXO 集合，检查输入对应的 UTXO 是否在其中，如果不在则判定为双重支付，将交易丢弃。如果验证都通过，节点将交易广播到网络中。

最后，矿工收到交易并验证后，将交易打包到新的区块中。网络中的所有矿工通过工作量证明竞争记账权，最先完成工作量证明的矿工获得将新区块写入区块链的权限。该矿工将新的区块在网络中广播，收到该区块的节点验证交易和区块的合法性，检查工作量证明是否有效，并将有效的区块添加在本地备份区块链的末尾。由于网络传输延迟等因素的影响，在同一时间段，不同节点本地备份区块链末尾的几个区块可能不同，一般称这类情况为账本分叉（fork）。因此，比特币提出了最长链法则，即矿工仅向所有分叉中的最长分叉后添加新区块，以保持整个网络的一致性。由于最长链法则的存在，比特币区块在刚刚生成时是无法确定其有效性的，因为需要等待一段时间，一般等待 6 个区块的确认，确保它位于最长链上。

1.2.4 其他加密货币

自 2009 年比特币诞生之后，基于区块链的加密货币如雨后春笋般快速发展。下面简要介绍基于区块链技术的知名加密货币。2011 年，Lee 基于比特币创建了 Litecoin[12]，将区块确认时间从比特币的 10min 缩短到 2.5min，解决了比特币区块生成慢的问题。2012 年，King 等发布了 PPCoin[13]，提出了工作量证明与权益证明（proof of stake，PoS）混合的共识算法。PPCoin 提出了币龄（coin age）的概念，即节点拥有币的金额与时长的乘积，币龄越大挖矿机会越多，但挖矿成功后币龄会减小，以防止超级节点的产生。与币龄的结合使得 PPCoin 相比于比特币更加节能。2013 年诞生了代表第二代虚拟货币的 Nxt[14]。Nxt 采用完全的权益证明机制来代替工作量证明，采用全新的设计思路和实现方式。除了具有节能的优势，Nxt 还拥有"透明锻造"、账户租用、资产交易、发送消息、去中心化域名等功能。

一部分加密货币致力于实现更强的匿名性。Monero[15]用环签名机制[16]来混淆用户，其他人只能识别该用户属于某个群体（环），但是无法获知他具体是哪个成员。

基于环签名机制，Monero 屏蔽了发送和接收地址、交易金额，具有较强的安全性。匿名交易货币的另一类典型方案是小零币（zerocoin）[17]和大零币（zerocash）[18]。与 Monero 基于环签名机制的匿名性不同，零币是基于零知识证明和分布式混币的思想构造的。零币的大致思路为，用户消耗一些不受保护的加密货币（如比特币）并将其转换为一个零币（coin），在支付时，构造零知识证明以证明自己拥有某个零币且这个零币属于某个合法零币集合。这样，用户就可以在不暴露零币的前提下将它花出去。小零币与大零币的主要区别在于币额和零知识证明算法。小零币中所有的零币都是等额的，而大零币可以灵活设置币额；小零币利用累加器证明零币属于某个集合，而大零币利用默克尔树和 zkSNARK，使得整个系统所有零币可以共用一个集合，消除了独立维护集合的额外开销。

1.3　以　太　坊

以太坊[19]扩展了区块链的功能，使其不仅能够支持分布式加密货币和分布式账本，还能够面向更为复杂和灵活的场景：智能合约。智能合约将区块链技术的应用范围从基于货币交易的简单脚本应用，延伸到图灵完备的通用计算领域。用户可以设计任意复杂的计算逻辑以满足自己的需求。

1.3.1　智能合约

智能合约是以太坊最为核心的一个概念，即以计算机程序的方式运行合约。一个智能合约由代码和数据组成。代码以特定的二进制格式（如以太坊虚拟机字节码）被部署到区块链中。数据涉及账户的余额和合约变量的状态。早在 1996 年，Szabo[20]就提出了智能合约的概念，他以一个自动售货机举例阐述智能合约：售货机根据商品的价格收取币额，并且有限自动地投递产品。自动售货机是一种搬运合约，任何持有硬币的人都可以与其交易。Szabo 指出智能合约的定义超出自动售货机的范畴，它本质上的抽象概念是个人、机构和财产之间形成关系的一种公证工具，是一套形成关系和达成共识的约定。智能合约的工作原理类似 if-then 语句。当一个预先定义的条件被触发时，智能合约就执行相应的合约条款。Szabo 虽然提出了智能合约的概念，但是缺乏支持可编程的货币系统而被作为一种理论设计。以太坊将区块链作为加密货币的应用和智能合约结合在一起，恰好解决了这个问题。以太坊支持图灵完备的语言来开发智能合约。智能合约在以太坊虚拟机（ethereum virtual machine，EVM）中运行，可以接收来自外部交易的请求而被触发。智能合约的内容为提前编写好的逻辑代码，也可在合约里进一步调用其他智能合约。智能合约在运行后可能改变以太坊网络中账户的状态，这些修改的状态经网络共识后生效。

1.3.2　以太坊数据结构

1. 以太坊的账户模型

以太坊能够支持智能合约的主要原因是它的状态模型，即除了记录交易本身，还记录交易对账户状态产生的影响。这种交易对状态产生影响的过程是一种状态机模型，利用状态机即可实现复杂的合约执行逻辑。为此，以太坊将账户分为两类，分别为外部账户和合约账户。外部账户由用户所拥有，基于私钥保证账户的安全性，用户通过外部账户发起交易，引发状态转移。合约账户在合约被部署时由矿工生成，用户可以通过外部账户向区块链中发送交易调用智能合约，合约也可以被其他合约所调用。每个账户状态有四个属性：序号（nonce）、余额（balance）、存储根（storageRoot）和代码（codeHash）。合约账户的 nonce 代表此账户创建的合约序号，外部账户的 nonce 代表从此账户地址发送的交易序号。balance 是该账户的余额。storageRoot 和 codeHash 用于存储合约变量和代码。以太坊中以默克尔帕特里夏树（Merkle Patricia tree，MPT）形式组织合约中的变量和参数，得到的 MPT root 即 storageRoot；codeHash 存储了合约 EVM 代码的 hash 值。对于外部账户，storageRoot 和 codeHash 域为空字符串的 hash 值。

2. 以太坊区块结构

以太坊作为区块链的典型应用，其区块也由区块体和区块头两部分组成。以太坊最早运行 PoW 共识，并在 2022 年升级到 PoS 共识，两种共识算法对应的区块结构略有不同，但核心概念相似，此处以 PoW 以太坊的区块结构为例进行阐述。以太坊区块结构如图 1.4 所示，以太坊的区块体中不仅包含了交易信息（transactionsRoot），还包含了叔块（ommers）的区块头。ommers 是当前区块父辈区块的兄弟区块，和当前区块具有相同的祖先，其作用是使成功挖矿但未能将区块加入主链的矿工也能获得一部分收益，起到更好的激励作用。但是，PoS 以太坊不再包含 ommers。

除了交易信息和叔块信息，在以太坊区块头中，还具有：stateRoot，所有账户状态以 MPT 形式组织得到的树根，该域用于同步以太坊所有节点存储的所有账户的状态；receiptsRoot，所有交易收据以 MPT 形式组织得到的 MPT root，该域用于汇总可以快速检索交易的收据信息；gasLimit，当前区块限制的 gas 额度（gas 相当于燃料，在交易执行过程中会损耗，最终可转换为以太币）；gasUsed，当前区块交易所耗费的总 gas；beneficiary，接收挖矿收益的账户地址；logsBloom，由日志信息组成的布隆过滤器（Bloom filter）[21]。

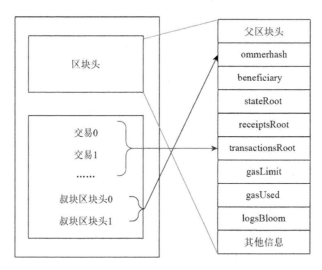

图 1.4   以太坊区块结构

3. 以太坊交易

以太坊交易的本质是由外部账户发起的，引起相关账户状态变化的过程。这种变化可能是账户余额的变化，也可能是执行智能合约引起的存储状态的变化。相较于比特币，以太坊不仅有转账交易，还包括合约创建交易和合约调用交易。交易包含输入账户和输出账户。如果输入账户和输出账户均为外部账户，则该交易表示转账交易。当转账交易被共识并写入区块后，由各个 EVM 存储的账户余额状态发生相应的变化。如果输入账户为外部账户，输出账户为空，则该交易表示合约创建交易。当交易被共识写入区块后，合约正式被创建，调用该合约的地址就可以激活区块链执行该合约。如果输入账户为外部账户，输出账户为合约账户，则该交易表示合约调用交易。当该交易被发送到网络中时，所有 EVM 都会检查交易并运行合约代码，最终全网 EVM 在合约执行结果上取得共识，获得相同的状态。交易在执行过程中会消耗 gas，gas 会转换为以太币额，由交易的输入账户支付。为了保证交易的合法性，输入账户需要附上见证数据，即对交易的签名。

1.3.3   以太坊节点类型

和比特币类似，以太坊根据提供的不同功能将节点分为全节点和轻节点。全节点存储了区块链的完整拷贝，能够独立验证所有交易数据；矿工节点也属于全节点。轻节点只存储了所有的区块头信息，可以在小容量的个人计算机（personal computer，PC）等终端设备上运行。由于没有存储区块的完整拷贝，轻节点无法验证交易，但是能够基于 SPV 的方式确认交易的结果，检验交易是否被写入区块链。

1.3.4　以太坊工作流程

当用户需要通过以太坊转账或调用、部署合约时，需要构造交易并将其发布到网络中。交易包含交易接收者、交易内容及发起者对上述内容的签名。交易接收者为转账交易的收款方或被调用合约的地址。交易内容与交易类型有关：如果是转账交易，那么需设置转账币额（value）；如果是合约调用交易，那么可以附上调用合约的输入数据（data）。另外，交易需消耗 gas，因此交易需设置好输入账户所能支付的 gas 上限（gasLimit）及每个 gas 对应的币额（gasPrice）。gasLimit×gasPrice 为输入账户所能支付的最大币额，该值加上转账币额必须小于输入账户的余额。为了保证交易的安全性，交易需要附上见证数据，即发起者使用私钥对交易的签名，根据该签名和交易内容可计算出发起者账户地址。

当以太坊中的矿工节点收到交易后，需要验证、执行交易并将其打包进区块中。矿工首先需要检查交易格式、签名、发起者账户余额等基本信息，之后在EVM 中执行交易。如果是转账交易，EVM 修改相应账户的状态；如果是合约创建交易，那么 EVM 执行初始化代码，创建合约；如果是合约调用交易，那么 EVM运行合约代码。交易的执行过程需要消耗 gas，包括合约代码的初始化步骤和合约执行的每一步。若 EVM 在运行交易过程中发现 gas 不足，则异常中断并退出，已经消耗的 gas 不再返回给输入账户，这一部分 gas 将作为交易费奖励给将交易写入区块链的矿工。由交易导致的账户状态的变化将回滚，账户重置回原来的状态。同样地，当 EVM 在执行合约的过程中发现交易错误，如栈溢出时，已经消耗的gas 不再返还给输入账户。交易正常执行完毕，剩余未被使用的 gas 将退回给输入账户。当收集一定量的有效交易后，矿工将交易打包为新区块并进行共识。

1.3.5　其他智能合约

Solana[22]区块链于 2018 年正式发布白皮书，通过权益证明机制与历史证明（proof of history，PoH）机制结合提升了共识效率。其中历史证明机制是一种创建历史记录的方法，通过时间戳证明某一事件在特定时间点内发生，从而减少验证时间，最终实现了每秒 6.5 万次交易。Solana 提供了 Rust、C、C++三种语言的智能合约接口。Solana 以极低的交易手续费和极高的交易吞吐量曾一度风靡一时，但在 2021 年后多次因被攻击而宕机，导致大量用户丧失信心，转移到其他平台。

Algorand[23]于 2017 年发布，使用权益证明作为共识机制，并论证了其在安全性、可扩展性及去中心化三个方面的进步。Algorand 提供了两种智能合约：有状态合约和无状态合约，两类合约都通过交易执行批准语言（transaction execution approval language，TEAL）写成，这是一种类汇编语言，由 Algorand 虚拟机（Algorand virtual machine，AVM）解释执行。TEAL 程序可以通过手动编写，也可以通过 Python 和 PyTEAL 编译器编写。

Substrate[24]是一款面向开发者的区块链平台，通过高级静态编程语言 Rust 开发，实现了常用的共识算法、密码算法、数据库管理、交易管理等功能，使开发人员能够短时间内构建出一条只属于自己的完整区块链。开发者只需考虑与自己相关的业务逻辑，不必负责底层区块链技术。其智能合约既支持 solidity，也支持跨平台的 WebAssmbly，其中 WebAssembly 灵活可插拔，可以与 C、C++、Golang 等多种高级语言兼容，从而使得开发者可以灵活使用现有功能库开发智能合约。

1.4　区块链的关键技术

1.4.1　共识机制

区块链作为一个分布式账本，数据的一致性是最关键的功能指标，即全体节点对区块链的数据和状态取得一致的认可。区块链网络由各个对等节点组成，这对数据一致性的实现带来巨大的挑战，特别是在存在恶意节点的情况下。而共识机制正是保障区块中所有节点对数据、状态和结果达成一致的重要机制。目前，区块链的共识机制包括工作量证明（PoW）、权益证明（PoS）、委托权益证明（delegated proof of stake，DPoS）和基于传统分布式一致性的共识算法的共识机制，基于传统分布式一致性共识算法的共识机制包括基于半同步假设的实用拜占庭容错（practical Byzantine fault tolerance，PBFT）算法和 Raft 算法，基于异步假设的 HoneyBadger、Dumbo 等共识算法。本节概述这些算法的作用和原理，本书第 2 章将给出更为详细的介绍。

1. 工作量证明

工作量证明（PoW）要求矿工（区块链中参与共识过程的节点）执行特定的工作，这个工作一般是一个数学难题，因此需要消耗大量的资源（计算资源、内存资源等）来求出结果，但是结果的正确性是容易证明的。数学难题的难度可动态变化，用于调控区块的生成时间。矿工解出数学难题后，将区块和难题结果广播到网络中。其他节点可以快速验证结果是否正确，并且将率先解出难题的区块作为新的区块加入当前区块链。

若在同一时段内，有不同的矿工同时解出了数学难题，并将对应的区块广播到了网络中去，其他节点根据先来后到的原则可能将不同的新区块加入区块链。此时，区块链形成了短暂的分叉。下一区块有可能链接到两个中的任意一个分叉区块上，并且最终决定了最长链。根据最长链的共识原则，其中一个分叉区块将被所有节点抛弃。当初选择该区块的节点重新保存最长链，区块的分叉也结束。

PoW 在保证全部节点对新区块达成共识的情况下，同时保证了区块难以被篡改。若攻击者想要修改某个区块，则它需要重新计算该区块及其后续所有区块的 PoW 共识结果，且还需要保证修改速度快于主链区块生成速度，从而使修改后的分叉成为主链。即使真的有矿工掌握了全网 51% 以上的算力，这也是十分困难的。

2. 权益证明

权益证明（PoS）根据矿工的权益（如币龄、币额）来分配矿工挖矿的权力，权益越多，挖矿的概率越大。不同于 PoW，一般而言 PoS 的矿工不需要解决复杂的计算难题来获得采矿权，它只需要进行相对简单的计算就能完成 PoS。因此，PoS 是一种更节能的共识机制。PoW 通过算力等资源来竞争采矿权，算力小的矿工很难最先完成 PoW 以获得区块奖励。这样促使不断有矿工加入矿池来规避风险，获得收益，最终也导致矿池算力集中的问题。部分 PoS 采用币龄的机制来规避中心化的问题，因为币龄相对于算力更难以集中控制。此外，PoW 对恶意的节点不闻不问，恶意节点可以反复攻击系统。相反，PoS 会惩罚系统中的恶意节点，以防止它们再破坏系统。PoS 还具有更高的吞吐量，因为权益高的节点可以快速生成新区块并获得全网的共识。

3. 基于传统分布式一致性的共识算法

基于传统分布式一致性的共识算法并不是针对区块链所提出的解决方案，但区块链本质上仍是一个分布式系统，因此这类共识算法天然适用于区块链。基于传统分布式一致性共识算法的共识机制包括 PBFT[25]、Paxos[26]、Raft[27]等。其中，Paxos 和 Raft 考虑 Paxos 假设，即系统中可能存在一部分故障节点，它们出于宕机、离线等原因无法参与共识，其他节点无法收到它们的消息。PBFT 则考虑拜占庭假设[28]，即系统中存在故障节点的同时，还存在恶意节点，它们可能向其他节点发送错误消息。在区块链中，一般认为节点间存在竞争、共谋等行为，此时仅考虑 Paxos 假设是不够安全的，PBFT 共识的认可程度相对更高。但是，PBFT 面临严重的性能瓶颈，因为它的通信代价是 $O(n^2)$ 量级的，只能支持数量较少的节点（一般认为是几十个）同时参与共识。针对 PBFT 的性能瓶颈，研究者引入可聚合签名（aggregated signature）将 $O(n^2)$ 广播代价降低为 $O(n)$，代表性工作为 HotStuff[29]算法。

上述算法均假设网络是同步/半同步的，即网络中的消息能够在一个确定时间内到达，但现实中难以满足这种假设，或难以精准设置这个时间，即网络为异步的。在异步网络中，PBFT 等同步算法会失去活性，比如，消息超时导致共识无法正常进行。因此，研究者提出了针对异步网络的拜占庭容错算法，主要包括 HoneyBadger[30]和 Dumbo[31]协议。

1.4.2　P2P 网络

区块链系统运行在点对点（P2P）网络上。通过 P2P 网络，区块链系统能够在没有中心服务器的情况下，快速实现全网数据的同步。P2P 网络应用到区块中，有去中心化、可扩展性、负载均衡等诸多优点。首先，区块链将所有存储和算力分布到各个节点之中，不存在中心节点。P2P 网络是实现该功能的基础，它能够保持分布式的连接，使区块链各个节点能够正常通信。其次，在 P2P 网络中，节点可以自由加入、退出区块链网络，支持网络根据节点变化自由拓展。最后，利用 P2P 网络提供的网络控制机制，可实现限制节点连接数等功能，避免资源过载，网络拥塞。

1. P2P 网络分类

根据区块链具体的应用特点，按照是否去中心和节点地址是否结构化将 P2P 网络分为四类，即中心化 P2P 网络、全分布式非结构化 P2P 网络、全分布式结构化 P2P 网络和半分布式 P2P 网络。中心化 P2P 网络架构包含中心服务器，中心服务器保存接入节点的地址信息。普通节点可通过中心服务器获取其他节点地址，从而实现与其他节点的通信。

全分布式非结构化 P2P 网络和全分布式结构化 P2P 网络架构没有中心节点。在全分布式非结构化 P2P 网络中，整个网络呈随机结构，并且节点地址的结构没有统一标准。网络一般采用泛洪技术来实现节点发现机制，通过生存时间（time to live，TTL）控制消息的转发次数。比特币系统就是运行在全分布式非结构化 P2P 网络架构上的。全分布式结构化 P2P 网络架构则利用 hash 函数将地址规范为标准长度和格式。结构化的地址有利于网络在没有中心节点的情况下实现节点地址精确查找。以太坊系统就是运行在全分布式结构化 P2P 网络架构上的。

半分布式 P2P 网络架构结合中心化和去中心化的优点，既有中心化且功能强的超级节点，又有分布式且功能弱的普通节点。每个超级节点维护部分网络节点地址。超级节点共同实现中心服务器的功能。普通节点通过询问超级节点来发现其他节点。超级节点可以由普通节点推选，也可预先配置。由于超级节点具有分布式特性，可以自由退出和加入，因此是半分布式的模式。Hyperledger 就是运行在这种网络架构上的。

2. 比特币的 P2P 网络

比特币开创了区块链，任何节点均可加入区块链系统以实现分布式的可信任交易。比特币基于 P2P 网络实现节点自动加入和退出。作为 P2P 网络的关键机制，节点发现关乎新加入的节点能否及时和可靠地与现有节点建立连接。因此，比特币设计了三种节点发现机制来保证新节点能稳定地接入网络：基于种子节点、基于地址广播和基于地址数据库。

基于种子节点的节点发现机制：比特币将一部分长期稳定运行节点的地址编写至比特币核心客户端的代码中。这些节点作为种子节点，提供了其他节点最初接入比特币网络的接口。种子节点能够连续和稳定地连接网络中的其他节点，并保存它们的地址。一个节点连上种子节点后，可以通过地址列表获得其他节点的地址，并和其他节点建立连接。

基于地址广播的节点发现机制：当一个节点接入一个目的节点时，它可以以目的节点作为中介，向网络广播地址消息来和其他节点建立连接。地址广播包含主动推送和主动获取两种形式。主动推送指节点通过目的节点向网络广播自己的地址信息，以推送的形式让其他节点获得自身信息；主动获取指节点通过目的节点向网络广播获取地址的请求，其他节点返回它保存的地址。这两种形式能够让原节点和其他节点知道对方的地址，从而建立连接。

基于地址数据库的节点发现机制：比特币节点在接入网络并和其他节点建立连接后，可以将其他节点的地址信息保存在本地数据库中，并实时监控和其他节点的连接情况，以动态修改数据库。当节点因重启、掉线等原因需要重新接入网络时，可以查询数据库中保存的地址列表来和其他节点快速建立连接。

3. 以太坊的 P2P 网络

以太坊发展了区块链，使区块链不仅能够应用于分布式加密货币和账本，还能够支持图灵完备的智能合约。作为区块链的典型应用，以太坊也基于 P2P 网络实现节点的动态加入和退出。不同于比特币的非结构化 P2P 网络架构，以太坊采用结构化 P2P 网络架构以支持精确查找节点地址的需求。以太坊通过分布式哈希表（distributed hash table，DHT）技术实现地址结构化，它通过 hash 算法将地址散列为标准长度。在以太坊中，每个参与节点都有一部分地址散列表，整个网络构成一个巨大的散列表。任何接入 P2P 网络的节点都有位于散列表的 ID，可以被其他节点精确查找。

以太坊的节点发现机制除了包含比特币所提供的种子节点、地址广播和地址数据库等机制，还包含动态种子节点和地址查询机制。比特币的种子节点是静态的，即直接写入客户端源码，而以太坊允许用户自行设置种子节点地址。地址查询机制是基于 DHT 特性实现的，允许用户直接精确查找节点地址，从而与该节点建立连接。

1.4.3　默克尔哈希树

默克尔哈希树（MHT）[9]是一种二叉树，具有一个根节点、若干个中间节点和叶子节点。MHT 最底层的叶子节点存储了原始数据或其哈希值，而非叶子节点（包括中间节点和根节点）则存储了其两个子节点数据链接后的哈希值。图 1.5 展示了一个典型的 MHT 结构。MHT 具有分块记录内容，并逐层通过哈希值合并数据的特性。根节点实际存储了对所有底层数据的数字摘要。任何底层数据的变化都会影响上层，并通过父节点层层传递，最终改变根节点的值。

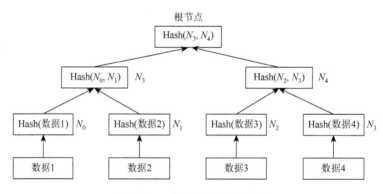

图 1.5　一个典型的 MHT 结构

在区块链中，MHT 被用来归纳或者汇总一个区块中的交易。每个区块包含区块头和区块体。其中，区块体存储了所有的交易信息，而区块头则存有这些交易信息的汇总。这个汇总的值就是以所有交易作为叶子节点，并以 MHT 结构组织起来的根节点的值，交易 MHT 如图 1.6 所示。因为区块头存储了交易树根节点的值，所以修改区块体中的交易会引起区块头的变化。而工作量证明保障了区块头很难被修改，因此交易也很难被篡改。在区块链中，节点可以通过交易树根节点来快速验证一个交易是否存在于区块中，只要附上区块交易树的部分中间节点即可，这种方式又被称作简单支付验证（SPV）。

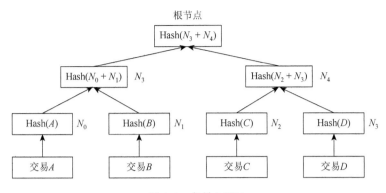

图 1.6　交易 MHT

在以太坊中，除了具有交易树，还有收据树和状态树。其中，收据树的根节点保存在区块头中，用于汇总区块交易产生的收据信息。每一笔交易都会产生一个收据，收据记录了交易类型、地址和交易结果等信息。状态树的根节点也保存在区块头中，用于汇总全局账户的状态，包括所有外部账户和合约账户。以太坊使用的树结构是默克尔前缀树（MPT），它融合了 MHT 和前缀树[32]，以键值对的形式存储数据，既提供了前缀树的查询功能，又保留了 MHT 的验证功能。在状态树中，键表示账户地址，值表示账户状态，包括序号、余额、合约代码和存储树树根。其中，存储树树根是以 MPT 形式存储合约状态（以 storage 形式定义的变量）后得到的根节点。

1.4.4　简单支付验证

简单支付验证（SPV）是一种只需存储区块头信息就能进行支付验证的技术。抛开加密货币，更进一步，SPV 是一种只需存储区块头信息就能验证交易是否被写入区块链的技术。该技术能大大减少节点的存储开销，使得轻节点在只存储区块头的情况下也能够在区块链中正常运行。以比特币为例，2018 年比特币区块链的大小已突破 170GB，超出便携设备（如手机）所能支持的范围，并且这个大小还在不断增长。而比特币每个区块头只有 80B，按照比特币平均 10min 产生一个区块的速度，100 年后才能达到 400MB，便携设备完全能够承受。

SPV 的验证路径为该交易所属叶子节点到 MHT 根节点路径上每个节点在二叉树上的兄弟节点。以图 1.7 所示的交易 A 为例，它的验证路径为图中 Hash（B）节点和 Hash（$N_2 + N_3$）节点。验证者根据获得的验证路径，自底向上计算根节点的哈希值，并检查结果和对应区块头中存储的 MHT 树根值是否相等，若相等则证明交易已上链。

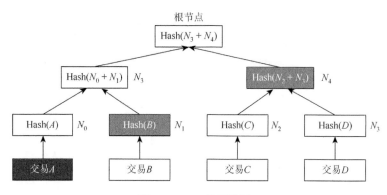

图 1.7 SPV 验证路径

在以太坊中,不仅拥有交易树,还有收据树和状态树。收据树保存了交易的历史事件,如交易是否被成功执行;状态树保存了账户的状态。因此,通过 SPV 方法,以太坊不仅能验证交易是否被写入区块链,还能够验证账户状态、快速判断交易是否被成功执行。

1.4.5 激励机制

区块链共识过程通过汇聚大规模共识节点的算力资源来实现共享区块链账本的数据验证和记账工作,因而其本质上是一种共识节点间的任务众包过程。因此,必须设计激励相容的合理众包机制,使得共识节点最大化自身收益的个体理性行为与保障去中心化区块链系统的安全性和有效性的整体目标相吻合。共识节点一般以矿工的身份参与到区块链的共识过程中,因此给予矿工合适的奖励是激励机制的核心。以公有链为例,这部分激励一般包括两部分,分别是铸币奖励及交易验证和存储的交易费奖励。当矿工参与共识过程并竞争到记账权后,一部分奖励会分配给矿工或矿工指定的账户,这部分奖励就是铸币奖励。铸币奖励以区块作为单位进行发放,每个区块只能获得一次铸币奖励。当矿工挖到矿后,还会获得该区块的所有交易费。交易费由交易的发起者支付,一般与交易的大小或复杂度相关,最终交予矿工或矿工指定的账户。

比特币最初的铸币奖励为 50 比特币,每开采 210000 个区块,奖励减半。2040 年比特币铸币总额将接近 2100 万个比特币,由于比特币币额单位受限,之后不再包含铸币奖励。也就是 2040 年之后,比特币矿工的收益将全部来自于交易费。比特币的交易费由交易的发起者支付,交易的输入币额一般大于输出币额,多出的部分将作为交易费支付给矿工。交易费和交易大小相关,交易越大费用越高。发起者也可以自行设置更高的交易费,因为矿工一般会优先选择这些交易构建区块。

以太坊也具有铸币奖励和交易费奖励，不过激励机制和比特币的略有不同。比特币只对主链（最长链）的区块进行铸币奖励，而以太坊的 ghost[8]机制允许奖励部分分叉区块。以太坊每 15s 产生一个区块，相较于比特币 10min 的区块产生时间，具有更快的区块产生速度。而过短的区块间隔容易引起区块链分叉，因为区块被挖掘后需要广播给全网，这需要一定的时间。若区块间隔过短，则在区块广播的过程中可能有另一个节点在未接收到该区块时产生另一区块，并也广播到网络中。此时，区块链将分叉直到下一个区块被挖掘出来为止。基于最长链的原则，全网一般能达成共识，在最长链上的区块将被所有节点保存，其余的区块将作为分叉区块被丢弃。但是若基于比特币的激励机制，则分叉区块无任何奖励。由于区块生成时间较短，产生分叉区块的矿工可能继续在分叉区块上挖矿，尝试让分叉区块变成最长链，以获得更多的奖励而不是一无所获，这在一定程度上不利于区块共识而导致分叉。因此，为了避免区块分叉，以太坊设置了 ghost 协议来保障分叉区块矿工的权益。ghost 协议允许矿工在区块中包含距离当前区块 6 代（层）以内的分叉区块头。当区块被挖掘后，这些分叉区块的矿工将获得原始铸币奖励的 2/8～7/8（根据距离当前区块从近到远逐层减少）。同时，当前区块的矿工也能够获得少量的分叉区块的奖励。由于分叉区块的矿工即使不执着于分叉也能够获得不少的奖励，所以它更愿意放弃高风险的分叉工作，重新回到主链上挖矿。而矿工也愿意将分叉区块头包含到当前区块中，因为它在不引入过多操作的情况下就能额外获得一笔奖励。所以，ghost 协议能够有效避免区块链的分叉。以太坊的交易费相较于比特币也更为复杂。以太坊引入了智能合约来拓展区块链的应用，而智能合约本质上是可执行程序并需要在所有以太坊 EVM 中运行。因此，为了避免 EVM 持续运行无效的合约，同时鼓励 EVM 运行有效的合约，以太坊引入了 gas 消耗机制。合约执行的每一步都需消耗 gas，而 gas 最终转换为交易费支付给将交易写入区块链中的 EVM。

1.5 开源项目和软件

1.5.1 Ripple

瑞波（Ripple）[33]是一种基于区块链的点对点全球支付网络，允许用户使用任意加密货币或现实货币转账，且交易确认可在几秒以内完成，交易费用很低，没有跨行、异地及跨国支付费用，其基础货币为瑞波币（XRP）。2004 年，早期版本的 Ripple 只能在相互信任的人之间转账。在 2013 年，新版本的 Ripple 引入了 XRP 和网关（gateway），用户可以选择自己信任的网关在其他货币与 XRP 间交换，且信任相同网关的用户可以直接通过网关转账，而无须直接建立信任。

网关可以是传统的银行、交易所或者其他金融机构。网关的引入使 XRP 结合了现实金融场景特征与区块链的分布式信任，从而实现了更可用、更安全的支付系统。

1.5.2　Hyperledger Fabric

Linux 基金会于 2015 年发起了超级账本（Hyperledger）[10]开源项目，它包含了一系列子项目，其中 Hyperledger Fabric 是最为广泛使用的一个项目，由 IBM 公司带头发起。Fabric 是一个开源企业级区块链平台，属于联盟链系统，即成员需要通过注册才能参与。Fabric 支持可插拔的架构，将共识协议、权限管理、账本机制等模块化，可以使平台更有效地进行定制，以适应特定的使用场景和信任模型。在 1.4 版本中，Fabric 提供了使用 Kafka 和 Zookeeper 实现的故障容错（crash fault tolerance，CFT）排序服务，后续版本会提供一个使用 etcd/Raft 实现的 Raft 共识排序服务和一个完全去中心化的拜占庭容错（Byzantine fault tolerance，BFT）排序服务。Fabric 支持开发者使用 Go、Node.js、Java、Python 等多种编程语言创建智能合约，合约在 Fabric 上被称为链码（chain code）。它还提供了创建通道（channel）的能力，允许一组参与者建立一个单独的交易账本，只有这组参与者才能拥有这个通道账本的副本。

Hyperledger Fabric 的系统架构经历过比较大的变化。Fabric v0.6 架构如图 1.8（a）所示，主要的业务集中在 Peer 节点上，结构简单，但是带来了可拓展性、安全性、可维护性等方面的问题，因此只是一个试验性的版本，不便于使用。而 Fabric v1.0 做出了很大改进，其架构如图 1.8（b）所示，Fabric v1.0 将 Peer 节点的共识服务功能分离，由新加入的 Orderer 节点提供，并提供通道等功能，带来了更强的业务隔离性、安全性、可拓展性等优秀特性。

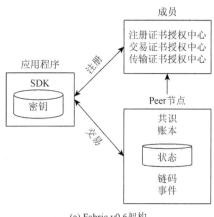

(a) Fabric v0.6架构

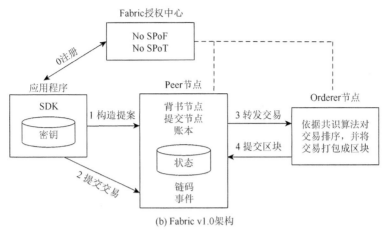

图 1.8 Fabric 架构

1.5.3 Steem

Steem[34]是一种通过加密货币奖励社区建设和社交互动的区块链数据库。传统的社交网络中，往往只有受关注量达到一定程度的人才能获得回报，而更多的普通用户为社区做出的贡献（发布文字、图片、音乐等内容）却没有得到应有的回报，这就导致优质用户创作热情减少，从而削弱了平台价值。Steem 期望通过加密货币进行奖励，回馈社区价值贡献者，从而促进社交媒体与社区发展。在 Steem 中，读者不需要直接向创作者支付报酬，而是对内容投票（赞同或反对），并借助区块链实现基于投票的奖励。

Steem 中存在三类代币，分别是 Steem（STEEM）、Steem Power（SP）和 Steem Dollars（SBD）。STEEM 是 Steem 区块链上的基本记账单位，可以被买卖或转让，且可以转化为 SP 或 SBD；SP 相当于股份，代表用户对平台的权益和影响力，投票时所占权重更大，而且还可以享受分红。STEEM 可以转换为 SP，但是 SP 不可被转让和分割，无法自由交易；SP 转换为 STEEM 要等待 13 周的 13 笔等量返还。SBD 相当于短期的债券，1SBD 锚定为 1 美元，不受 STEEM 通货膨胀的贬值影响，且流动性相对于 SP 而言更好。社区会不断生成新的代币来奖励内容生产者和传播者，75%新产生的 STEEM 用于奖金池，发给内容生产者、评论者还有传播者；另外的 15%给持有 SP 的人作为利息，剩下的 10%支付给验证转账的人。

然而，Steem 还存在着很多问题。比如，SBD 号称与美元锚定，但是也只是初期保持相对稳定，曾出现过价格飙升，在 2023 年初只有 0.18 美元，这说明其调控机制还是存在问题的。Steem 的货币机制鼓励人们将 STEEM 转化为 SP，从而获得社区中更多的话语权，然而实际上极少数的人占有了大多数的 SP，这就导致了他们具有相当大的话语权，通过投票的收益很容易超过认真创作的内容作者。虽然 Steem 加入了否决票的概念，但是否决票的效果要看用户在社区中的信誉值，信誉值与 SP 等无关，需要通过发帖、评论等长期参与平台活动逐步积累提升，不利于新加入的内容原创者的创作积极性。

1.5.4　EOS.IO

EOS.IO[35]是运行委托权益证明（DPoS）共识算法的代表性工作。在 EOS.IO 中，持有代币的用户可以通过投票选出一组代表，由它们进行区块生成和共识。EOS 规定每 3s 生成一个区块（之后又提出了小区块概念，缩短区块间隔），而如果在预定时间内没有产生区块，则直接跳过该时间段。这样可以使得区块更快得到确认，而且尽可能减少因为网络延迟而产生的分叉影响。代表投票是以周期为单位的，每 126 个区块组成一个周期，每周期开始时进行投票，选出 21 个生产者。在正常情况下，DPoS 区块链不会遇到分叉，因为区块生产者合作生产区块而不是竞争；如果有分叉，那么采用最长链法则确定主链。这种共识机制低能、高效、安全，可以有效避免硬分叉。此外，为了实现秒级确认的性能，EOS.IO 引入了拜占庭容错（BFT）机制和不可逆状态，所有生产者对所有区块进行签名，一旦超过 2/3 的（15 个）生产者签名了一个区块，该区块就被视为不可逆转。

1.5.5　FISCO BCOS

FISCO BCOS[11]是由国内企业主导研发的企业级金融联盟链底层平台，由深圳市金融区块链发展促进会（金链盟）开源工作组协作打造，于 2017 年正式开源。截至 2020 年 5 月，据官方数据，已有超 1000 家企业及机构参与，数百个应用项目基于其底层平台研发，覆盖文化版权、司法服务、政务服务、物联网、金融、智慧社区等领域。

FISCO BCOS 的区块采用哈希链的链式结构相连，以非 UTXO 的账户模型进行记账。在共识机制方面，采用可插拔设计，支持 PBFT、Raft 和 rPBFT 共识算法，部署 PBFT 共识算法时，单链 TPS 峰值可达到两万。在存储方面，FISCO BCOS 支持 LevelDB、RocksDB、MySQL 等多种后端存储，并通过将世界状态的存储从 MPT 存储转为分布式存储，避免了世界状态急剧膨胀导致性能下降的问题。在开发管理方面，FISCO BCOS 提供 CRUD 接口访问链上数据，提供区块链浏览器用于可视化数据展现，提供 WeBASE 工具用于可视化数据管理与监管审计。

1.6　国内互联网公司发布的区块链平台

2018 年 5 月 20 日，工业和信息化部信息中心发布了《2018 年中国区块链产业白皮书》[36]。白皮书指出区块链作为一项颠覆性技术，正在引领全球新一轮技术变革和产业变革。目前，我国区块链技术持续创新，区块链产业初步形成，开始在供应链金融、征信、产品溯源、版权交易、数字身份、电子证据等领域应用，有望推动我国经济体系实现技术变革、组织变革和效率变革，为构建现代化经济体系做出重要贡献。本节介绍百度、腾讯、京东、华为等互联网企业发布的区块链平台。

1.6.1　百度区块链白皮书

2018 年，百度发布了《百度区块链白皮书 V1.0》[37]。XuperChain 基于侧链架构，通过 Root 链管理所有平行链和侧链并提供跨链服务，具有更强的灵活性和更高的性能。XuperChain 的智能合约是基于 UTXO 模型实现的，具有更好的并发性能。同时，XuperChain 支持两种合约嵌入机制，包括内嵌式合约和自定义合约。前者指开发者调用 XuperChain 提供的智能合约编程接口，直接使用 Go、C++、Java 等语言编写智能合约；后者指开发者编写全新的合约而不调用 XuperChain 提供的接口，这类合约会受到隔离和保护。XuperChain 还支持以太坊的 Solidity 语言和 WebAssembly。

XuperChain 是一个可升级的系统，支持通过投票的方式实现系统在共识算法和系统参数等方面的升级。投票机制分为三个步骤：首先，提案者通过发起一个交易来声明一个可调用的合约，合约规定提案的投票机制、投票截止区块高度和生效高度，合约还会冻结参与者的一笔燃料，以防止投票机制被滥用。其次，投票者通过调用这个合约来对提案进行投票。当达到规定的投票率，并且合约交易达到生效高度后，合约的升级过程被自动调用。最后，合约生效，系统升级方式被共识。参与者被冻结的燃料被返回。

1.6.2　腾讯区块链：Trust SQL

腾讯于 2017 年发布了《腾讯区块链方案白皮书》[38]，致力于提供企业级区块链基础、行业解决方案，以及安全、可靠灵活的区块链云服务，其整体架构包括区块链底层平台（trust SQL）、产品服务层（trust platform）和应用服务层（trust application）三个层次。

区块链底层平台负责提供基础服务，包括智能合约、数据存储、组网通信、用户管理等功能。在合约层，区块链底层平台支持标准合约和业务定制合约，分别为用于资产一致性检查等资金管理功能的内置合约及用户自定义的复杂业务合约。在数据层，区块链底层平台支持多种媒介存储区块来存储区块记录，包括文件系统、数据库，甚至是云存储介质。在网络层，采用支持多路复用连接共享的动态自组织网络，各个节点通过网络通信模块进行消息通信，还能够兼容防火墙和代理服务器等安全设施，提高区块链点对点数据传输的安全性。在用户管理层，用户管理主要解决用户的身份、密钥和权限管理问题，根据不同安全需求的业务场景，提供不同级别的用户管理措施。

产品服务层抽象了区块链上的典型应用，提供了典型应用的基本能力和实现框架，开发者可以基于这些能力和框架，在应用层上添加独特的功能，完成具体应用在区块链上的实现。这些典型应用包括数字资产、鉴证服务、共享账本和分享经济四种。资产网关用于使用现实货币购买链上发行的虚拟货币、游戏装备、积分、卡券等数字资产，并在链上进行虚拟资产交易；鉴证服务基于区块链不可篡改性和透明性对版权资料、投保资料、资质证明等信息进行公开鉴证；共享账本指多参与方基于区块链实现对账；分享经济借助区块链的公信力实现各种资源的多方分享。

应用服务层为用户提供区块链应用平台，在数字票据、贵金属交易、知识产权保护、网络互助、机构清算、公益等场景中为用户提供可靠的区块链服务。

1.6.3　京东区块链技术实践白皮书

《京东区块链技术实践白皮书》[39]立足于区块链技术平台本身，给出了区块链技术研发和应用的建议和经验分享。京东区块链的目标是提供企业级的区块链技术与服务，结合自身在大数据、分布式系统方面积累的经验，解决区块链在企业级场景下的交易并发性能、数据存储性能、场景通用性能等方面的问题，实现区块链在京东自身的电商和供应链业务的落地，推动京东区块链技术和生态发展。京东区块链由区块链协议、组件框架、服务平台三个层次构成。

区块链协议（账本协议）是从数据的角度定义的一个区块链标准模型。账本数据的标准格式由两部分构成："账本状态"表示当前实时的数据内容；"历史证明"表示账本数据的特征及数据变更历史的特征。账本数据读写指令集的标准格式也由两部分构成："账本操作集"定义了对账本数据写入操作类型的标准表述及参数的标准格式；"合约指令集"定义了标准化的合约语言指令格式。

组件框架是实现账本协议的逻辑框架，定义了组件的标准化接口，使得遵循组件框架的区块链系统具备松耦合、可插拔的特性。该框架主要包括共识、账本、持久化存储和合约引擎四个部分。共识采用改进的 BFT 算法,提供了确定性交易执行、拜占庭容错、动态调整节点的特性。账本采用状态与合约分离的机制,使用基于身份的访问控制协议约束合约对状态的访问。持久化存储基于目前在 NoSQL 数据库上成熟的存储方案实现,支持海量数据存储。合约引擎包含两大部分,前端包括合约高级语言规范及其工具链,后端是一个轻量级的合约中间代码的执行环境。所有对账本的操作通过账本组件提供的 API 实现。

服务平台分为区块链网关、区块链节点服务、区块链共识网络、配套工具四个部分。区块链网关是一种轻量的网关系统,提供私钥管理、隐私保护和协议转换等功能。区块链节点服务提供面向应用的通用功能组件,包括面向应用的账户管理、账户的认证授权、面向对象的账本数据访问框架、事件通知机制和智能合约管理等。区块链共识网络指由共识节点组成的网络,基于 P2P 网络和共识算法确保交易和状态数据在节点之间的一致性。配套工具提供了 SDK、数据管理、安装部署工具、监控服务等工具集合。

1.6.4 华为区块链白皮书

华为于 2018 年公布了《华为区块链白皮书》[40],旨在基于区块链技术和华为在分布式并行计算、PaaS、数据管理和安全加密等核心领域的积累推出企业级区块链平台,帮助企业在华为云上高效搭建企业级区块链解决方案。华为将云与区块链技术相结合,提出云区块链服务架构,该架构自底向上包括区块链资源层、区块链服务平台、合约层和业务应用层四层,提供区块链系统安全保障和软件开发服务。

区块链资源层包括华为云 IaaS 层和 PaaS 层,为区块链系统提供可拓展的存储、高速网络和备用节点等区块链资源。区块链服务平台作为云区块链服务的主体,为上层提供区块链基础服务、管理服务和监控服务。合约层提供 Hyperledger 合约接口,企业可以基于智能合约实现区块链应用。业务应用层为企业提供最终的区块链应用。企业可以根据华为云区块链服务提供的解决方案,结合合约层搭建应用。区块链系统安全保障服务基于可信的云平台、身份认证和访问控制技术、密钥管理技术和私有云等技术,为云区块链服务提供安全环境。软件开发服务实现基于智能合约的区块链应用从开发、测试到部署的全系列流程。

以上各层次中,区块链服务平台作为云区块链服务的主体,为企业创建、部署、管理和监控区块链应用提供服务保障,主要包括区块链基础服务、区块链管理服务和监控服务三个方面。

区块链基础服务提供了区块共识、数据存储、网络连接和合约监控等功能。华为云区块链服务平台提供了单节点记账、Kafka/Zookeeper 故障容错和 FBFT 三种共识算法，企业可以根据不同的应用场景和需求选择不同的共识算法。数据存储由区块账本、状态账本和历史账本组成。其中区块账本存储交易记录，保存在文件中；状态账本记录合约数据的最新状态，保存在键值数据库中；历史账本存储了执行交易的历史索引，存储在键值数据库中。这三种账本都存储在华为云弹性文件服务器中。云区块链服务平台中各个节点通过 Gossip 协议进行通信，容错性较高。智能合约运行在隔离的 Docker 容器中，能够实时监控合约是否执行高危函数调用和存在容器逃逸行为，预防恶意合约的威胁。

区块链管理服务提供了合约管理和运营功能。合约管理包括部署合约、触发合约和更新合约三部分。部署合约需要将其安装到 Peer 节点并实例化，被所有 Peer 节点共识后即部署成功；触发合约可以选择定时触发、交易触发、事件触发等不同的触发方式，被触发的合约在 Docker 容器中运行；更新合约允许合约参与方升级或作废合约，该过程由多节点共识完成。运营功能包括区块链服务配置、服务节点管理和服务联盟成员管理。用户可以配置共识算法类型、节点参数等系统参数来完成区块链服务部署；管理员可以根据业务需求和负载，动态调整 Peer 节点和 Orderer 节点数目；联盟成员可以通过邀请机制将其他节点加入联盟链中。

监控服务提供了监控和警告两种功能。云区块链服务平台收集系统的运行状态，并以可视化的方式呈现出来。系统的运行状态参数包括访问量、耗时、机器资源使用情况等。平台对系统中的节点欺诈、账本篡改、机器故障等行为通过邮件的方式通知相关人员，以便及时处理。

1.7　本　章　小　结

本章介绍了与区块链技术相关的关键概念，以比特币和以太坊为例说明基于区块链实现加密货币与智能合约的核心设计，并概述了共识机制、P2P 网络、MHT、SPV、激励机制等区块链系统所依赖的关键技术。以上都是了解区块链技术所不可或缺的核心概念。此外，本章还列举了除比特币与以太坊之外的重要区块链项目，这些项目在共识机制、数据结构、系统架构、应用场景等方面独具特色，对区块链技术的进一步应用发展起到了重要的推动作用。

参 考 文 献

[1]　CHAUM D. Blind signatures for untraceable payments[C]//Advances in Cryptology: Proceedings of CRYPTO 82, Santa Barbara，1983：199-203.

[2]　BACK A. A partial hash collision based postage scheme[EB/OL]．（1997-5-28）[2024-5-6]. http://www.hashcash. org/papers/announce.txt.

[3] DAI W. PipeNet 1.1 and b-money.（1998-11-26）[2024-5-6]. https://cypherpunks.venona.com/date/1998/11/msg00941.html.

[4] SZABO N. Bit Gold[EB/OL].（2005-12-29）[2023-6-25]. https://nakamotoinstitute.org/bit-gold/.

[5] NAKAMOTO S. Bitcoin：A peer-to-peer electronic cash system[EB/OL].（2008-10-31）[2023-6-25]. https://bitcoin.org/bitcoin.pdf.

[6] MAYMOUNKOV P，MAZIERES D. Kademlia：A peer-to-peer information system based on the xor metric[C]//Proceedings of the 2002 International Workshop on Peer-to-Peer Systems，Berlin，2002：53-65.

[7] 周平，杜宇，李斌，等. 中国区块链技术和应用发展白皮书[R]. 北京：工业和信息化部信息化和软件服务业司，2016.

[8] BUTERIN V. A next-generation smart contract and decentralized application platform [EB/OL].（2013-12-31）[2023-6-25]. https://ethereum.org/en/whitepaper.

[9] MERKLE R C. A digital signature based on a conventional encryption function[C] //Proceedings of the 1987 Conference on the Theory and Application of Cryptographic Techniques on Advances in Cryptology，Berlin，1987：369-378.

[10] ANDROULAKI E，BARGER A，BORTNIKOV V，et al. Hyperledger fabric：A distributed operating system for permissioned blockchains[C]//Proceedings of the Thirteenth EuroSys Conference，Porto，2018：1-15.

[11] FISCO 金链盟. 金融区块链底层平台 FISCO BCOS 白皮书[EB/OL].（2017-12-10）[2023-6-25]. https://github.com/FISCO-BCOS/whitepaper.

[12] FRANKENFIELD J. What is Litecoin（LTC）？How it works，history，trends and future[EB/OL].（2023-10-11）[2024-1-22]. https://www.investopedia.com/terms/l/litecoin.asp.

[13] KING S，NADAL S. PPCoin：Peer-to-peer crypto-currency with proof-of-stake[EB/OL].（2012-8-19）[2023-6-25]. https://people.cs.georgetown.edu/~clay/classes/fall2017/835/papers/peercoin-paper.pdf.

[14] NXT COMMUNITY. Nxt Whitepaper [EB/OL].（2016-2-7）[2023-6-25]. https://nxtdocs.jelurida.com/Nxt_Whitepaper.

[15] SABERHAGEN N. CryptoNote v 2.0[EB/OL].（2013-10-17）[2023-6-25]. https://cryptoverze.com/monero-whitepaper.

[16] ZHANG F，KIM K. ID-based blind signature and ring signature from pairings[C] //Proceedings of the 2002 International Conference on the Theory and Application of Cryptology and Information Security，Berlin，2002：533-547.

[17] MIERS I，GARMAN C，GREEN M，et al. Zerocoin：Anonymous distributed e-cash from bitcoin[C]//Proceedings of the 2013 IEEE Symposium on Security and Privacy，Berkeley，2013：397-411.

[18] BEN SASSON E，CHIESA A，GARMAN C，et al. Zerocash：Decentralized anonymous payments from bitcoin[C]//Proceedings of the 2014 IEEE Symposium on Security and Privacy，Berkeley，2014：459-474.

[19] WOOD G. Ethereum：A secure decentralised generalised transaction ledger[EB/OL].（2022-10-24）[2023-6-25]. https://ethereum.github.io/yellowpaper/paper.pdf.

[20] SZABO N. Smart contracts：Building blocks for digital markets[J]. EXTROPY：The Journal of Transhumanist Thought，1996，18（2）：28.

[21] BLOOM B H. Space/time trade-offs in hash coding with allowable errors[J].Communications of the ACM，1970，13（7）：422-426.

[22] YAKOVENKO A. Solana：A new architecture for a high performance blockchain v0. 8.13 [EB/OL].（2018-10-20）[2023-06-25]. https://solana.com/solana-whitepaper.pdf.

[23] GILAD Y，HEMO R，MICALI S，et al. Algorand：Scaling byzantine agreements for cryptocurrencies[C]//Proceedings of the 26th Symposium on Operating Systems Principles ，Shanghai，2017：51-68.

[24]　SUBSTRATE Community. Substrate at a glance[EB/OL]. （2023-5-7） [2023-6-25]. https://docs.substrate.io/quick-start/substrate-at-a-glance/.

[25]　CASTRO M，LISKOV B. Practical Byzantine fault tolerance and proactive recovery[J]. ACM Transactions on Computer Systems，2002，20（4）：398-461.

[26]　LAMPORT L. The part-time parliament[J]. ACM Transactions on Computer Systems，1998，16（2）：133-169.

[27]　ONGARO D，OUSTERHOUT J. In search of an understandable consensus algorithm [C]// Proceedings of the 2014 USENIX Annual Technical Conference，Philadelphia，2014：305-319.

[28]　LAMPORT L，SHOSTAK R，PEASE M. The Byzantine generals problem[J]. ACM Transactions on Programming Languages and Systems，1982，4（3）：382-401.

[29]　YIN M F，MALKHI D，REITER M K，et al. HotStuff：BFT consensus with linearity and responsiveness[C]// Proceedings of the 2019 ACM Symposium on Principles of Distributed Computing，Toronto，2019：347-356.

[30]　MILLER A，XIA Y，CROMAN K，et al. The honey badger of BFT protocols[C]//Proceedings of the 2016 ACM SIGSAC Conference on Computer and Communications Security，Vienna，2016：31-42.

[31]　GUO B Y，LU Z L，TANG Q，et al. Dumbo：Faster asynchronous BFT protocols[C]//Proceedings of the 2020 ACM SIGSAC Conference on Computer and Communications Security，Virtual Event，2020：803-818.

[32]　MORRISON D R. PATRICIA—practical algorithm to retrieve information coded in alphanumeric [J]. Journal of the ACM，1968，15（4）：514-534.

[33]　MARTINDALE J. What is Ripple?[EB/OL]. （2020-6-3） [2024-1-22]. https://www.digitaltrends.com/computing/what-is-ripple/.

[34]　SOFI. What is steemit（STEEM）[EB/OL]. （2022-4-12） [2024-1-22]. https://www.sofi.com/what-is-steemit/.

[35]　EOS.IO Technical White Paper v2[EB/OL]. （2018-3-16） [2024-1-22]. https://github.com/EOSIO/Documentation/blob/master/TechnicalWhitePaper.md

[36]　工业和信息化部信息中心. 2018 年中国区块链产业白皮书[EB/OL]. （2018-5-20） [2023-5-25]. http://dcbcl.haut.edu.cn/ups/files/20210415/1618481195518620.pdf.

[37]　百度营销研究院. 百度区块链白皮书 V1.0[EB/OL]. （2018-9-28） [2024-1-22]. https://yingxiao.baidu.com/new/index.php/home/product/details?id=3463.

[38]　腾讯研究院. 腾讯区块链方案白皮书[EB/OL]. （2017-4-25） [2024-1-22]. http://www.cbdio.com/BigData/2017-04/25/content_5503014.htm.

[39]　京东技术. 京东区块链技术实践白皮书（2018）[EB/OL]. （2018-4-10）[2024-1-22]. https://cloud.tencent.com/developer/article/1089930.

[40]　钱塘数据. 华为区块链白皮书[EB/OL]. （2018-7-27）[2024-1-22]. https://cloud.tencent.com/developer/article/1169060.

第 2 章　区块链技术研究

区块链技术作为比特币等加密货币背后的核心技术，基于去中心化思想，利用密码学手段和分布式共识保证数据安全，并设计激励机制鼓励节点加入系统和诚实运行预设协议，降低作恶成功概率，最终构建集分布式网络、数据库、操作系统、应用于一体的安全、可信、可靠的分布式系统。与基于可信中心的集中式系统相比，区块链系统能够提供去中心化、不可篡改、可追溯、高可信、高可用等安全优势。但是，区块链对分布式共识的需求，使得其在吞吐量、并发处理、数据隐私和访问控制等方面产生了新的问题。

比特币构造了以块链式数据结构和分布式共识为核心的区块链技术，而以太坊使智能合约成了区块链不可分割的一部分。因此，对分布式共识和智能合约的优化是区块链技术研究的关键内容。在此基础上，目前针对区块链的研究可以分为安全与性能两个维度。安全维度的研究集中在两个方面：一是区块链共识、矿池、钱包等核心技术和衍生工具的安全性；二是对区块链数据与用户行为的隐私保护与访问控制。性能维度的研究集中在扩容和跨链两个方面。本章将分别介绍以上内容。

2.1　共　识　机　制

在分布式系统中高效地达成共识是保障区块链安全可靠运行的核心机制之一。区块链网络是分布式的，没有中心节点确保数据在整个网络中的一致性，需要特定的分布式共识算法，保证各节点能够高效地针对区块数据达成有效的共识。在各种区块链系统中，普遍使用的共识算法主要分为两类：一类是基于证明的共识算法，加入网络中的许多节点中，执行充分证明的节点得到产生区块的权利，这类共识算法对参与者的身份没有要求，只要能产生满足条件的证明就可以产生区块，一般应用于加密货币等公有链场景；另一类是基于传统分布式一致性的共识算法，它要求网络中的节点交换当前新区块或者交易的验证结果，基于多数原则做出最终决定，常用于联盟链和私有链。

2.1.1　基于证明的共识算法

1. 工作量证明

比特币开创了使用去中心化运营模式发行加密货币的先河，其背后的区块链技术为解决中心化场景下的信任问题提供了一种新的解决思路。当前，工作量证明（PoW）算法主要分为消耗算力的 PoW 和消耗内存的 PoW，分别为比特币和以太坊所采用。此外，还有一些基于存储空间的证明、基于可信执行环境（trusted execution environment，TEE）的证明等。

（1）消耗算力的 PoW。比特币[1]的 PoW 基于 hashcash，矿工通过算力竞争记账权。在比特币中，矿工持续监听全网数据，接收交易并验证其合法性，将部分合法交易打包成新区块，并对该区块完成 PoW。PoW 即寻找一个随机数，使得该随机数在参与区块头的哈希计算时，哈希输出值小于区块链的预设难度（target）。当完成 PoW 后，该矿工广播新区块，其他矿工验证该区块头的哈希结果是否小于当前 target。若小于 target，则暂停挖矿过程，将该区块作为新区块链接到当前区块链末尾，在新区块后继续进行新一轮的 PoW。比特币每产生 2016 个区块，所有节点都会根据统一的公式调整区块难度，以保证每 10min 生成一个区块。矿工求解哈希难题的概率和它在全网的算力占比成正比。算力占比越高，成功求解的概率越大。当矿工完成 PoW 并被其他矿工共识后，该矿工会获得区块的所有交易费和铸币奖励。比特币的 PoW 能有效同步区块，并防止区块被篡改，同时防止女巫攻击（sybil attack）。

消耗算力的 PoW 算法的挖矿速度受硬件设备的影响十分严重。比如，针对比特币所使用的 SHA256 算法所设计的 ASIC 芯片已经逐渐在挖矿领域替代 CPU 或GPU，而使用这类芯片的用户从价格和效率上都具有其他用户无法比拟的优势，最终导致比特币的挖矿集中在几个规模庞大、耗电量大的硬件矿场中，破坏区块链的去中心特性。为了缓解普通 CPU 和 ASIC 芯片之间的性能差距，内存困难算法是较好的解决思路。其基本思想是通过一个内存困难函数来填充内存，使得只有在用户消耗大量计算成本的情况下才能减少内存的占用。因为提升内存的性能是比较困难的，因此使用 ASIC 芯片能够带来的性能提升很小。设计一种内存困难问题的困难之处，一方面在于内存困难问题会占用计算机的大量内存，但是要保证用户验证时不需要大量内存，因为要保证验证的高效快速；另一方面，需要避免算法的并行性，防止多个用户能够同时对一个难题进行计算，阻止矿池的形成。

（2）消耗内存的 PoW。基于内存困难问题的典型代表是以太坊[2]的 PoW 算法，称为 Ethash。Ethash 是以太坊 1.0 使用的 PoW 算法，通过有向无环图（directed acyclic graph，DAG）实现内存难解和易验证机制。与比特币的 PoW 机制不同，Ethash 的求解过程和 CPU 算力无关，只与内存大小和内存带宽正相关。Ethash 不能在一般的基于共享内存的 ASIC 芯片上运行，因此它在一定程度上维护了挖矿环境的公平性。在以太坊中，矿工根据区块信息计算一个种子（seed），通过种子计算出一个 16MB 的缓存（cache）数据，再通过缓存数据计算出一个 1GB 的 DAG 数据集。之后，矿工从数据集中随机抽取数据进行哈希操作，直到结果小于当前区块难度值后，广播新区块。其他矿工通过 cache 再次生成数据集片段以快速验证 PoW 的合法性。若验证通过，则矿工将该区块作为新区块链接到当前区块链末尾。

基于广义生日问题构造的 Equihash[3]也是一个典型的基于内存困难问题的 PoW 算法。广义生日问题的目标是从随机生成的一个由 N 个 "n 位随机数字符串 $\{x_i\}$" 组成的列表 L 中，找到 2^k 个特定的 x_{i_j} 使得 $x_{i_1} \oplus x_{i_2} \oplus \cdots \oplus x_{i_{2^k}} = 0$。Equihash 以密码学家 Wagner 提出的解决算法为基础，设计出一种名为 OptimisedSolve 的算法，需要不断地消耗内存进行计算，使得 ASIC 芯片很难提升性能。该算法还能够防止计算的"分摊"，从而实现用户节点之间的公平挖矿，而不会被矿池垄断。

（3）基于存储空间的证明。除了基于内存困难的 PoW 算法，研究者还提出了更为直接的基于存储空间的证明，即 proof of space[4]。该算法要求节点证明自己为共识过程保留了一定数量的存储空间，从而获取记账权。例如，在 2014 年发布的 Burstcoin[5]加密货币就使用了基于存储空间的证明，通过消耗磁盘空间而不是计算资源来挖掘区块。与 PoW 中矿工不断更改区块头和散列以找到解决方案不同，在 Burstcoin 中，基于存储空间的证明的实现通过使用 Shabal 加密算法预先生成随机解决方案，并将其存储在硬盘驱动器中。这个阶段被称为绘图，根据存储设备的能力不同，可能需要几天甚至几周的时间。在下一阶段的挖矿中，整个 Burstcoin 区块链网络中，平均每 4min 公布一道题目，答案就在矿工存储的解决方案中。矿工将他们的解决方案与最近的难题进行匹配，最快找到正确解决方案的节点将挖掘下一个区块，这一过程的效率取决于矿工存储的解决方案的大小，使用的存储空间越大越有可能找到答案。

（4）基于可信执行环境的证明。PoW 算法通过消耗大量的计算或存储资源实现分布式共识，是一种相对公平且安全的算法，但是会造成大量的资源浪费，且由于矿池的出现仍存在中心化风险。虽然研究者还提出了利用可信执行环境提供的安全性实现更高效的 PoW，例如，基于经过时间量的证明（proof-of-elapsed-time，PoET）机制[6]中，每个节点在 TEE 中生成一个随机数，并等待一个由该样本决定的时间量后才能获得记账权，而随机结果最小的节点能够抢先生成当前区块，但这类方案又需要依赖额外的安全假设。

2. 权益证明

为了解决 PoW 导致的资源浪费，研究者提出了基于权益证明（PoS）的共识算法。权益（stake）是一个抽象概念，指区块链节点所拥有的某种属性的取值，如节点余额或信誉值。在 PoS 中，节点能够成功产生区块的可能性与其权益取值有关，例如，将节点被选为区块生产者的概率与权益值挂钩，或将权益与 PoW 结合，即权益值越大挖矿难度越低等。实际上，PoS 是一个非常广泛的概念，其实现机制也十分丰富，在学术界和区块链社区都获得了广泛关注和研究。作为代表，下面介绍点点币（PPCoin）和未来币（Nxt）这两个早期的 PoS 协议，以说明其最早的设计思路，其后的各类 PoS 方案都可以看成在这些基础思路上的优化提升；之后介绍 2022 年正式上线的以太坊 Gasper 协议，它已替代 Ethash 成为以太坊主网的共识协议，可以认为是当前应用规模最大的 PoS 共识协议。

（1）点点币（PPCoin）。点点币[7]可以认为是 PoW 与 PoS 的结合，即通过权益影响挖矿难度。具体来说，点点币提出了币龄的概念，指货币额度和持有时间的乘积。例如，若一个账户收到 A 个货币，并且在 B 天内未被消费，此时这些货币的币龄就是 AB；而当货币被使用后，相应的币龄会清空。矿工挖矿时，可以消耗一定数量的币龄以降低 PoW 难度，提高自己挖矿成功的概率，也减少了挖矿产生的资源浪费。此外，在点点币中，最长链被定义为总币龄最大的分叉，而不再是统计区块数量。

需要注意，在区块链创建初期，系统中没有点点币，也就没有任何币龄。因此，点点币提出在初期使用 PoW 开采和分配点点币，在 520 个区块之后才开始使用 PoS。相较于 PoW，PoS 减轻了集中资源攻击的问题，因为控制大部分币龄意味着要控制数量众多的点点币，成本相对较高；其次，攻击者在攻击网络时，其币龄也会被消耗，这能有效防止它再次攻击网络。

（2）未来币（Nxt）。未来币[8]是第一个完全运行 PoS 而无须 PoW 辅助的公有链。在未来币中，竞争区块生成权的节点被称为锻造者（forger），他们通过下注（staking）未来币来竞争区块生成权，下注数量越大，被选中概率越高。在未来币中，下注等同于账户余额，即若某个账户中有至少 1002 个未来币，且这些币经过至少 1440 次确认（即在其后又产生了 1440 个区块，大约需要 24h），则该账户就可以参与区块生成权竞争。下注这一操作有着各种不同的实现机制，例如，在以太坊中，下注需要向合约中锁定 32 个以太币作为抵押金。

已下注节点被选为锻造者的机制是一种依赖于其下注金额（即账户中经过 1440 次确认的所有余额）的随机选择算法。每个区块中有一个被称为代际签名（generation signature）的字段，该字段实际上是一个 SHA256 哈希值，用于选择锻造者。假设第 n 个区块中的哈希值为 h_n，在生成第 $n+1$ 个区块时，每个节点可

计算 $h_{n+1} = \text{Hash}(h_n, \text{pukkey})$，其中 pukkey 为节点公钥，并取其前 8 个字节组成 hit，若 hit 小于某个难度值 target，则当前节点可以锻造当前区块。target 由三个值决定，分别是用于调控区块平均生成时间的系统参数 BaseTarget、节点下注金额 EffectiveBalance、当前时间戳与上一区块时间戳的间隔 TimeSinceLastBlock。

作为最早的纯 PoS 共识，未来币在区块链历史中所发挥的重要作用是毋庸置疑的，其完全脱离比特币的开源代码实现也为区块链开发者提供了重要的参考价值。但是，由于各种现实原因，未来币项目本身并没有达到预期的发展效果，许多预设功能和特性并没有实际落地。

（3）以太坊。以太坊于 2022 年正式从 PoW 共识转为 PoS 共识，该共识算法被命名为 Gasper[9]。在 Gasper 中，参与区块生成验证的节点被称为验证者（validator）。任何节点在向抵押合约转入 32 个以太币作为押金后（该过程即 PoS 中的下注操作），都可以进入激活队列并等待成为验证者。激活队列用以限制新验证者加入网络的速度。

以太坊将每 12s 定义为一个时隙（slot），每 64 个时隙定义为一个时段（epoch）。对每个时段，网络中选出一个较大的验证者委员会（validator committee）；而对每个时隙，再从大委员会中选出一个小委员会来生成和验证一个区块。在每个时隙中，从该时隙的小委员会中随机选择一位验证者作为区块提议者（proposer），提议者打包一组交易创建一个新区块，其他验证者则对该区块投票（即对其签名）以确定区块有效性。当验证者出现不诚实行为时，可利用其押金进行处罚。当网络以最佳状态诚实运行时，上述共识过程不会出现分叉。然而，当由于网络延迟或者区块提议者提议多个区块时，可能会暂时出现分叉，验证者需要基于 HLMD-GHOST 算法选出主链，其基本思想是选择得到投票总数量最多的分叉。

（4）PoS 的问题和优化。PoS 最令人诟病之处是它将用户的货币拥有量作为获得记账权的条件，可能使货币最终集中到少数富有的用户手中。针对这一问题，研究者提出了可租借 PoS（Leased Proof-of-Stake，LPoS）[10]，允许节点出租自己的权益，而权益来源更广的节点有更多的机会获取记账权；之后，所有的权益出租者根据他们所投入的权益比例获得奖励。这样可以在一定程度上抑制富有节点的铸币权，使更多参与者得到获利机会。

另外，当节点数量较多时，PoS 在节点选择、区块验证等方面的效率仍可能受到影响，而委托权益证明（DPoS）[11]进一步优化了 PoS。原始版本的 DPoS 的思想是，全网节点投票选出一组节点，作为代表来产生和验证区块；每个权益拥有者都有权进行投票，拥有的权益越多，其投票就越有效力。每隔一个周期，就会进行一次投票选举，如果有代表不能保证有高质量的工作或者试图破坏共识，其他节点也可以通过罢免投票免除该代表的记账权。被选举出的代表需要每隔一定的时间轮流产生区块，比如，比特股（bitshare）将该间隔设为 3s。

2.1.2 基于传统分布式一致性的共识算法

在分布式计算中，不同的计算机按照同一套策略协作行动，并通过通信交换信息来达成共识，保障系统的一致性。但是，系统中的成员计算机可能由于出错或作恶而发送错误信息、由于崩溃而无法发送信息，且底层通信网络也可能导致信息损坏，破坏系统一致性。基于传统分布式一致性的共识算法就是为解决以上问题而提出的，而这一系列的算法也同样适用于在区块链网络中达成共识。根据网络状态，这类共识一般被划分为同步（synchronous）/半同步（partially synchronous）共识协议和异步共识协议。本节介绍实用拜占庭容错（PBFT）、Paxos、Raft 等重要的同步共识协议，以及 HoneyBadgerBFT 和 Dumbo 等异步共识协议。

1. 同步共识协议

同步共识协议运行在同步或半同步网络中。前者假设网络中的消息能够在一个确定的时间 τ 内到达，是一种非常理想的假设，在实际工程实践中很难保证该假设成立。而后者略微放松了条件，即假设在一个全局稳定时间（global stabilization time）事件之后，消息可以在时间 τ 内到达，这种假设在当前的多数网络环境中是可以满足的。同步 BFT 共识协议主要包括 PBFT、Paxos 和 Raft 等。其中，PBFT 假设系统中存在故障节点和恶意节点（统称为拜占庭节点），其中故障节点主要表现为无法响应，而恶意节点可以进行任何形式的攻击，包括不响应和错误响应等；而 Paxos 和 Raft 则假设系统中仅存在故障节点。

（1）PBFT 算法。PBFT 算法[12]由 Castro 和 Liskov 于 1999 年提出，用于解决拜占庭将军问题，即在系统中可能出现拜占庭节点的情况下，在非拜占庭节点之间达成共识一致性。当系统节点总数为 $N = 3f + 1$ 时，PBFT 算法可以在拜占庭节点不多于 f 时实现安全性（safety）和活跃性（liveness）。安全性指非拜占庭节点之间不会产生不一致性，活跃性指非拜占庭节点之间总能就新状态达成共识（或者说系统不会由于某些错误而一直卡在某个状态上）。PBFT 算法流程如图 2.1 所示，一般认为 PBFT 是三阶段提交协议，即 pre-prepare、prepare 和 commit 三个阶段，而图中的 request 与 reply 阶段是指共识节点与客户端之间的交互过程。

在每轮共识开始前，系统会选出一个节点作为主节点，具体的选择机制与系统设置有关，例如，可以轮流担任或随机选择，甚至可以结合 PoS 算法或信誉机制进行条件随机选择。在 request 阶段，客户端向主节点发送交易，主节点验证交易并生成新区块。实际上，客户端发送的交易可能是在网络中广播的（而非直接发送给主节点），而主节点只负责从交易池中选出一组交易。在 pre-prepare 阶段中，主节点向全网其他节点（称为副节点）广播 request 阶段中生成的区块。

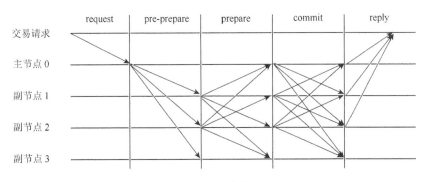

图 2.1 PBFT 算法流程

在随后的 prepare 阶段中，副节点验证区块的有效性，包括其中每条交易的有效性、状态更新、区块构造等。若验证失败，则退出本轮共识，启动视图更新（view change）机制，指更换主节点并启动新一轮共识；若验证成功，则构造一个 prepare 消息，该消息表达的信息是"当前节点认为某区块是有效的"，其表现形式可以是 $\langle H(B),\text{"prepare"},\text{signature}\rangle$，其中 $H(B)$ 是区块的哈希，"prepare" 是一个字符串，指示消息为 prepare 消息，signature 是节点对该消息的签名。之后，节点向全网广播 prepare 消息，并等待其他节点发送的 prepare 消息。当收到 $2f$ 个 $H(B)$ 相同且签名有效的 prepare 消息时，说明有至少 $2f+1$ 个节点（含当前节点）认为区块 B 是一个有效区块，则可以进入 commit 阶段。

在 commit 阶段中，节点构造一个 commit 消息，该消息表达的信息是"当前节点认为某区块已被至少 $2f+1$ 个节点认可"，其表现形式可以是 $\langle H(B),\text{nodeset},$ "commit",signature$\rangle$，其中 nodeset 指示了这 $2f+1$ 个节点的身份。之后，节点将该消息在全网广播，并等待其他节点广播的 commit 消息。当收到 $2f$ 个 $H(B)$ 相同且签名有效的 commit 消息时，节点认为 B 已在全网达成共识，可以将其作为最终有效区块，并进入下一轮共识。最后，如果节点需要向客户端返回回复消息，则在 reply 阶段完成。

在拜占庭假设下，三阶段提交是必要的。例如，主节点为恶意节点，并在 pre-prepare 阶段向 $f+1$ 个非拜占庭节点（记作节点集 1）发送了 B，而向另外 f 个非拜占庭节点（记作节点集 2）发送 B'。在 prepare 阶段中，节点集 1 中的节点会广播包含 $H(B)$ 的 prepare 消息，而节点集 2 中的节点会广播包含 $H(B')$ 的 prepare 消息；假设剩余的 $f-1$ 个拜占庭节点随机选择了 $k<f+1$ 个节点集 1 中的节点发

送包含 $H(B)$ 的 prepare 消息。这样一来，如果没有 commit 阶段，这 k 个节点会认为 B 已被 $2f+1$ 个节点认为是有效区块，而其他节点均没有成功达成共识，而是启动视图更新机制，使得系统一致性被破坏。而在 commit 阶段中，一方面，这 k 个节点无法收到足够数量的 commit 消息，从而发现共识失败；另一方面，非拜占庭节点可以通过 commit 消息发现拜占庭节点的作恶行为，进而可支持节点可靠性评估等性能提升机制。

PBFT 算法的性能是不够好的，主要体现在 prepare 和 commit 这两个通信代价为 $O(n^2)$ 的阶段。当节点数量增加时，PBFT 的共识开销会快速增长。为此，研究者提出了各种优化方法来提高 PBFT 算法的可用性。一个经典方法是在签名时使用可聚合签名，并选择一个节点（如主节点）收集所有签名并将其聚合，再直接分发聚合结果以供其他节点验证。这样，使用两次 $O(n)$ 代价的广播实现原本需要 $O(n^2)$ 代价才能实现的共识能力，极大地提高了性能。采用这种方法的一个代表性工作为 HotStuff[13]算法。

（2）Paxos 算法。Paxos 算法[14]和 Raft 算法[15]都是解决 Paxos 问题的一致性算法。与拜占庭将军问题不同，Paxos 问题假设系统中只存在故障节点而不存在恶意节点，因此只需要两阶段提交就可以实现一致性。Paxos 算法由 Lamport 于 1990 年提出，是首个得到证明并被广泛应用的分布式共识算法。Paxos 算法中存在三种角色：负责生成提案（proposal）的提案者（proposer）、负责对提案投票的接受者（acceptor），以及仅参与路由并接收结果但不参与投票的学习者（learner）。系统中可以同时存在多个提案者发布不同的提案，而共识的目的是使全网的存活节点对唯一一个提案达成一致（称作选定该提案）。Paxos 算法可以保证，只要超过半数节点存活且可以相互通信，整个系统一定能达成一致。

Paxos 协议描述起来较为复杂，为便于理解，此处结合图 2.2 所示的简单实例来介绍共识过程。首先讨论图 2.2（a）对应的场景。系统中存在 5 个节点，其中节点 1 和节点 5 是两个提案者，分别构造了 (M,V) 和 (N,V') 两个提案，设 $M < N$。每个提案的共识都分为准备（prepare）和提交（commit）两个阶段。在 prepare 阶段，提案者发送一个 prepare 请求，其中包含了自己的提案编号［如 $P(M)$ ］。当接受者收到请求后，会判断其中的编号是否是当前最大编号，如果不是，则忽略请求；否则需要发送响应。当节点 1 收到了超过半数的响应（包含自身）时，就进入 commit 阶段，广播 (M,V) 作为 commit 消息；收到消息的节点需要检查 M 是否仍是当前最大编号。在图 2.2（a）中，节点 1～节点 3 在此时均没有收到新消息，因此检查通过，将 (M,V) 设置为接受状态并发送响应。接下来，节点 5 提出了自己的提案 (N,V')（假设节点 4 与节点 5 未能成功与节点 1 通信，因此节点 5 的提案内容是不同的）。在该提案的 prepare 阶段，由于节点 3 已经接受了 (M,V)，它就会将 V 附加在响应中，告知节点 5 当前最新状态；节点 5 收到该响应后，会

将自己的内容更新为 V 再执行后续阶段。这保证了已被接受的内容不会再更改，从而保证系统的一致性。

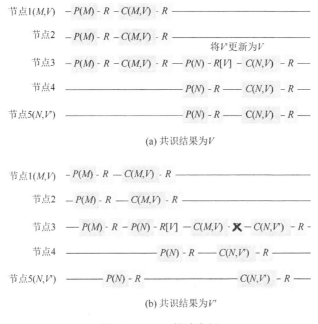

(a) 共识结果为 V

(b) 共识结果为 V'

图 2.2　Paxos 算法实例

接下来考虑图 2.2（b）给出的场景。可以看出，此时网络状态不够稳定，节点 3 在完成 (M,V) 的第一阶段后，紧接着完成 (N,V') 的第一阶段，此时节点 3 还没有完成 (M,V) 的第二阶段，所以给节点 5 的响应中并不包含任何内容。此时，当节点 1 的 commit 请求到达时，M 已不再是节点 3 可接受的编号值（因为 $M < N$），所以它不会给出对节点 1 的响应。最终，(N,V') 得到多数节点的共识。上述实例只是对 Paxos 算法的简单展示，实际上，Paxos 协议比以上过程复杂得多，其能够应对的场景也是各种各样的。总而言之，Paxos 算法作为分布式一致性的里程碑式算法，自问世的二十多年以来，已被众多大型分布式系统所采用，是分布式一致性的奠基石。但是，Paxos 算法的理解和实现都较为困难，在其之后，又提出了众多的优化或简化算法，Raft 算法就是其中的突出代表。

（3）Raft 算法。Raft 算法[15]由 Ongaro 和 Ousterhout 在 2014 年提出，是对 Paxos 算法的简化和优化。Raft 算法的核心优化之一是规定系统在任意时刻最多只有一个提案者（称为 leader），避免处理多个提案带来的复杂设计，并为此提供了安全的 leader 选举和更换机制，该机制保证了被选出的 leader 具有最多的日志数据，避免提案者所给出的内容是落后的。此外，Raft 协议要求日志的提交是连续的，这意味着，一旦某条日志被提交，在它之前的所有日志都可以被提交；但 Paxos 协议并不具有这种连续性，导致 Paxos 协议需要额外的学习机制在网络中请求日志被提交的状态。总而言之，Raft 算法的简洁性和易用性使得它被开发人员广为接受。但是，在区块链场景中，人们往往更愿意接受拜占庭假设，而非故障假设。因此，虽然以 Hyperledger Fabric 为代表的许多开源区块链平台在实际实现时将 Raft 算法作为首选，但大多数系统的目标仍是实现更加安全的拜占庭容错共识。

2. 异步共识协议

当网络为异步状态时，只能保证消息最终能够到达，但无法预估消息到达的最长时间，即不存在上界 τ。同步共识协议是无法在异步网络中正常工作的。以 PBFT 算法为例，为确保算法可以正常运行，PBFT 算法中提供了故障检测与重启机制，当节点认为本轮共识失败时，就可以启动视图切换协议，更换主节点并重新开始进行共识。这里引出了一个关键问题：如何判断共识是否失败。在 PBFT 算法中设置了超时机制，节点如果不能在预期时间内收到所需消息，就认为共识失败。超时机制的存在使得 PBFT 算法对网络时延十分敏感，在异步网络中，无法保证非拜占庭节点都能够在某个确定时间内完成通信，因此无法为超时机制提供一个精确的时间设置，这就是 PBFT 算法无法运行在异步网络中的主要原因。若超时时间设置得过小，则会导致频繁的视图切换，在最坏情况下可能永远无法达成共识；而若超时时间设置得过大，则在部分节点（尤其是 leader）的网络不稳定时，无法及时进行视图切换，严重影响吞吐量。因此，在异步网络中，PBFT 算法会失去活性（liveness）。如果简单地移除 PBFT 算法中的超时机制，那么只要选中了恶意的 leader，共识就永远停止了。

异步共识协议是专为异步网络设计的共识协议，以 HoneyBadgerBFT 和 Dumbo 协议为代表，均针对拜占庭假设设计。异步共识协议的核心目标是使共识过程不依赖任何时间假设，而是做到：等待数据到达时，共识就可以继续；并且只要数据到达，共识就一定能正确完成。在理想情况下，共识吞吐量应该是随着网络状况变化而改变的：当网络状况良好时，共识可以快速完成；而当网络变差时，共识进程可以等待消息传输过程，并随着消息传输完成而完成。

（1）HoneyBadgerBFT 协议。HoneyBadgerBFT 协议[16]被认为是第一个相对实用的异步 BFT 协议，同样采用 $N \geqslant 3f+1$ 假设。HoneyBadgerBFT 协议的核心机制是异步公共子集（asynchronous common subset，ACS）协议，该协议用于在异步和分布式场景下，基于所有节点的输入计算一个共同的输出。它具有有效性（validity）、一致性（agreement）和完全性（totality）三个特性。用较为通俗的语言解释,有效性指非拜占庭节点只会在收到至少 $N-f$ 个输入后才产生输出;一致性指所有非拜占庭节点会产生一样的输出;完全性指只要有 $N-f$ 个非拜占庭节点收到了输入,那所有非拜占庭节点一定可以产生输出。放在共识场景中,有效性保证了共识结果基于非拜占庭节点提供的信息得到,一致性指共识结果是正确的(对应共识的安全性),完全性则保证了共识最终可以达成(对应共识的活性)。

ACS 由两个子协议组成,包括可靠广播(reliable broadcast,RBC)协议和异步二进制协议(asynchronous binary agreement,ABA)。RBC 协议确保所有非拜占庭节点都能收到完全一致的消息集,当多个节点同时广播时,所有节点能够按一致的顺序收到所有被广播的消息;ABA 则能够使所有非拜占庭节点在异步网络状态下共同产生一个一致的比特串。

整个 ACS 的主要过程其实就是广播和二进制共识两个阶段。在广播阶段,每个节点选取一组交易生成区块的一部分,并使用 RBC 协议发送给其他节点。每个节点在完成广播后,即可直接进入二进制共识阶段,启动 ABA 输出一个随机比特串,指示了使用哪些节点提供的交易生成最终区块。在 ABA 执行完成后,每个节点可以根据 RBC 协议收到的交易集和 ABA 收到的比特串,自行计算新区块,而 RBC 协议和 ABA 的安全特性保障了所有节点计算出的区块是一致的。实际上,异步 BFT 共识协议的构造思想并不是 HoneyBadger 首创的,但是,HoneyBadgerBFT 协议对共识效率的提升是开创性的,即使在网络环境较好和节点数量相对较少(如 16 个)时,HoneyBadgerBFT 协议都可以达到比 PBFT 协议略优的水平;而当网络变差或共识节点数量变多时,这一性能优势会更加显著。

(2)Dumbo 协议。虽然 HoneyBadgerBFT 协议相较于更早的异步 BFT 协议,已经取得了突破性的提升,但仍存在一些性能瓶颈,主要体现在 ABA 阶段。在 HoneyBadgerBFT 协议中,每轮共识中每个节点都需要进行 N 次 ABA 共识,每次均需要验证 $O(N^2)$ 个签名,极大地影响了协议的整体性能。Dumbo 协议[17]正是针对此问题提出了相应解决方案,从而提升协议的整体性能。

由于 HoneyBadgerBFT 协议的目的是选取一个共同子集,Dumbo 协议提出可以首先选择一个 $k(k<N)$ 个成员组成的委员会,每个委员会提议一个集合,在进行二元共识时,只需要对委员会提出的 k 个集合进行共识即可。这样将原本 $O(N^2)$ 的开销降至常数量级 $O(k^2)$(k 在这里被认为是一个固定的常数)。于是在 Dumbo 协议中,问题转化为如何选取一个合适的 k 个元素的委员会,且保证至少有一个成员是诚实的。在该协议之后,又陆续提出了一系列的改进协议,从不同的切入点对 Dumbo 协议或 HoneyBadgerBFT 协议做进一步优化。

2.2　智能合约研究

智能合约本质上是一段在区块链中运行的程序，以代码的形式被写入区块链中，用户通过发布交易调用合约。智能合约使得区块链可以支持十分复杂的功能，而不再是简单的转账。以太坊[2]和超级账本（Hyperledger Fabric）[18]是两个代表性的智能合约区块链。前者主要支持 Solidity 语言，以太坊主网以公有链形式部署，但也提供了可运行权威证明（proof-of-authority，PoA）等共识算法的私链部署方式；后者主要针对联盟链场景，支持 Go、Java 等多种语言。智能合约在带来分布式应用极大突破的同时，也存在着一些安全和性能问题。接下来简述对智能合约性能优化、安全增强和应用研究的相关工作。

2.2.1　智能合约性能优化

智能合约的效率问题包括数据存储和状态确认两个方面。在数据存储方面，以太坊采用状态模型实现合约，需要通过额外的数据结构维护账户和合约状态，因此每个节点的存储开销十分高昂且随着时间不断增加，截至 2022 年 9 月，一个以太坊全节点需要存储 12TB 左右的数据[19]。因此，存储能力不足的节点可以仅同步最新状态和少数区块，而无须同步整个以太坊网络。在状态确认方面，为确保状态的分布式一致性，需要在以太坊虚拟机中执行合约，其执行效率不高，且不支持并行化，因此难以承载复杂应用。针对智能合约执行的性能优化方法可分为区块链扩容、基于可验证计算的链下执行、合约并行执行三大类。

区块链扩容指对智能合约所依赖的区块链基础性能进行优化，例如，通过分片、共识优化等方法来提高基础吞吐量，从而改进智能合约的运行效率。基于可验证计算的链下执行指对计算、存储、验证进行切分，将资源消耗多的计算与存储部分转移到链下进行，链上部分仅保留计算与存储资源消耗较少的验证操作，从而减少智能合约的运行时间，提高智能合约的效率。区块链扩容和基于可验证计算的链下执行的详细内容参见 2.5 节，此处不再赘述。

合约并行执行指优化合约执行验证流程，将原有的串行过程改造为并行过程，从而减少合约代码运行时间，提高智能合约效率。合约并行根据区块可以划分为块内并行和块间并行，根据矿工可以划分为单矿工并行和矿工间并行。块内并行指一个区块的不同部分可以并行生成，再将其合并为一个区块；块间并行指不同区块可以同时生成；单矿工并行指矿工可以利用多核设备并行地生成和验证区块；矿工间并行则指不同矿工之间可以同时生成区块。无论哪一种并行方式，其核心问题都是要解决交易执行导致的状态冲突问题。例如，两个交易同时调用一个合约，在串行执行时不存在冲突，当并行执行时，在矿工本地可以借助软件事务内存（software transactional memory）技术处理冲突问题[20]，但是在矿工间、区块间，就需要更加复杂的调度和处理算法。

2.2.2　智能合约安全增强

智能合约是使用计算机程序或代码来描述、验证和执行合约的，不恰当的代码会产生漏洞。而一旦存在漏洞的合约被部署到区块链上，就可能导致难以挽回的后果。因此，智能合约尤其是以太坊 Solidity 合约的安全漏洞是一个十分热门的研究课题。例如，Atzei 等[21]总结了针对以太坊智能合约的各类攻击方式；Luu 等[22]构造了一个名为 Oyente 的符号执行工具，实现合约漏洞的自动化检测。

此外，随着智能合约逐渐被应用在更广泛的生产生活场景中，合约的数据与执行过程的隐私变得愈发重要。近年来，越来越多的研究人员开始关注智能合约的隐私保护问题，提出了各种机密智能合约方案。关于智能合约的隐私保护问题将在 2.4.2 节中进行详细介绍。

2.2.3　智能合约应用研究

在以太坊发布的早期阶段，其上部署的合约存在一些试验性质，多为发币、众筹或收藏项目。许多开发者利用智能合约发布自己的代币，用户可在代币与以太币之间进行兑换，或在不同代币之间进行兑换。针对代币开发和使用需求，以太坊在 2015 年发布了 ERC-20 标准，规定了代币发行的标准接口。随着代币数量的增加，用于代币兑换的交易所合约也开始被部署和使用，借贷、套利、清算等各种金融概念也被逐步引入和完善。收藏项目即所谓的非同质化代币（non-fungible token，NFT），使用智能合约发布某些具有独特性和收藏价值的数字藏品，用户可使用以太币购买和交易。例如，曾一度爆火的 CryptoKitties 项目，是基于智能合约发布在以太坊上的电子猫，用户可以使用以太币购买一个会被永久保存的电子猫；之后，数字藏品迅速发展到音乐、艺术等方方面面。

除了上述与金融相关的场景，智能合约也被逐步应用在移动通信、物联网、认证管理、慈善、物流等方方面面，本书第 3 章将对这些应用场景进行详细介绍。

2.3　区块链安全研究

随着加密货币的价值不断升高，各种攻击也随之而来。随着加密货币参与者的数量增加，数字加密货币有关的安全事件负面影响也越来越严重。这些安全问题主要源于区块链技术本身在共识和路由等协议、矿池和交易所等配套应用等方面的安全缺陷。本节将从共识、网络层、矿池、钱包、交易所方面讨论区块链的安全性。

2.3.1　共识安全

针对共识的攻击主要包括双重支付攻击（double spending attack）、女巫攻击和自私挖矿攻击（selfish mining attack）等。双重支付攻击试图干扰共识的一致性，将一笔资产用于两笔交易的支付，使网络中不同节点分别接受其中的一笔交易，进而使收款方认为向自己支付的交易已达成共识。女巫攻击试图通过复制虚假身份成为网络中的大多数，从而打破共识的安全假设。自私挖矿攻击则试图干扰共识的公平性，使其他节点的挖矿付出无效，从而赚取超出算力能力的挖矿奖励。下面详述三类攻击。

1. 双重支付攻击

部分共识协议会导致暂时的分叉，因此需要采用最长链法则等策略确认主链，并尽快丢弃短分叉。为此，交易上链后不会立刻生效，而是需要等待一段时间后查看它是否在主链上。例如，比特币交易需要等待六次确认，即当一个区块之后又增加了六个新区块时，认为该分叉一定是主链。这种分叉的可能性导致了双重支付攻击[23]可能性，即攻击者使用一个 UTXO 构造两笔交易，并分别将交易发布在两个分叉上，且使收款方相信对应的分叉是有效的（例如，在比特币上，需要使每个分叉都达到六次确认）。这样，如果某个分叉随后被主链丢弃，对应的收款方就受到了双重支付攻击。

一般来说，攻击者需要通过秘密挖矿实现上述攻击，即攻击者将一笔交易在网络中公开，这笔交易会被网络中的其他矿工打包；同时，攻击者秘密构造一个分叉（即挖出区块后不公开，而是继续向后挖矿），其中仅包含另一笔交易。当第一笔交易在主链上完成六次确认生效后，若攻击者的秘密分叉比主链更长，则可以立刻公布这个分叉，使整个网络转移到新的分叉上，让第一笔交易作废、第二笔交易生效。但此时，攻击者已经获取到第一笔交易对应的利益了，第一笔交易的收款方就成了被害人。

共识机制保障了上述攻击几乎不会发生。以比特币为例，只有当攻击者掌握全网 50% 以上算力时才可能攻击成功。因此，这种攻击一般只发生在规模较小的PoW 区块链上。例如，2018 年 5 月，比特币分叉之一的比特币黄金（bitcoin gold，BTG）遭遇了 51% 攻击[24]，攻击从 5 月 16 日持续到 5 月 19 日，攻击者向自己发送了近 40 万个 BTG。

2. 女巫攻击

女巫攻击[25]指节点创建大量虚假身份，尝试使自己控制的节点数量为系统中的大多数，进而尝试控制整个系统。例如，在拜占庭假设下，若一个攻击者控制的节点达到了 $N-f$ 个，它就可以使自己构造的内容成为有效的。缓解女巫攻击的主要方法是提高创建新身份的成本。例如，PoW 利用工作量替代身份，而提升算力的难度比创建虚假身份的难度大得多；类似地，PoS 则利用货币余额替代身份。在 PBFT 等共识中，可以通过预设联盟和采用准入机制的方式，严格审查系统中的节点，以抵抗女巫攻击。

3. 自私挖矿攻击

Eyal 和 Sirer[26]在 2013 年指出比特币的激励机制存在缺陷，并提出了自私挖矿策略，且通过理论分析证明拥有全网 1/4 算力即可成功实施自私挖矿攻击。自私挖矿攻击指自私矿工在发现新区块后不广播，而是继续在该区块后私密挖矿，产生一个私有分叉；而诚实节点会继续在公共链上挖矿。如果自私矿工更快地发现了新区块，则意味着私有分叉在与公共链的竞争中产生了更大的优势，自私矿工可以将这些区块一直保密，直到公共链的长度接近私有分叉，再将私有分叉公开以代替公共链。这种策略使得其他矿工所花费的算力被浪费，而自私矿工获得了超出其算力比例的回报，导致挖矿的不公平性。这种不公平性的存在，可能会吸引更多的矿工联合实施自私挖矿，恶化挖矿生态。Sapirshtein 等[27]针对自私挖矿攻击设计了策略优化算法，使得在少于 1/4 算力时仍可成功实施攻击。

2.3.2　网络层安全

区块链运行在点对点（P2P）网络之上，其共识依赖于网络层通信的可靠性和及时性。因此，针对网络层的攻击可能会对共识安全造成严重影响。例如，PoW 共识对 51% 算力假设是安全的；但是，当存在网络层攻击时，攻击者可以通过干扰通信，以较低的算力实现双重支付或自私挖矿等共识层攻击。在针对网络层的攻击中，日食攻击[28]是一种十分重要的攻击手段。日食攻击尝试使目标节点仅能与自己控制的一组节点通信，从而控制该节点能够收发的数据，进而影响共识，在算力不足的情况下，仍可以实现双重支付或自私挖矿等攻击。当攻击者掌握足够的带宽资源时，可以将整个网络划分成两个区域，而攻击者所控制的节点作为两个区域之间的"中间人"，控制被传输的内容，产生更强的攻击效果。

日食攻击的实现原理是对底层 P2P 网络的路由机制进行攻击，从而实现控制节点通信的目的。为保障通信安全，无论是比特币还是以太坊，当完成节点发现后，实际的通信过程都是基于 TCP 连接进行的，而这会消耗节点的网络资源。因此，比特币限制每个节点只能接受 117 个连接请求，并最多向外发起 8 个连接。攻击者可以通过向目标节点发起大量连接，使自己的节点地址占据目标节点维护的地址列表；当目标节点因宕机或升级而需要重启时，会查询地址列表以快速重新加入网络。若目标节点发出的 8 个连接均连接到了攻击者控制的节点上，攻击者就可以拦截该消息，并使用自己控制的其他节点占据目标节点的输入连接，从而控制所有的 125 个连接。日食攻击在以太坊中同样存在，除了通过重启占据 TCP 连接攻击，还可以攻击所采用的 Kademlia 网络的路由表，使自己的地址占据目标节点路由表，实现对目标节点的控制。

2.3.3　矿池安全

使用 PoW 共识的加密货币，如比特币或以太坊，都会在挖矿过程中消耗大量的计算资源。找到一个有效解的概率与矿工的算力相关，算力一般的矿工可能很长时间都没有收获。矿池是一种提高挖矿效率的有效方式。在一个矿池中，一个管理员负责将挖矿谜题分解成多个子任务并分配给不同成员，恰当的子任务分配方案能够使挖矿效率随矿池规模增大而持续增大；矿池成员按贡献的算力分配挖矿所得的报酬。

矿池的运营管理是集中化的，报酬分配是由矿池管理员完成的，矿池成员只能信任管理员会诚实分配报酬，而这在区块链环境中是一种不太令人心安的要求。为此，一些分布式矿池被提出。例如，P2Pool[29]利用区块链实现分布式矿池。其原理是维护一个与比特币并行的 P2Pool 区块链，该链上的新区块与比特币区块相同，只是难度更小；因此，在 P2Pool 区块链上挖矿就相当于完成矿池的子任务。每当完成一个子任务时，矿工就可以获取到 P2Pool 区块链上的结算凭证，称为 Share；而当有一个节点在 P2Pool 区块链上找到一个满足比特币难度的区块时，链上记录的完成子任务的矿工可以分享奖励。与之相似，SMARTPOOL[30]用一个智能合约替代了矿池运营商。当矿工计算出子任务时，将答案提交在合约中，合约会验证该答案是否是首次出现、是否具有时效性等，并将有效的答案记录下来。当有区块被挖出时，SMARTPOOL 会公平地将奖励分配给矿池中的矿工。

2.3.4　钱包安全

加密钱包是可用于查看加密货币余额和进行交易的软件应用程序。每种钱包类型都是一种不同的软件，提供对区块链数据的访问和操作。一般来说，任何给定的钱包都可以使用一种或多种加密货币和功能。钱包帮助用户管理账户，包括安全地存储私钥，并帮助用户构造、发送和解析交易。一般通过口令或 USB Key 等可信硬件实现私钥的安全存储和使用。例如，MetaMask 是一款在浏览器上使用的插件类型的以太坊钱包（最早支持以太坊，当前已经支持了更多的主流公有链），用户可以通过 MetaMask 连接到以太坊主网、测试网络或本地搭建的私有网络，并通过导入私钥来导入用户；之后，可以使用钱包提供的图形界面便捷地与区块链交互。MetaMask 使用口令和助记符保障私钥安全。初次使用 MetaMask 时，它会为用户自动生成一组助记词并基于此创建一个区块链账户，用户可以继续创建其他新账户；同时，用户可自行设置登录口令。登录后，用户可通过导入私钥以导入其他账户，并在该钱包中统一管理，私钥基于口令加密保护。若用户忘记口令，仍然可以通过助记词恢复在钱包上创建的区块链账户，但自行导入的账户将被覆盖（因为它们并不是助记词创建的）。

2.3.5　交易所安全

交易所为用户提供现实货币与加密货币之间，或者加密货币与加密货币之间的兑换服务。早期的交易所一般是中心化的，但存在很多安全问题。针对交易所的安全问题，研究者提出了一些解决方案。例如，为防止交易所盗取用户资产，Wilcox[31]提出利用二进制默克尔树组织用户余额，使用户能够快速验证交易所是否正确维护了自己托管的资产。为解决用户使用交易所交易时导致的隐私泄露问题，Dagher 等[32]提出利用零知识证明保护交易隐私。但是，即使以上方案解决了防盗用和隐私问题，中心化交易所仍面临单点攻击、破产倒闭等问题，对于加密货币交易仍是非常不安全的。

为此，许多去中心化交易所（decentralized exchange，DEX）方案被提出和应用，其中实际应用较多的是 UniswapV2 和 UniswapV3 等在以太坊上的代币兑换合约。以 UniswapV2 为例，它为每对代币创建一个 Pair 合约。若用户需要用代币 A 兑换代币 B，包含 AB 的 Pair 合约表示为 PairAB，则用户首先通过代币 A 的 Token 合约向 PairAB 转账一定数量的代币 A；再调用 PairAB 的 swap 函数，指定需要转出的代币 B 数量；PairAB 合约会首先检查汇率，若汇率正确则调用代币 B 的 Token 合约转出给定数量的代币 B。汇率的计算是一个复杂的问题，涉及两个代币的实际价值、Pair 合约的流动性等，此处不再赘述。

虽然代币之间可以使用 DEX 进行安全兑换，但是加密货币之间、加密货币与现实货币之间的兑换解决起来没有这么直接。加密货币之间的兑换涉及跨链交易，因此无法直接在某个链上完成，要么需要一个中心化交易所辅助交易，要么可以基于链中继（chain relay）等技术实现分布式跨链交易。而加密货币与现实货币之间的兑换也是类似的，用户要么寻找自己信任的实体直接进行交易，要么只能通过中心化交易所完成交易。

2.4　区块链中的隐私保护

区块链公开透明、不可篡改的特性使得加密货币之外的领域同样希望利用区块链对数据进行可靠存储，同时基于区块链的智能合约极大扩展了区块链可以支持的应用场景。但是，区块链的去中心化及公开透明的特性，与隐私保护存在矛盾冲突，对于医疗、财税等领域包含大量敏感信息的数据无法直接上链存储，同时数据交互参与方的身份信息与交互过程隐私也难以得到保护。为了平衡区块链的公开透明特性及实际场景中隐私保护的需求，研究人员在区块链隐私保护技术上开展了大量研究。

区块链中的隐私保护需求大体可以分为行为隐私和数据隐私这两个层面。行为隐私指实现整个数据流转过程的不可追踪性、不同交易间的不可关联性及参与方匿名性。数据隐私指的是在保证可验证性的前提下实现数据存储的机密性。一般来说，行为隐私可以基于环签名、零知识证明等技术实现，数据隐私可基于各种访问控制技术实现。但是，在实际应用中，行为隐私和数据隐私都很少单独存在，而是需要相互配合的，例如，匿名交易需要同时实现对交易双方和交易金额的保护。为了使内容更加完整，本节并不单独介绍行为隐私或数据隐私，而是从匿名交易和机密智能合约两个角度梳理解决方案。其中，匿名交易会更加侧重于行为隐私，即对交易双方的身份保护，但也需要交易金额这一数据层面的保护；而机密智能合约往往更侧重于对合约输入、输出等数据的保护，但也会需要保护合约调用者等行为信息。

2.4.1　匿名交易

在未进行隐私保护的区块链上，信息是完全公开的，任何用户都可以看到形如"某地址向某地址转账某金额"这样的交易信息。尽管区块链上的用户以公钥地址的身份活动，而非其现实身份，但通过对公钥地址的行为分析仍然可以发现重要的现实信息。例如，Ron 和 Shamir[33]通过分析比特币交易图得到了大量统计特性，一组大额交易向前都可以追溯到同一笔交易，且包含这些大额交易及其相关交易的子图有许多奇怪的结构，这可能表示交易相关用户尝试通过多重转账隐瞒这些交易之间的关系，但这种隐瞒对关联分析并不奏效。而 Biryukov 等[34]提出了一种对比特币用户进行去匿名化的方法，可以直接将用户账户地址链接到生成交易的 IP 地址，甚至可以区分同一 NAT（network address translation）保护之后的不同内网用户。因此，假名机制和多重转账都无法真正实现匿名性，攻击者可以通过各种方式分析出账户地址、交易及背后的 IP 地址之间的关系。除了行为，交易金额也能在一定程度上反映交易信息。

因此，研究者提出了各种方案实现区块链上的匿名交易，目的是隐藏交易双方的公钥地址和交易金额，以抵抗各种去匿名化攻击。可以认为，已有方案都是基于混淆的思想构造的，只是其混淆的对象和实现机制有所区别。例如，混币（coin shuffle）机制将一组交易混合为一笔交易，从而保护每一笔交易的具体信息，这种机制的好处是可以直接部署在比特币或以太坊等现有公有链之上。零币（zerocoin，即小零币）等方案则利用零知识证明将一个硬币（coin）混合在一组硬币中，使其他人看不到具体是哪个硬币被花费了。虽然混币和零币中都包含了 coin 这个概念，但其含义并不完全相同：混币指混合交易，而零币则利用密码学机制构造了匿名 coin。此外，门罗币（monero）利用环签名将一个公钥地址隐藏在一组公钥地址中，实现对单个地址的保护。交易金额一般是基于同态承诺（如 Pedersen 承诺）保护的。

1. 混币——基于交易混淆隐藏单笔交易

交易混淆将一组交易混合为一笔交易，这类协议一般被称为混币协议。以最简单的中心化混币协议为例，假设存在一个可信的混币服务器，用户需要转账时，可以先转给混币服务器，再由混币服务器转给收款方。混币服务器在收集到许多请求后，同时完成对所有收款方的转账，使攻击者无法确认每一笔交易的转账关系。上述过程中存在许多安全问题，如中间人可以得知每笔交易的信息、可能独占收到的转账而不将其发送给收款方等。因此，后续许多工作，包括 Mixcoin[35]、Blindcoin[36]、CoinSwap[37]、Blindly Signed Contract[38]、TumbleBit[39]等，通过各种机制增强匿名性和资金安全保障。例如，Mixcoin[35]引入承诺机制保障资金安全，Blindcoin[36]引入盲签名使混币服务器无法得知转账关系等。

但是，无论如何，将自己的资产转给一个中间人的做法，总会使用户感到不安全。而 CoinJoin[40]指出，比特币的 UTXO 机制允许用户不经过中间人转账，直接将交易中的输入、输出合并，构造成一笔交易。后续工作关注该过程中的匿名性和交易金额保护。例如，CoinJoin[41]引入分布式无关变换协议在 CoinShuffle 中实现了较强的匿名性，能够保证即使攻击者掌握的一部分账户参与混币过程中，也无法得知其他参与者的身份。ValueShuffle[42]在混币的基础上，进一步利用凭证机制实现对交易金额的保护。

2. 零币——基于零知识证明构造匿名 coin

为便于理解零币，以下给出一个不太准确但较为形象的类比：假设交易大厅中的许多人需要通过公告板交易，即 Alice 在公告板上发布"Alice 向 Bob 支付 1 元"的记录，则交易生效并修改余额。但是，所有人都可以看到这一记录。现在换一种方式，假设大厅中存在一个硬币机，Alice 可以在公告板上发布"Alice 用 1 元换 1 个硬币"，则硬币机会产生一个硬币并扔进硬币池中，且会交给 Alice 一张兑换券。若 Alice 需要向 Bob 支付，则秘密将兑换券交给 Bob；Bob 再将兑换券交给硬币机，硬币机检查兑换券的有效性，之后在公告板上发布"Bob 用 1 个硬币换 1 元"，这样，其他人均无法得知 Alice 与 Bob 之间的交易。

零币[43]的思路与上述过程相似，但是在加密货币环境下，需要解决三个问题。第一，如何构造硬币，使得其他人可验证硬币的有效性和所有者；第二，如何实现在验证过程中隐藏硬币所有者的身份；第三，如何防止双重支付。

针对第一个问题，零币首先基于承诺构造硬币，即随机生成 S 和 r，并计算承诺值 $c = \mathrm{Comm}(S, r)$（c 为硬币），只有硬币的构造者能够给出正确的值，从而实现所有者验证。有效性验证则比较简单，当用户使用加密货币（如比特币）兑换一个硬币后，该信息被记录在链上，任何人可验证硬币的有效性。针对第二个问题，零币引入对承诺和集合的零知识证明。对前者，在保护 r 的前提下验证 S 和承诺值的有效性；对后者，在保护硬币具体值 c 的前提下，证明该硬币是某个集合的一个元素，该集合中所有硬币都是有效的。针对第三个问题，S 起到了抵抗双重支付的作用，因为在使用硬币时需要公开 S，任何人可以通过查找 S 是否曾被使用过，以判断是否产生了双重支付。

基于上述思路，零币将协议划分为铸币和花币两个步骤。在铸币阶段，用户构造 $c = \mathrm{Comm}(S, r)$，之后构造交易，使用相应金额的加密货币兑换一个硬币。硬币的价值在整个系统中是固定的，例如，可以规定每个硬币价值为 1 比特币，则需要使用价值为 1 比特币的 UTXO 作为输入，输出为 c。接下来，在花币阶段，硬币拥有者可以向另一个用户支付该硬币。他首先收集一组未被花费的硬币 $\{c_1, c_2, \cdots, c_n\}$，其中 c_i 为待支付硬币，构造累加器（aggregator）证明自己的硬币在这个集合中。累加器的形式为 (A, w, u)，其中 $A = g^{c_1 c_2 \cdots c_n}$ 是累加器，$w = g^{c_1 c_2 \cdots c_n / c_i}$ 是证明，验证时判断是否满足 $A = w^{c_i}$ 即可判断 c_i 是否存在于集合 A 中。接下来，他对承诺和累加器构造一个零知识证明，表示为 $\pi(c, w, r)$，其中 c 为硬币，w 为累加器证明，r 为承诺中的参数，其目的是在保护这三个值的情况下，出示 S 和 A，证明 c 为该累加器集合中的一个元素，且该元素是基于 S 构造的。零知识证明的构造过程较为复杂，此处不再赘述。

在零币之后，研究者又提出了一系列基于零知识证明构造的匿名交易协议。例如，大零币[44]改进了零币，允许硬币具有不同的币值，并基于 zkSNARK 提升了协议性能。以上两个协议都是基于 UTXO 模型构造的，而 BlockMaze[45]则将其构造思路引入账户模型中，设计了双余额模型，即每个账户同时拥有一个明文余额和一个零知识余额，其中零知识余额利用承诺机制和 zkSNARK 实现匿名交易。同样是在账户模型中，Zether[46]则直接基于智能合约实现匿名交易，这类工作可视为借助机密智能合约实现匿名交易，即允许用户向合约抵押加密货币（如以太币）以获取在合约中机密维护的余额，之后用户可以调用合约发起转账（转账金额和对象加密，利用 zkSNARK 证明余额）。当合约被执行时，可以基于用户提交的请求和证明判断转账的有效性并更新余额。

3. 门罗币——基于环签名和一次性地址隐藏参与方

门罗币是基于 CryptoNote[47]协议构造的匿名加密货币，基于环签名和一次性地址实现参与方隐藏，基于 Pedersen 承诺实现金额隐藏。环签名允许用户将自己的签名隐藏在一组用户中，即其他人只能验证该签名是某一组用户中的一个产生的，但无法精确定位。因此，通过使用环签名来签名交易，可以隐藏交易的付款方。为了隐藏收款方，门罗币基于非交互式 DH 协议设计了一次性地址机制：付款方对收款方地址进行随机化，生成一次性地址并对该地址付款。除了收款方，其他实体无法通过一次性地址推算出对应的收款方地址；收款方则可以基于私钥使用转账到一次性地址中的门罗币。交易金额的隐藏基于 Pedersen 承诺实现，这是一种加法同态承诺，在门罗币中用于验证交易的输入总和与输出总和是相等的，从而验证交易的有效性。基于以上机制，门罗币实现了保护参与者和金额的匿名交易。

2.4.2　机密智能合约

以太坊提出的基于区块链的智能合约使得区块链技术从早期的加密货币交易中解放出来，可以处理更加复杂的命令操作，这也使得区块链中涉及的数据类型更加复杂多样，数据存储与执行过程的隐私吸引了研究人员的注意，区块链技术与隐私计算技术也出现了交叉融合的趋势，结合区块链的不可篡改性、可验证性与隐私计算的隐私保护性的隐私保护区块链成为新的研究方向。目前，区块链中的数据隐私保护方案大体可以分为基于准入许可、基于非交互式零知识证明（non-interactive zero-knowledge proof，NIZK）、基于可信执行环境（TEE）三种技术路线。

1. 基于准入许可

基于准入许可的区块链隐私保护方案指通过在主链上构造带准入限制的子链，利用子链执行需要进行隐私保护的操作，存储需要隐私保护的数据。Plasma[48]允许用户在以太坊上构建机密子链，并给予隐私合约参与方访问机密子链的权限，非授权用户将被拒绝访问机密子链。当出现争议时，Plasma 采用欺诈证明进行仲裁。Arbitrum[49]允许部分矿工在链下执行机密智能合约,执行过程不上链,仅上链执行结果的签名,由此保证数据与合约执行的隐私。基于准入许可的区块链隐私保护方案相较于另外两种技术路线,对主链与合约改动较小,实现更为容易,对于开发人员没有额外的技术要求,易于部署,但是隐私保护能力较为有限,仅能提供基于许可集的隐私保护,在用户数量较多时难以提供细粒度的隐私保护。此类方案适用于在小规模用户间特定应用的机密合约执行。

2. 基于非交互式零知识证明

基于非交互式零知识证明的区块链隐私保护方案指通过密码学手段对合约代码进行改造,对合约中的机密数据与执行中间结果进行加密,并通过构造零知识证明确保执行过程的正确性,保证数据隐私。此类方案可以根据底层区块链结构进一步细分为基于 UTXO 模型的方案与基于账户模型的方案。

在 UTXO 模型下,ZEXE[50]基于大零币[44]的思想,将其简单支付功能扩展为复杂的智能合约执行。其主要方法是改造 coin 的存储数据类型,从原本的整型值扩展为复杂数据,依托该数据记录函数执行逻辑和输入/输出,从而实现复杂的智能合约。为保证数据与执行过程的隐私,输入、输出数据需要进行加密,并通过零知识证明验证正确性,以保留区块链的公开可验证性。在 ZEXE 的基础上,Zapper[51]修复了其中存在的安全缺陷,并开发了一套完整的汇编语言 Zasm 与配套的自动化编译器,允许开发人员使用简单的编程语言指定隐私保护需求,而编译器自动为其添加加密和零知识证明等密码算法。

在账户模型下,Zkay[52]采用了与 Zapper 相似的思想,利用加密和零知识证明实现数据保护和可验证性,并开发了配套编译器,允许开发人员直接在 Solidity 语法中指定变量所有者,编译器将自动完成加密和零知识证明生成过程,并进一步转化为以太坊虚拟机可识别的 Solidity 合约代码。在 Zkay 的基础上,该研究团队提出了升级版方案 ZeeStar[53],引入同态加密技术实现了多方对同一指定数据的访问,扩展了机密智能合约的功能,支持匿名投票、彩票、会员卡等多种机密智能合约应用。

基于非交互式零知识证明的区块链隐私保护方案相较于另外两种技术路线,基本不涉及对区块链本身的修改,与现有区块链兼容性较好,但是由于涉及大量加密及零知识证明的计算,计算开销较大,系统效率较低。此外,零知识证明的构造需要深厚的密码学功底,对于普通开发人员极不友好,但是,Zapper、Zkay 与 ZeeStar 的出现有效降低了本技术路线的开发难度。

3. 基于可信执行环境

基于可信执行环境(TEE)的区块链隐私保护方案指将涉及隐私的数据和合

约操作转移到可信执行环境中进行操作，在可信执行环境外，数据以密文形式存储，保证数据隐私。可信执行环境指一种特殊设计的硬件，典型的有英特尔公司的软件防护扩展（software guard extension，SGX），这种硬件具有特异性密钥，机密数据在可信执行环境外会被该密钥加密保护，在进入可信执行环境后，数据会以明文形式进行计算，可信执行环境的安全参数可以由硬件厂商进行远程认证以保证执行环境安全。

Hawk[54]是一种基于可信节点的区块链隐私保护方案，涉及隐私的机密数据与操作交由可信节点执行，执行完毕后将结果以零知识证明的形式上传至区块链。可信节点可以基于 SGX 或安全多方计算等技术实现，但并未被深入讨论。Cloak[55]则提出了完整的基于 SGX 的机密智能合约协议，并提供了编译器供开发人员使用。例如，用户可以在 Cloak 上部署一个合约以支持密封拍卖，即竞拍者的出价始终被保护，仅在拍卖结束后公开最终获胜者及其出价。为实现出价保护，Cloak 的基本思路：竞拍者通过发送交易调用合约，提交一个加密的出价，该出价将在 SGX 中被解密和处理，而 SGX 之外的任何实体都无法获取该值。同时，Cloak 利用 SGX 的远程认证机制来验证结果。远程认证的目的是基于签名验证结果是否由某个有效 SGX 提供，并信任有效 SGX 提供的结果。

Ekiden[56]指出，由于侧信道攻击等安全问题的存在，单个 SGX 无法提供足够的安全性，因此需要借助冗余 SGX 提高系统安全性。为此，Ekiden 将系统节点分为可信执行环境节点和矿工节点，可信执行环境节点负责机密智能合约的处理，矿工节点负责上链数据。设置由多个可信执行环境节点组成的密钥管理委员会，通过分布式密钥生成（distributed key generation，DKG）进行密钥管理，以降低 SGX 被成功攻击后的隐私泄露程度。执行合约时，用户指定多个 SGX 同时执行，每个 SGX 通过密钥管理委员会恢复数据密钥，解密后执行合约并对结果生成远程认证。之后，矿工通过远程认证来验证是否有足够多的有效 SGX 提供了相同的结果，并将有效结果上链存储。

基于可信执行环境的区块链隐私保护方案相较于另外两种技术路线，效率更高，应用功能更为丰富，但是需要可信硬件支持，引入了额外的安全假设，对区块链共识机制存在一定程度的修改，同时 SGX 自身的安全隐患也是需要重点考虑的问题。

2.5　区块链中的扩容技术

与非区块链系统相比，区块链系统由于其分布式的特性及其共识要求，具有较低的吞吐量和较大的存储、计算开销。例如，比特币和以太坊区块链的吞吐量分别为 3～4TPS（每秒的交易量，transactions per second）和 15TPS。相比之下，

Visa 和 PayPal 分别达到了 1667 TPS 和 193 TPS。为了在不改变区块链分布式、公开透明、不可篡改等安全特性的前提下，改善区块链平台在实际应用中的性能表现，研究者提出了各类区块链扩容方案。

根据区块链的分层结构，区块链扩容方案可以分为在硬件层、数据层、网络层、共识层和应用层的解决方案，其中针对数据层和共识层的解决方案是更为主流的研究点。进一步地，区块链扩容方案分类如表 2.1 所示，针对数据层的解决方案，根据其是否对主链结构或区块数据进行了修改，可分为链上解决方案和链下解决方案。链上解决方案有修改区块结构、区块链分片、有向无环图（directed acyclic graph，DAG）等子类别。链下解决方案有支付通道、侧链与子链、链下计算等类别。共识层解决方案通过优化共识算法来提高共识效率，从而减少共识带来的通信开销，提高系统吞吐量。

表 2.1　区块链扩容方案分类

层次	子类别	扩容方案	代表工作
数据层	链上解决方案	修改区块结构	Bitcoin-unlimited，Bitcoin-Cash，SegWit
		区块链分片	Elastico，Omniledger，RapidChain，Monoxide
		DAG	Spectre，Tangle（IOTA），Phantom
	链下解决方案	支付通道	Lightning Network，Raiden Network
		侧链与子链	Plasma，Rootstock
		链下计算	TrueBit，Arbitrum
共识层	—	优化共识	Bitcoin-NG，ByzCoin
网络层	—	优化网络架构	BTCdoNET

2.5.1　区块链扩容的链上解决方案

1. 修改区块结构

一些区块链平台的出块速率是固定的，比如，比特币区块链每 10s 产生一个新的区块。既然交易吞吐量与区块大小直接挂钩，那么在不改变区块产生间隔的情况下增加区块大小也是最为直接的提高交易吞吐量的方式。目前社区内也已经提出了多个扩容方案，这些方案基本分为两类：一类是设定一个增长规则，不再调整如 BIP101/103；还有一类认为固定的规则无法应对未来可能产生的变化，而是通过一个动态变化的方案不断调整。从众多的方案中很难最终选定一个方案，在 2015 年 12 月比特币香港扩容会议中由 Pieter Wuille 提出的隔离见证（SegWit）方案[57]是目前大多数人所支持的。

回顾区块链结构，每个区块中不仅包含转账交易的具体信息、转账金额和转账双方地址，还包含了每笔交易的数字签名，用于验证交易的合法性。但是对于普通用户来说，更关心的是交易内容本身，而不是数字签名。隔离见证的思想就是把区块中的签名部分与其他部分隔离开，从而增加区块内能够承载的交易数量，达到扩容的目的。

因为交易签名是矿工验证区块所必须有的部分，隔离并不代表将签名部分拿出区块链。在隔离见证中，签名部分仍放置在区块中，但分隔成一个独立的部分。整体上看区块的大小是增加了，但是与其他扩容方案的不同之处在于，隔离见证被设计成了软分叉方案，意思是在不进行分叉的情况下，老版本节点仍能兼容新版本区块的产生，只是在计算区块大小时不认识尾部被隔离的签名部分，所以认为总大小仍小于 1MB。但是新版本节点计算的就是包括签名部分的所有信息大小。总的来说隔离见证并没有减少每一笔交易大小，而是通过将交易数据重新排布实现了扩容。

隔离见证确实实现了区块的扩容，区块的扩容代表能够承载的交易数量增加，也就缓解了目前区块链网络的压力。同时签名数据只会用于交易验证，对于普通用户而言可以不存储这一部分，也在很大程度上缓解了存储压力和提升了传输速度。然而，由于老版本不能识别隔离见证的签名部分，为了与之兼容，隔离见证类型的交易在这类节点上永远验证为正确，也就是老版本节点会无条件接收隔离见证版本的区块。这一部分的验证会交给新节点进行。

2. 区块链分片

区块链分片指将区块链网络中的节点统一分割为较小的共识组，每个共识组处理一组不相交的事务，从而提高共识效率。Elastico[58]提出了分片的基本架构。但是，分片导致了共识组隔离和共识组减小两个问题，前者指分片之间的交易和共识是相互隔离的，导致跨分片交易是比较困难的；后者指每个分片的规模减小，导致攻击难度降低、安全性下降。针对共识组隔离问题，可以通过分解交易（如OmniLedger[59]）或分片重叠（如 Pyramid[60]）的方式解决；针对共识组减小问题，一般通过分片重构（如 RapidChain[61]）方式解决。

Elastico[58]将区块链网络中的节点统一分割为较小的共识组，每个共识组处理一组不相交的事务。系统中存在三种共识组：目录委员会，用于划分共识组；普通共识组，进行分片共识；最终共识组，接收分片共识结果并产生全局区块。整个共识过程分为生成共识组、分片共识和最终共识三个步骤。首先，在每一轮共识开始时，每个节点需要完成一个较简单的工作量证明问题来计算自己的身份值，从而加入本轮共识。最先生成身份信息的一组节点组成目录委员会，负责收集其他节点的身份信息并划分普通共识组和最终共识组。其次，每个普通共识组构成一个分片，处理分片内的交易并进行分片共识。最后，每个共识组将分片区块发送给最终共识组，最终共识组产生和共识全局区块，将其全网广播，使所有节点了解最终结果。请注意，可以在多次共识后重新生成共识组，以提高共识效率。

Elastico 虽然提供了分片的基本架构，但没有考虑跨分片交易的处理。跨分片交易的处理有两类解决思路：分解交易或重叠分片。分解交易的典型代表是OmniLedger[59]，它提出了一个两阶段跨分片交易协议：Atomix，实现了原子性保证的跨分片交易。Atomix 将一个跨分片交易拆分为锁定和解锁两阶段。在锁定阶段，每个输入 UTXO 所在分片验证输入 UTXO 的有效性，有效则锁定该 UTXO并生成接受证明，否则生成拒绝证明。在解锁阶段，若所有输入分片均提供了正确的接受证明，则输出分片将交易记录在分片内；只要有一个输入分片提供了拒绝证明，输出分片就不会记录该交易，用户可向输入分片提交一个包含任意拒绝证明的取消交易，请求输入分片解锁该 UTXO。这种取消机制保障了交易的原子性。重叠分片的典型代表是 Pyramid，它将两个或多个分片相互重叠，在重叠处处理跨分片交易，避免了分阶段处理导致的交易延迟。

除了跨分片交易，分片安全性降低的问题也受到了广泛关注。将区块链节点划分到不同的共识组，会使每个共识组的规模减小，攻击者的攻击难度也随之降低。一般考虑静态攻击和动态攻击两种模型：静态攻击指在系统初始阶段，攻击者就掌握了一部分的节点，此后不再改变；动态攻击指攻击者可以在一个较长的时间内逐渐攻击一部分节点。在静态攻击模型下，分片的随机划分机制能够有效降低攻击成功的概率，即攻击者所有节点被划分到相同分片的概率是较低的。而在动态攻击模型下，一般采用分片重构，即定期重新划分分片或局部转移部分节点，使攻击者无法集中攻击某一分片。例如，Elastico 需要定期重新划分分片。而RapidChain[61]设计了更加高效的局部重构机制，基于有限布谷鸟原则（bounded cuckoo rule）识别活跃节点和非活跃节点，通过局部划分保证所有分片的活跃节点数量都是足够的。除了分片重构，Monoxide[62]提出了连弩挖矿机制，使一个矿工同时参与多个编号连续的分片共识，从而放大矿工的有效算力，并强制算力均匀分布在各个分片上，防止矿工定向攻击单个分片。

3. 有向无环图

为了提高区块链的可扩展性，一些方案将区块链原始的单链结构改变为图论中使用的有向无环图（DAG）结构。在这种结构中，不同区块可以包含相同的上一区块哈希（previous block hash），一个区块中也可以包含多个上一区块哈希。因此，区块可以在 DAG 中并行创建，从而减少确认延迟时间。这种多重引用导致的最关键问题是交易冲突，即不同分叉上的交易之间可能是相互冲突的。

Spectre[63]提出基于投票来排除冲突交易。发现冲突的区块可以向前回溯，寻找到最早产生冲突的两个或多个区块，由这些区块之前和之后的一部分区块对其投票，保留得票数最多的区块。Phantom[64]则提出通过判断区块之间的连通度进行投票，因为攻击者与诚实节点之间的区块往往是隔离的。

与 Spectre 和 Phantom 的区块引用不同，IOTA 区块链采用的 Tangle[65]直接舍弃了区块，而使用交易形成 DAG 结构。这种结构使得系统中不再需要依赖某些节点生成和验证区块，进一步提升了共识效率。在 Tangle 中，需要添加交易时，节点随机寻找两个合法交易，并将自己的交易添加在这两个交易之后（即指向这两个交易）。为了防止女巫攻击，节点在发布交易时需要完成一个简单的 PoW 共识。这种交易引用的核心问题是难以判断交易是否被确认，因此 IOTA 通过交易评分、设置官方节点定期发布已确认交易等方式提高协议的实用性。

2.5.2　区块链扩容的链下解决方案

1. 支付通道

支付通道指交易双方分别在链上锁定一笔资金，之后建立一个链下通道，在该通道中进行的交易无须上链，仅在通道关闭时，将最终结果记录在链上。支付通道通过降低共识频率提高了共识性能，两次共识（即通道的建立和关闭）即可提交任意多笔交易，且降低了用户需要支付的交易费，对小额支付十分友好。实现链下交易的关键在于如何保证交易双方不会在交易过程中发生抵赖等行为，支付通道利用多重签名解决该问题。

闪电网络[66]是针对比特币建立的支付通道协议。闪电网络首先设计了序列到期可撤销合约（revocable sequence maturity contract，RSMC），实现了在交易双方之间建立、使用和关闭通道的功能，并提供惩罚机制惩罚不诚实的参与方。RSMC由承诺交易和违约补救交易构成，承诺交易中包含双方余额，违约补救交易则包含一个时间参数，它们实现的功能：当一方希望关闭通道时，需要向区块链网络提交最新的 RSMC 交易对，即承诺交易和违约补救交易；收到该交易对后，矿工等待违约补救交易中指示的时间（如 1000 个区块），在这段时间内，另一个参与方可以检查所提交的交易对是否是最新的。若不是，该参与方可以提交一个更新的RSMC 交易对，此时会触发惩罚机制，该通道内所有资金都将属于第二个参与方。

进一步地，闪电网络引入哈希时间锁合约（hash time lock contract，HTLC），允许没有直接建立通道的双方寻找一条路径完成链下交易。HTLC 包含哈希锁（hash lock）和时间锁（time lock）两个部分：哈希锁用于锁定通道资金，时间锁用于防止路径上的上游参与者提前撤回资金。假设 Alice 和 Bob 都与 Charlie 分别建立了一个支付通道，初始金额都为 10 个比特币，Alice 想通过 Charlie 向 Bob 转账 1 个比特币。为了完成交易，Alice 首先需要向 Bob 发送一个随机数 R，Bob 返回该随机数的哈希值 H。之后，Alice 向 Charlie 发起一笔 HTLC 交易(H, t)：若 Charlie 在时间 t 内提供了 R，可以获得 1 个比特币；否则，Alice 可以在时间 t 之后取回这个比特币。当 Charlie 向 Bob 转账后，Bob 向 Charlie 提供 R，Charlie 就可以通过提供 R 得到 Alice 在 HTLC 交易中锁定的比特币。Charlie 与 Bob 之间的诚实度需要依赖其他机制保障。类似地，Raiden 是针对以太坊实现的链下支付通道协议。由于以太坊对智能合约的支持，在以太坊上实现支付通道是更加简洁的。

支付通道中存在很多需要优化的问题。例如，参与方需要实时在线，及时检查对方是否提供了错误的结算交易，否则惩罚机制无法起到作用，因此研究者引入了瞭望塔机制[67]，允许用户请求瞭望塔节点为自己监控对方的行为。当资金耗尽时，通道需要关闭并重新投入资金，会增加交易成本，因此研究者提出余额交换机制[68]，允许用户在不同通道间交换余额。此外，支付通道网络（payment channel network，PCN）中的并发处理[69]、隐私保护[70]、路由优化[71]等问题都得到了广泛研究。

2. 侧链与子链

支付通道通过将交易转移到链下实现区块链扩容，与之相似，侧链与子链将交易转移到另一个区块链上，实现对原始区块链的扩容。例如，液态网络（liquid network）[72]项目是比特币的侧链，用户可以通过在比特币上锁定一定资产，使液态网络铸造相应数量的液态币并转账至用户账户；之后，用户可以通过销毁液态币，在比特币上解锁对应数量的资产。侧链对主链的依赖性主要体现在资产的绑定上，而共识等过程都是独立的。

子链与侧链有相似之处，但子链需要主链来创建和管理，对主链的依赖性更强，其安全性与主链挂钩。由于侧链是独立于主链运行的，一般认为子链的安全性比侧链更强一些。Plasma[48]是以太坊子链协议，用户可以在以太坊上部署子链合约来创建子链，通过定期在合约中记录子链状态以保障子链的安全性。例如，若用户需要使用以太坊存储大量数据，直接存储在公有链上是十分昂贵的。此时，用户可以创建子链，在子链上记录原始数据，并定期在子链合约中记录数据摘要，在提高效率和减少成本的同时，保留了公有链级别的可验证性。

3. 链下计算

链下计算借助非区块链节点（如用户、云服务器等）完成计算过程，而区块链节点仅验证结果的正确性。一般利用可验证计算和可信执行环境等技术实现链下计算。例如，TrueBit[73]基于可验证计算实现链下计算，将复杂的计算任务外包给链下参与者，由它们计算结果并生成证明，将结果与证明提交上链。为了保证链下参与者的活跃性，TrueBit 设计了链下市场，实现任务分发、奖励结算、仲裁惩罚等管理功能。

2.5.3　针对共识层的区块链扩容方案

区块链的分布式共识是导致性能瓶颈的根本原因，如 PoW 共识中的算力瓶颈或 PBFT 共识中的通信瓶颈。因此，对共识算法的性能优化也是一个重要的研究方向。

例如，比特币将出块间隔控制在 10min 左右，极大限制了共识效率。但若直接通过减小挖矿难度提高出块速度，很容易导致频繁分叉或最长链的频繁变更。Bitcoin-NG[74]提出将区块划分为核心区块（key block）和微区块（micro block）两类，并将挖矿难度分为领导者挖矿和微区块挖矿两个等级。例如，使用比特币的难度进行领导者挖矿，即挖矿成功的节点称为领导者；之后，领导者以更低的难度（如 1min）生成微区块，在微区块中打包交易。而每当领导者选举成功后，其他节点就开始新一轮的领导者挖矿，挖矿成功后被称为新的领导者，它可以在上一领导者的微区块之后继续打包微区块，也可能由于各种原因产生分叉，此时仍采用最长链法则确定有效分叉。基于 Bitcoin-NG 的思想，ByzCoin[75]提出基于 PoW 选出一组节点构成共识组，之后共识组中的所有成员基于 PBFT 算法产生微区块，从而提高微区块的可靠性，降低分叉出现的可能性。

PBFT 的性能瓶颈主要体现在通信方面：一方面，主节点需要向全网广播区块，其通信资源限制传输速度；另一方面，在 PBFT 的 prepare 和 commit 阶段，每个节点都需要进行全网广播，虽然数据量比主节点广播的数据量小很多，但其 $O(n^2)$ 的通信代价仍是难以接受的。一般认为 PBFT 只能容忍几十个节点的规模。对 PBFT 的优化工作有很多，例如，Honey Badger[16]等异步共识算法就通过分布式生成区块的方式消除了主节点的影响，HotStuff[13]则基于可聚合签名算法消除了 $O(n^2)$ 的通信代价。

2.5.4　网络层性能优化

区块链节点运行在 P2P 网络上，网络层性能对系统的整体性能也会产生影响。例如，BTCdoNET[76]通过收集比特币网络中的交易传播数据，发现对于 70% 的区块来说，不到 84s 就可以到达 25% 的节点；然而在同一时刻，只有 38% 的区块到达 50% 的节点，6% 的区块到达 75% 的节点，不到 1% 的区块能够到达 90% 的节点。同时，交易在网络中的传播时延要比区块大很多，50% 的区块在 22s 内传播到 25%

的节点,但是需要 17min 将 50%的交易传播到 25%的节点。这种延迟增大了分叉、自私挖矿等攻击成功的可能性。因此,网络层的性能优化是十分重要的。

2.6 区块链中的跨链技术

对跨链的需求最早起源于不同加密货币之间的交易,例如,交易双方分别仅持有比特币和以太币,跨链技术能够帮助它们在不注册新账户的前提下完成交易。跨链交易的核心是保障交易的原子性,即要么交易在两个链上都被记录,要么都不被记录。这种原子性的实现基础是使不同区块链之间能够进行状态同步和验证数据有效性。随着区块链被应用于各行各业,跨链需求也从简单支付场景扩展到更复杂的场景。但无论何种跨链需求,如身份认证、数据请求、合约调用等,其核心技术仍是状态同步和数据验证。

从技术角度看,跨链技术主要分为哈希时间锁、公证机制和中继机制。哈希时间锁在链 A 和链 B 上建立具有相同触发器的操作,通常要求提供特定散列的原像,这类方法一般用于实现原子支付及其相似场景。公证机制和中继机制都选择一组节点在两个区块链之间同步数据。不同的是,公证机制一般是事件驱动的,例如,每当产生一笔跨链支付,就基于公证机制同步交易在两个链上的验证结果;而中继机制一般会周期性同步验证信息,例如,BTC Relay 技术能够在以太坊上定期提交比特币中新产生的区块头,这样,以太坊用户可以直接验证某个比特币交易是否是合法的,而无须再请求比特币数据。公证或中继过程中最重要的是保障同步内容的正确性,一般可以通过在公证者或中继者之间运行共识算法来实现。

2.6.1 哈希时间锁

哈希时间锁一般用于实现保障原子性的跨链支付。假设 Alice 和 Bob 位于两个不同的区块链上,Alice 需要向 Bob 支付,则他们需要找到一个在两个链上都有账户的中间人 Charlie,利用哈希时间锁合约(HTLC)完成原子支付过程。首先,Alice 随机生成一个秘密值 s,计算哈希时间锁 $h = H(s)$,将 h 发送给 Bob。接下来,Alice 将资产锁定到所在区块链的 HTLC 中,并提交哈希时间锁 h 和时间锁 t_1;Charlie 看到 Alice 锁定成功后,在 Bob 所在区块链的 HTLC 中锁定相应的资产,并提交哈希时间锁 h 和时间锁 t_2。当 Alice 看到 Charlie 锁定成功后,将 s 发送给 Bob,则 Bob 向 HTLC 提交 s 以获得 Charlie 锁定的资产;此时,Charlie 也获得了 s,他就可以向 Alice 所在区块链的 HTLC 提交 s 以获得 Alice 锁定的资产。若参与方没有按预期流程行动,如 Charlie 没有按时锁定资产、Alice 没有按时向

Bob 发送 s、Bob 没有按时提交 s，则 Charlie 和 Alice 可分别在 t_2 和 t_1 时间后取回自己的资产，需要使 $t_2 < t_1$，以防止 Alice 与 Bob 合谋骗取 Charlie 的锁定资产。

2.6.2　公证机制

公证机制一般是事件驱动的，即每当新提交的交易产生了跨链请求时，公证者就进行相应的验证并同步验证结果。Interledger[77]利用公证机制实现了跨链支付，并在公证者之间运行拜占庭容错共识，保证中继结果的可信性。在 Interledger 中，位于不同区块链上的 Alice 和 Bob 希望进行跨链支付，若这两个区块链间存在公证者，则可以依赖公证直接完成支付。但是，考虑到成本问题，难以实现在任意两个区块链之间设置中继者，因此可能需要通过多重中继实现支付。液态网络[72]也采用了公证机制。液态网络是比特币网络的侧链，用户可以在比特币网络上锁定比特币，从而在液态网络中获取液态币；相应地，用户可以在液态网络上销毁液态币，从而在比特币网络中解锁对应数量的比特币。液态网络的一组矿工作为中继者，当监听到比特币网络中的锁定交易时，为用户在液态网络中生成液态币；当监听到液态币销毁时，在比特币网络中为其解锁对应的比特币。

2.6.3　中继机制

中继机制可以通过周期性地中继所有区块头或其他验证结构的方式，将整个区块链的验证信息同步到另一个区块链上。这样，存储完整验证信息的区块链就能够直接验证来自对应区块链的任意交易是否有效，即该交易是否被记录在区块中。例如，BTC Relay[78]是在以太坊上中继比特币的协议。BTC Relay 在以太坊上以合约形式存在，中继者定期将比特币新产生的区块头上传到合约中，以完成中继；合约验证区块头中的 PoW 正确性即可判断该区块头是否正确。添加区块头后，就可以基于简单支付验证（SPV）验证交易是否存在于区块中。

中继模式的优势是验证的独立性，一旦区块头被正确同步，无须与源链交互即可完成对交易的验证；但中继模式的异步性是一个问题，当两个链的共识频率不一致时，可能导致中继的等待时间变长。这对于跨链支付会造成较大的影响，因为市场汇率在中继和验证过程中可能会发生变化。因此，具体使用哪种机制，需要结合实际应用特性选择。

2.7　本　章　小　结

本章探讨了共识机制、智能合约、安全性、隐私保护、扩容和跨链等方面的需求和解决方案。其中，共识机制与智能合约是区块链技术的重要组成部分，相关研究尝试不断增强其性能和安全性，从而实现对区块链技术的整体优化。安全性与隐私保护是安全研究的两个层面，前者研究区块链共识、网络层、矿池、钱包、交易所等核心技术和衍生工具的安全性，后者利用各种密码学或可信硬件技术，提高链上数据与用户的隐私性和安全性。扩容与跨链是针对性能和可扩展性的研究。扩容技术包括分片、DAG 等链上解决方案，支付通道、侧链与子链等链下解决方案，以及直接针对共识协议的性能优化和针对网络层的性能优化；跨链技术包括哈希时间锁、公证机制和中继机制等。

参 考 文 献

[1]　NAKAMOTO S. Bitcoin：A peer-to-peer electronic cash system[EB/OL]．（2008-10-31）[2023-6-25]. https://bitcoin.org/bitcoin.pdf.

[2]　BUTERIN V. A next-generation smart contract and decentralized application platform[EB/OL]．（2023-8-16）[2024-1-22]. https://ethereum.org/en/whitepaper.

[3]　BIRYUKOV A，KHOVRATOVICH D. Equihash：Asymmetric proof-of-work based on the generalized birthday problem[J]. Ledger，2017，2：1-30.

[4]　DZIEMBOWSKI S，FAUST S，KOLMOGOROV V，et al. Proofs of space[C]//Proceedings of the Advances in Cryptology-CRYPTO 2015：35th Annual Cryptology Conference，Santa Barbara，2015：585-605.

[5]　BURSTCOIN. A short introduction to BURST's POC mining[EB\OL]．（2014-8-10）[2024-1-22]. https://bitcointalk.org/index.php?topic=731923.0.

[6]　CHEN L，XU L，SHAH N，et al. On security analysis of proof-of-elapsed-time（poet）[C]//Proceedings of the Stabilization，Safety，and Security of Distributed Systems：19th International Symposium，Boston，2017：282-297.

[7]　KING S，NADAL S. Ppcoin：Peer-to-peer crypto-currency with proof-of-stake[EB/OL]．（2012-8-19）[2024-1-22]. https://bitcoin.peryaudo.org/vendor/peercoin-paper.pdf.

[8]　NXT Wiki. Nxt whitepaper[EB/OL]．（2016-2-7）[2024-1-22]. https://nxtdocs.jelurida.com/Nxt_Whitepaper，2023.

[9]　BUTERIN V，GRIFFITH V. Casper the friendly finality gadget[J]. Arxiv Preprint Arxiv：1710.09437，2018：1-10.

[10]　SURVE T. Leased proof-of-stake（LPoS），explained[EB/OL]．（2023-9-30）[2024-1-22]. https://cointelegraph.com/explained/leased-proof-of-stake-lpos-explained.

[11]　ABRA. What is bitshares? BTS beginner's guide[EB/OL]．（2014-7-19）[2024-1-22]. https://www.abra.com/cryptocurrency/bitshares/.

[12]　CASTRO M，LISKOV B. Practical Byzantine fault tolerance[J]. OsDI，1999，99：173-186.

[13]　YIN M F，MALKHI D，REITER M K，et al. HotStuff：BFT consensus with linearity and responsiveness[C]//Proceedings of the 2019 ACM Symposium on Principles of Distributed Computing，Toronto，2019：347-356.

[14]　Lamport L. Paxos made simple[J]. ACM SIGACT News，2001，32（4）：51-58.

[15]　ONGARO D，OUSTERHOUT J. In search of an understandable consensus algorithm[C]//Proceedings of the 2014 USENIX Conference on USENIX Annual Technical Conference，Philadelphia，2014：305-319.

[16]　MILLER A，XIA Y，CROMAN K，et al. The honey badger of BFT protocols[C]//Proceedings of the 2016 ACM SIGSAC Conference on Computer and Communications Security，Vienna，2016：31-42.

[17]　GUO B Y，LU Z L，TANG Q，et al. Dumbo：Faster asynchronous BFT protocols[C]//Proceedings of the 2020

ACM SIGSAC Conference on Computer and Communications Security，Virtual Event，2020：803-818.

[18]　ANDROULAKI E，BARGER A，BORTNIKOV V，et al. Hyperledger fabric：A distributed operating system for permissioned blockchains[C]//Proceedings of the Thirteenth EuroSys Conference，Porto，2018：1-15.

[19]　THE GO-ETHEREUM AUTHORS. Go-Ethereum documentations-fundamentals-sync modes[EB/OL].（2023-6-14）[2024-1-22]. https://geth.ethereum.org/docs/fundamentals/sync-modes.

[20]　DICKERSON T，GAZZILLO P，HERLIHY M，et al. Adding concurrency to smart contracts[C]//Proceedings of the ACM Symposium on Principles of Distributed Computing，Washington，2017：303-312.

[21]　ATZEI N，BARTOLETTI M，CIMOLI T. A survey of attacks on ethereum smart contracts sok[C]// Proceedings of the 6th International Conference on Principles of Security and Trust，Uppsala，2017：164-186.

[22]　LUU L，CHU D H，OLICKEL H，et al. Making smart contracts smarter[C]//Proceedings of the 2016 ACM SIGSAC Conference on Computer and Communications Security，Vienna，2016：254-269.

[23]　KARAME G O，ANDROULAKI E，CAPKUN S. Double-spending fast payments in bitcoin[C]//Proceedings of the 2012 ACM Conference on Computer and Communications Security，Raleigh，2012：906-917.

[24]　36 氪. 比特币黄金首遭"51%攻击"，可能动摇数字货币世界的根基[EB/OL].（2018-6-10）[2024-1-22]. https://www.36kr.com/p/1722582302721，2018.

[25]　DOUCEUR J R. The sybil attack[C]//Proceedings of the Peer-to-Peer Systems：First International Workshop，Cambridge，2002：251-260.

[26]　EYAL I，SIRER E G. Majority is not enough：Bitcoin mining is vulnerable[J]. Arxiv Preprint Arxiv：1311.0243，2013：1-17.

[27]　SAPIRSHTEIN A，SOMPOLINSKY Y，ZOHAR A. Optimal selfish mining strategies in bitcoin[C]//20th International Conference on Financial Cryptography and Data Security，Christ Church，2017：515-532.

[28]　HEILMAN E，KENDLER A，ZOHAR A，et al. Eclipse attacks on bitcoin's peer-to-peer network[C]//Proceedings of the 24th USENIX Conference on Security Symposium，Washington，2015：129-144.

[29]　VOIGHT F. P2Pool：Decentralized，dos-resistant，hop-proof pool[EB/OL].（2011-6-17）[2024-1-22]. https://bitcointalk.org/index.php?topic=18313.0.

[30]　LUU L，VELNER Y，TEUTSCH J，et al. SMARTPOOL：Practical decentralized pooled mining[C]//Proceedings of the 26th USENIX Conference on Security Symposium，Vancouver，2017：1409-1426.

[31]　WILCOX Z. Proving your bitcoin reserves[EB/OL].（2014-2-27）[2024-1-22]. https://web.archive.org/web/20170114112433/https://iwilcox.me.uk/2014/proving-bitcoin-reserves.

[32]　DAGHER G G，BÜNZ B，BONNEAU J，et al. Provisions：Privacy-preserving proofs of solvency for bitcoin exchanges[C]//Proceedings of the 22nd ACM SIGSAC Conference on Computer and Communications Security，Denver，2015：720-731.

[33]　RON D，SHAMIR A. Quantitative analysis of the full bitcoin transaction graph[C]//17th International Conference on Financial Cryptography and Data Security，Okinawa，2013：6-24.

[34]　BIRYUKOV A，KHOVRATOVICH D，PUSTOGAROV I. Deanonymisation of clients in bitcoin P2P network[C]//Proceedings of the 2014 ACM SIGSAC Conference on Computer and Communications Security，Scottsdale，2014：15-29.

[35]　BONNEAU J，NARAYANAN A，MILLER A，et al. Mixcoin：Anonymity for bitcoin with accountable mixes[C]// 18th International Conference on Financial Cryptography and Data Security，Christ Church，2014：486-504.

[36]　VALENTA L，ROWAN B. Blindcoin：Blinded，accountable mixes for bitcoin[C]//2015 International Conference on Financial Cryptography and Data Security，San Juan，2015：112-126.

[37] MAXWELL G. CoinSwap: Transaction graph disjoint trustless trading[EB/OL]. (2013-10-30) [2024-1-22]. https://bitcointalk.org/index.php?topic=321228.0.

[38] HEILMAN E, BALDIMTSI F, GOLDBERG S. Blindly signed contracts: Anonymous on-blockchain and off-blockchain bitcoin transactions[C]. International Conference on Financial Cryptography and Data Security, Berlin, 2016: 43-60.

[39] HEILMAN E, ALSHENIBR L, BALDIMTSI F, et al. TumbleBit: An untrusted bitcoin-compatible anonymous payment hub[C]//Proceedings of 2017 Network and Distributed System Security Symposium, San Diego, 2017: 1-15.

[40] MAXWELL G. CoinJoin: Bitcoin privacy for the real world.[EB/OL].(2013-8-22)[2024-1-22].https://bitcointalk.org/index.php?topic=279249.0.

[41] RUFFING T, MORENO-SANCHEZ P, KATE A. CoinShuffle: Practical decentralized coin mixing for bitcoin[C]//19th European Symposium on Research in Computer Security, Wroclaw, 2014: 345-364.

[42] RUFFING T, MORENO-SANCHEZ P. Valueshuffle: Mixing confidential transactions for comprehensive transaction privacy in bitcoin[C]//2017 International Conference on Financial Cryptography and Data Security, Sliema, 2017: 133-154.

[43] MIERS I, GARMAN C, GREEN M, et al. Zerocoin: Anonymous distributed e-cash from bitcoin[C]//2013 IEEE Symposium on Security and Privacy, Berkeley, 2013: 397-411.

[44] BEN SASSON E, CHIESA A, GARMAN C, et al. Zerocash: Decentralized anonymous payments from bitcoin[C]. 2014 IEEE Symposium on Security and Privacy, Berkeley, 2014: 459-474.

[45] GUAN Z S, WAN Z G, YANG Y, et al. BlockMaze: An efficient privacy-preserving account-model blockchain based on zk-SNARKs[J]. IEEE Transactions on Dependable and Secure Computing, 2022, 19 (3): 1446-1463.

[46] BÜNZ B, AGRAWAL S, ZAMANI M, et al. Zether: Towards privacy in a smart contract world[C]//24th International Conference on Financial Cryptography and Data Security, Kota Kinabalu, 2020: 423-443.

[47] VAN SABERHAGEN N. CryptoNote v 2.0[EB/OL]. (2013-10-17) [2024-1-22]. https://www.getmonero.org/ru/resources/research-lab/pubs/whitepaper_annotated.pdf.

[48] POON J, BUTERIN V. Plasma: Scalable autonomous smart contracts[EB/OL]. (2017-8-11) [2024-1-22]. https://plasma.io/plasma.pdf.

[49] KALODNER H, GOLDFEDER S, CHEN X, et al. Arbitrum: Scalable, private smart contracts[C]//Proceedings of the 27th USENIX Conference on Security Symposium, Baltimore, 2018: 1353-1370.

[50] BOWE S, CHIESA A, GREEN M, et al. Zexe: Enabling decentralized private computation[C]//2020 IEEE Symposium on Security and Privacy, San Francisco, 2020: 947-964.

[51] STEFFEN S, BICHSEL B, VECHEV M. Zapper: Smart contracts with data and identity privacy[C]//Proceedings of the 2022 ACM SIGSAC Conference on Computer and Communications Security, Los Angeles, 2022: 2735-2749.

[52] STEFFEN S, BICHSEL B, GERSBACH M, et al. Zkay: Specifying and enforcing data privacy in smart contracts[C]//Proceedings of the 2019 ACM SIGSAC Conference on Computer and Communications Security, London, 2019: 1759-1776.

[53] STEFFEN S, BICHSEL B, BAUMGARTNER R, et al. ZeeStar: Private smart contracts by homomorphic encryption and zero-knowledge proofs[C]//2022 IEEE Symposium on Security and Privacy, San Francisco, 2022: 179-197.

[54] KOSBA A, MILLER A, SHI E, et al. Hawk: The blockchain model of cryptography and privacy-preserving smart contracts[C]//2016 IEEE Symposium on Security and Privacy, San Jose, 2016: 839-858.

[55] REN Q, LIU H, LI Y, et al. Demo: Cloak: A framework for development of confidential blockchain smart contracts[C]//2021 IEEE 41st International Conference on Distributed Computing Systems, Washington, 2021: 1102-1105.

[56] CHENG R, ZHANG F, KOS J, et al. Ekiden: A platform for confidentiality-preserving, trustworthy, and performant smart contracts[C]//2019 IEEE European Symposium on Security and Privacy, Stockholm, 2019: 185-200.

[57] LOMBROZO E, LAU J, WUILLE P. BIP141[EB/OL]. (2015-12-21) [2024-1-22]. https://github.com/bitcoin/bips/blob/master/bip-0141.mediawiki.

[58] LUU L, NARAYANAN V, ZHENG C D, et al. A secure sharding protocol for open blockchains[C]//Proceedings of the 2016 ACM SIGSAC Conference on Computer and Communications Security, Vienna, 2016: 17-30.

[59] KOKORIS-KOGIAS E, JOVANOVIC P, GASSER L, et al. OmniLedger: A secure, scale-out, decentralized ledger via sharding[C]//2018 IEEE Symposium on Security and Privacy, San Francisco, 2018: 583-598.

[60] HONG Z C, GUO S, LI P, et al. Pyramid: A layered sharding blockchain system[C]//2021 IEEE Conference on Computer Communications, Vancouver, 2021: 1-10.

[61] ZAMANI M, MOVAHEDI M, RAYKOVA M. RapidChain: Scaling blockchain via full sharding[C]//Proceedings of the 2018 ACM SIGSAC Conference on Computer and Communications Security, Toronto, 2018: 931-948.

[62] WANG J P, WANG H. Monoxide: Scale out blockchains with asynchronous consensus zones[C]//16th USENIX Symposium on Networked Systems Design and Implementation, Boston, 2019: 95-112.

[63] SOMPOLINSKY Y, LEWENBERG Y, ZOHAR A. Spectre: A fast and scalable cryptocurrency protocol[J]. Cryptology ePrint Archive, 2016: 1159.

[64] SOMPOLINSKY Y, WYBORSKI S, ZOHAR A. Phantom ghostdag: A scalable generalization of nakamoto consensus: September 2, 2021[C]. Proceedings of the 3rd ACM Conference on Advances in Financial Technologies, Arlington, 2021: 57-70.

[65] POPOV S, SAA O, FINARDI P. Equilibria in the tangle[J]. Computers & Industrial Engineering, 2019, 136: 160-172.

[66] POON J, DRYJA T. The bitcoin lightning network: Scalable off-chain instant payments[EB/OL]. (2016-2-14) [2024-1-22]. https://static1.squarespace.com/static/6148a75532281820459770d1/t/61af971f7ee2b432f1733aee/1638897446181/lightning-network-paper.pdf.

[67] ZHANG Y H, YANG D J, XUE G L, et al. Counter-collusion smart contracts for watchtowers in payment channel networks[C]//IEEE INFOCOM 2021-IEEE Conference on Computer Communications, Vancouver, 2021: 1-10.

[68] KHALIL R, GERVAIS A. Revive: Rebalancing off-blockchain payment networks[C]// Proceedings of the 2017 ACM SIGSAC Conference on Computer and Communications Security, Dallas, 2017: 439-453.

[69] MALAVOLTA G, MORENO-SANCHEZ P, KATE A, et al. Concurrency and privacy with payment-channel networks[C]//Proceedings of the 2017 ACM SIGSAC Conference on Computer and Communications Security, Dallas, 2017: 455-471.

[70] GREEN M, MIERS I. Bolt: Anonymous payment channels for decentralized currencies[C]// Proceedings of the 2017 ACM SIGSAC Conference on Computer and Communications Security, Dallas, 2017: 473-489.

[71] SIVARAMAN V, VENKATAKRISHNAN S B, RUAN K, et al. High throughput cryptocurrency routing in payment channel networks[C]//Proceedings of the 17th USENIX Conference on Networked Systems Design and Implementation, Santa Clara, 2020: 777-796.

[72] BLOCKSTREAM. Liquid recap and FAQ[EB/OL]. (2015-11-2) [2024-1-22]. https://blog.blockstream.com/en-

liquid-recap-and-faq/.

[73] TEUTSCH J，REITWIEßNER C. A scalable verification solution for blockchains[J]. Arxiv Preprint Arxiv：1908.04756，2019：377-424.

[74] EYAL I，GENCER A E，SIRER E G，et al. Bitcoin-NG：A scalable blockchain protocol[C]//Proceedings of the 13th USENIX Conference on Networked Systems Design and Implementation，Santa Clara，2016：45-59.

[75] KOKORIS-KOGIAS E，JOVANOVIC P，GAILLY N，et al. Enhancing bitcoin security and performance with strong consistency via collective signing[C]. Proceedings of the 25th USENIX Conference on Security Symposium，Austin，2016：279-296.

[76] DONET DONET J A D，PÉREZ-SOLA C，HERRERA-JOANCOMARTÍ J. The bitcoin P2P network[C]//Proceedings of the Financial Cryptography and Data Security，Christ Church，2014：87-102.

[77] THOMAS S. A web of ledgers[EB/OL].（2015-10-9）[2024-1-22]. https://www.w3.org/community/interledger/2015/10/09/a-web-of-ledgers/.

[78] REDMAN J. BTC relay the first Ethereum and bitcoin sidechain[EB/OL].（2016-5-3）[2024-1-22]. https://www.livebitcoinnews.com/btc-relay-the-first-ethereum-and-bitcoin-sidechain/.

第 3 章　区块链技术应用

区块链是多种技术的集成创新应用，具有数据公开透明、信息安全程度高、可追溯性强等特征优势，从而可以实现以无地域限制的、去信任的方式进行大规模协作，具有十分广阔的应用前景。区块链技术随着比特币的提出而被广泛关注，但比特币所代表的货币系统只是区块链巨大应用空间的冰山一角，区块链及其衍生技术不仅能够应用在货币体系中，还可以推演到各类交易行为、合约行为甚至其他复杂应用场景中。

在以太坊智能合约被提出后，区块链的应用范围开始从单一的货币领域扩大到涉及合约功能的其他金融领域，如股票、债券、期货、贷款、智能资产和智能合约等更广泛的非货币应用。而随着联盟链等更为高效的区块链系统的出现，区块链开始在各种行业实现分布式应用落地，包括公证、仲裁、审计、物流、通信、医疗、投票等其他领域。由于区块链技术应用的广泛性，本书无法逐一列举所有应用。本章将结合相关工作，探讨区块链在身份与数据安全、移动通信、物联网等与信息网络相关的领域中的应用。

3.1　身份与数据安全

3.1.1　基于区块链的身份认证

在公钥密码体系建立后，公钥成为在通信过程中进行身份认证的主要方式。为了确认公钥与实体之间的对应关系，公钥证书是必不可少的，而基于证书颁发机构（certificate authority，CA）的公钥基础设施（public key infrastructure，PKI）就提供了将公钥与实体相互绑定以颁发公钥证书的功能。例如，若某网站希望将自己的域名和公钥绑定，则它需要选择一个 CA 向其注册，CA 验证后为其颁发公钥证书，其中包含网站域名和公钥等信息，以及 CA 对该证书的签名。当网站需要向其访问者证明自己的身份时，向访问者提供证书，若访问者信任颁发证书的 CA，则可以完成认证。

容易发现，上述过程中存在两个明显的问题：一是 CA 作为可信权威，无论是证书请求者还是验证者都需要绝对信任 CA 的诚实度，这种可信第三方架构给攻击者提供了一个十分显眼的攻击目标；二是当通信双方的信任域不一致时，即双方互不信任对方的 CA，它们就无法正常完成验证过程。虽然证书链等结构实现了跨 CA 验证，但这种结构加剧了单点攻击可能导致的影响。因此，出于对可信权威的不信任性和打破信任屏障，研究者提出构建信任网络（web of trust，WoT）[1]实现点对点的公钥身份认证。简单来说，如果 Alice 和 Bob 之间相互信任，Bob 和 Charlie 之间相互信任，则 Alice 和 Charlie 之间可以出于对 Bob 的信任而建立一定的信任关系。基于六度分隔理论，任意两个用户之间都可以找到一个较短的路径来构建信任关系。虽然 WoT 去除了对可信权威的依赖，但仍存在一些问题，包括撤销不及时、对新用户不友好、距离较远的用户间信任不够强等。

区块链的出现为解决公钥证书的问题提供了思路。与 CA 架构和 WoT 架构相吻合，基于区块链的公钥证书体系也存在两类架构：CA 联盟架构和无 CA 架构。CA 联盟架构指令多个原有 CA 组成联盟链，公钥证书仍由 CA 签发和撤销，但放在链上共同维护，一方面为 CA 之间建立跨域信任，另一方面可以基于共同审计及时发现有问题的 CA。无 CA 架构一般运行在公链上，用户直接在公有链上以交易的形式广播自己的身份与公钥绑定信息。此外，区块链还衍生出一种新的身份管理架构，即去中心化标识符（decentralized identifier，DID）架构。DID 架构是对 CA 联盟架构与无 CA 架构的有机结合：用户以无 CA 的方式自主维护身份和公钥，但借助 CA 联盟架构为身份签发可验证凭据（verifiable credential，VC）。这样既保障了身份的自主性，又保留了基于可信权威的验证能力，为身份这一概念赋予了更多的可能。这三类架构各有特性，并无绝对的优劣之分，需要根据实际需求进行选择。以下介绍三类架构的一些经典工作。

1. CA 联盟架构

CertChain[2]是一个典型的 CA 联盟架构，提供了跨域信任、CA 审计等重要功能。CertChain 提出使多个 CA 构建 CA 联盟，共同维护联盟链；用户仍然向 CA 注册证书，但 CA 需要将证书存储在区块链上。借助区块中的默克尔树（MHT）等验证结构，用户可以十分便捷地验证某个证书是否是链上的合法证书。在这一基本思想上，CertChain 主要解决了两个问题：设计链式审计结构，能够快速追溯每个用户证书的所有历史记录，并对每个 CA 的诚实度进行审计和评估；提出了基于双计数布隆过滤器的证书撤销列表（certificate revocation list，CRL）压缩方案，将撤销列表存储于链上，实现可靠撤销。而 ScalaCert[3]指出，尽管使用布隆过滤器进行压缩，证书撤销列表仍然占据了较大的链上空间，限制着系统整体性能。因此，ScalaCert 利用变色龙哈希技术直接在已记录上链的证书上标记其撤销状态，而无须借助任何额外空间存储证书撤销列表，进一步提升了 CA 联盟架构的证书管理效率。Matsumoto 和 Reischuk[4]针对现有 PKI 系统中 CA 抵抗攻击投入不足的问题展开研究，基于区块链平台的金融特点，提出了一种支持即时响应的 PKI 框架 IKP。IKP 借助以太坊，以经济手段激励 CA 正确颁发证书，引入探测器检测和报告非法证书，并对颁发非法证书的 CA 进行经济处罚。

2. 无 CA 架构

无 CA 架构延续了 WoT 的思想，并利用区块链提供的分布式信任，提高 WoT 协议的安全性和可靠性。这类方案一般基于公有链构造，由用户自行发布身份与公钥的绑定信息，不再存在 CA 等实体。2014 年提出的 Certcoin[5]用于验证域名与公钥的绑定关系，该协议是基于 Namecoin[6]构造的。Namecoin 被认为是第一个基于区块链的应用，它于 2011 年发布，是比特币的硬分叉，允许用户在公有链上注册和管理.bit 域名。而 Certcoin 则为 Namecoin 上的域名提供了绑定公钥的作用。Axon 和 Goldsmith[7]针对隐私保护需求改进了 Certcoin，提出 PB-PKI，通过对链上信息加密，防止用户身份信息被公开获取。与以上工作不同，AI-Bassam[8]希望为证书添加除了公钥和身份之外的其他属性，使证书包含更多的信息，并提出了SCPKI。SCPKI 利用智能合约将身份信息与属性信息相关联，当用户身份信息得到认证时，该身份对应的属性也是可信的，实现了用户身份与用户属性之间信任的传递。

3. DID 架构

DID 架构是对身份与属性、中心与去中心十分巧妙的结合。在 DID 架构中，身份是完全去中心的。身份包含用户的现实身份（如网站域名）和公钥，这两项内容加上一些辅助信息就组成一个 DID，DID 完全由用户掌控。完全去中心的身份是难以有效验证的，例如，在 CA 体系下，实体向 CA 注册证书时，CA 会对实体信息进行审查，如网站、公司信息等，在一定程度上筛选了可能的恶意实体。但当任意域名与公钥都可上链时，这种审查就难以实现，而用户对恶意实体的判断会更加困难。为此，DID 架构中保留了类似 CA 的实体，称为发行者（issuer），能够为 DID 签发 VC，以声明该 DID 的某些属性，如某个网站/公司提供了某类服务等。

可以看出，DID 架构与 CA 联盟架构的核心区别在于身份信息与属性信息的分离。这种分离一方面提供了极大的灵活性，使 DID 架构能够用于各种可能的场景：身份可以是各种可能的实体，如个人用户、组织机构，甚至是一段文字、一张图片、一个设备等；VC 可以是灵活签发的，如个人用户签发给自己的设备、组织签发给其中的个人用户、上层组织签发给下层组织、不同的组织同时为同一个 DID 签发等；VC 可以是任何信息，如用户的个人信息、成绩、履历等，绝大多数的现实信息都能够以 VC 的形式签发。另一方面，这种分离提供了强大的安全特性：用户能够绝对自主地掌握自己的身份，无须担心身份被损坏和滥用；用户又可以基于 VC 验证其他身份的有效性，利用 VC 提供的审查验证能力，规避自主身份管理时可能出现的欺骗、隐瞒等恶意行为；DID 架构的选择性披露等机制也提供了隐私保护能力。

3.1.2　基于区块链的数据访问控制

访问控制技术允许用户控制访问数据和资源的规则，使数据或资源所有者能够控制其信息的使用权限。访问控制技术包括访问控制列表（access control list，ACL）、角色访问控制（role-based access control，RBAC）、属性访问控制（attribute-based access control，ABAC）等。ACL 允许数据所有者生成一个访问者列表（如公钥列表），该列表内的访问者可以访问数据；RBAC 为访问者赋予不同的角色，所有者直接向角色授权，则该角色对应的所有访问者都可访问数据；ABAC 是更加细粒度的方案，为访问者赋予不同的属性，所有者通过对属性的组合（合取或析取）授权，即只有属性满足该组合的访问者才可以访问数据。

虽然访问控制模型是较为完善的，但在具体实施时，尤其是面对物联网、智慧医疗、智慧城市等参与方较多且标准不统一的场景，仍存在一些挑战。访问控制的实施过程主要包括策略制定、访问请求、身份验证和权限验证四个步骤，还需要处理策略更新、身份或权限撤销等需求，需要考虑数据存储和传输形式、权限实施形式等，想要设计一个完备的访问控制实施方案是较为复杂的。而在更复杂的场景下，例如，在电子医疗场景下，病人在不同医院看病时，产生的检验结果、诊断结果等数据由医院管理，当病人跨院治疗时，医生需要向原医院请求数据；而当病人报销保险时，保险公司需要请求所有相关数据。当前实际系统一般仍依赖人工授权处理这些复杂需求、处理不兼容的身份和数据体系，往往需要十分复杂的手续，但信息化、数字化的进一步发展需求，对访问控制的自动化实施也提出了更高的要求。

利用区块链进行访问控制，一方面能够借助分布式共识在多参与方间建立互信关系，在保留各自的访问控制具体实施方式上，建立一套统一的身份和权限认证方式，提高系统的可用性和兼容性；另一方面，区块链的可靠存储能够辅助验证数据完整性，其公开性使用户能够随时验证自己的数据是否被妥善保存，并通过对访问日志进行存证审计提高系统安全性。因此，有大量工作探讨了如何利用区块链实现更加安全、可用、易用的访问控制。

在利用区块链进行访问控制的过程中，区块链本身往往也起到了数据存储、共享、身份维护等作用，因此，区块链在提供访问控制技术的过程中，也成了访问控制的客体，即对链上存储的数据进行访问控制。由于上述原因，单独讨论利用区块链进行访问控制或对区块链进行访问控制，都是不够完备的，这两方面往往是相互结合、共同发挥作用的。对访问控制的研究主要针对策略制定和权限验证两个方面。

策略制定可以由数据所有者完成，即数据所有者自己控制数据可以被谁访问。这种方式更加灵活，数据所有者对数据的掌控能力更强，且其方案设计和系统实现都相对简单，也获得了大量应用和研究。例如，实际应用中的网盘文件共享就是由数据所有者控制访问权限的，许多学术研究也由数据所有者制定访问策略。FairAccess[9]利用智能合约实现访问凭据的分发和验证，Healthchain[10]针对电子医疗场景构建了由用户（患者）控制的医疗数据可控共享方案。这种方案为线上问诊等应用提供了较强的安全性，但是对使用者要求较高，且对复杂系统来说不够高效。

为了减轻数据所有者的负担和提高访问控制效率，可以由应用管理者等实体制定一套统一的访问策略，接入该应用的所有用户都需要遵守该策略，此时需要确保用户行为的公平性，并防止管理者拥有特权。例如，在电子医疗场景下，策略可制定为：当患者被分配给某个医生后，该医生能够访问该患者的所有相关数据；在供应链管理中，策略可制定为：处在同一供应链中的上下游企业能够互相访问与当前业务相关的所有数据。LedgerView[11]针对供应链场景设计了基于视图（view）的访问控制方案，将上下游企业在相同业务中的数据组织为视图，进行统一的访问控制管理。

权限验证可以直接依赖密钥管理实现，即拥有密钥的访问者自动拥有了访问权限。例如，在 Healthchain[10]中，数据所有者使用对称密钥加密数据，并使用其允许的访问者的公钥加密该对称密钥，这样，访问者使用自己的私钥解密后即可获取对称密钥并解密数据。LedgerView[11]中的数据也是直接由其所有者使用对称密钥加密的，通过对一组密钥同时加密实现批量授权，也就是前面提到的视图功能。这种方式比较直接，免除了额外的权限管理，但兼容性和可扩展性较差，难以在不同应用之间实现整合和互通。

将权限与密钥分离能够构造出更灵活、更兼容的协议，也能够减轻数据所有者的负担。例如，Calypso[12]借助门限秘密共享实现了权限与密钥的分离。在Calypso 中，数据所有者可以仅声明哪些用户可以访问自己的数据，如提供一组公钥列表或更简洁的身份信息；而密钥分发由一组节点（称为委员会）以门限秘密共享的方式实现。当某个访问者请求访问数据时，委员会中的节点检查所有者的声明中是否包含该访问者，若包含，则以门限秘密共享的方式帮助访问者恢复密钥。

除了 Calypso 提供的策略与密钥分离功能，这种架构可以扩展得更加通用。例如，将数据加密、策略制定、策略实施、数据管理等过程全部分离，数据所有者只负责加密和上传数据，策略制定者基于访问控制策略相关理论制定更加完备的访问策略，策略实施者仅关注以何种形式认证身份和分发密钥，数据管理者则关注如何高效地存储、共享和验证数据。这种结构允许不同应用在具体实现基础上抽象出共通的权限管理协议，有助于构建更复杂的应用。

3.1.3　基于区块链的数据完整性保护

完整性保护指在数据的传输和存储过程中保障其正确性。在传输过程中，一般考虑防止链路上的攻击者截获消息并篡改其中的内容，可以利用哈希和数字签名等技术实现防篡改，例如，数据所有者通过哈希产生数据摘要并使用私钥对其签名，攻击者在无法获取用户私钥的前提下，是无法对篡改后的数据生成有效签名的。但是，存储过程中的完整性是更为复杂的，除了数据本身的完整性，还需要考虑查询结果的完整性。例如，在云存储中，用户将数据外包到云端存储，在需要时根据查询信息向云端请求数据，云端可能由于数据丢失或故意隐瞒等原因而未能返回全部结果，因此一般需要构造额外的验证结构以判断查询结果的完整性。

区块链天然地提供了这种完整性验证功能，或者说区块链的核心目标就是提供足够安全的数据完整性，因为其本质上就是一个可靠的分布式账本：一方面，区块链的数据结构中自带强大的完整性验证功能，包括哈希链式结构、默克尔哈希树（MHT）、默克尔前缀树（MPT）、布隆过滤器等，提供了不同功能、不同粒度的完整性验证；另一方面，区块链的分布式共识进一步增加了数据篡改和删除的难度，其天然的审计能力也为数据操作过程提供了存证审计基础。在数据规模较小的应用中，如比特币这种以支付为主要功能的加密货币，数据可以全部在链上存储，提供最高级别的安全保障。而当数据规模增大时，就需要优化存储结构，例如，以太坊仅在区块中存储账户状态的摘要（即 MPT 的根哈希），而完整状态数据仅由全节点本地维护，这样，其他节点就无须同步过于庞大的数据；而当数据规模进一步增大时，区块链节点只需要存储数据的摘要，原始数据则选用成本较低的云存储等方式实现，这种结构被称为混合存储架构，在物联网[13]、电子医疗[10]等场景中应用非常广泛。

3.1.4　安全多方计算

安全多方计算（secure multi-party computation，SMPC 或 MPC）允许一组相互不信任的参与者进行分布式计算，并在计算过程中保护各方输入数据的隐私性，且保障最终结果的正确性。MPC 协议通过将目标计算任务转换为算数或布尔电路，依托不经意传输、秘密共享、投币协议（coin-flipping by telephone）、同态加密、承诺方案、零知识证明等密码学技术实现协议构造。但是，MPC 协议的构造在公平性和安全性等方面存在其固有限制。

一方面，在参与者不满足多数诚实假设的情况下，MPC 协议不具有公平性。例如，考虑基于投币协议的两方抽奖协议：Alice 和 Bob 共同执行投币协议以产生随机比特 b，若 $b=0$，则 Alice 向 Bob 支付 1 美元；若 $b=1$，则 Bob 向 Alice 支付 1 美元；如果协议没有正确终止，那么双方都不会向对方支付任何费用。在这种情况下，若 Alice 首先提交输入，则恶意方可以阻止 Bob 获得输出，使得 1 成为协议的唯一可能输出。这很容易推广到多方案例，例如，通过女巫攻击，某个恶意方能够创建并控制多个"假"身份，轻松成为参与者中的"多数"。

另一方面，MPC 协议在密码学上的安全性不足以保证实际应用的安全性。例如，在上述两方抽奖协议中，即使 MPC 协议保证了结果的公平性，也无法保证参与方诚实地执行后续转账过程。而基于区块链的公开性、可靠性和加密货币等特性对 MPC 协议进行优化，能够进一步实现应用安全性。

Andrychowicz 等[14]基于比特币构建了一个安全多方计算协议。该协议允许一组参与方分别锁定一笔资金（比特币），再运行 MPC 协议，随机选出一个参与方获得所有的锁定资金。该协议运行在无中心的分布式网络中，可以在匿名且彼此互不信任的玩家之间正确且公平地执行。Kumaresan 等[15]对上述方案进行了形式化定义，并提出了带有惩罚机制的安全资金分配协议，使协议能够在有参与方中途退出时安全停止，并对这类参与方做出惩罚。该协议能够支持各种涉及数据和资金的有状态计算，可用于安全地实现去中心拍卖、电子购物、电子扑克等各种应用。

3.1.5 云计算和边缘计算

云计算指算力较小的用户将复杂计算任务外包给性能较强的云服务器，由云服务器完成计算并返回结果。为了确保云服务器诚实地进行计算，一般需要引入可验证计算技术，云服务器可以在计算过程中产生一个证明，用户可以基于该证明快速验证结果的正确性。但是，可验证计算依赖于密码算法构造，其功能受到限制，且会对云服务器造成过多的额外开销，最终开销可能会比单独的计算任务大得多。为此，Dong 等[16]提出令两个云服务器同步计算相同的任务，在计算过程中随机进行交叉检查以保证结果的正确性。该协议中最重要的问题是防止两个云服务器之间发生共谋，为此方案中基于智能合约和博弈论设计了严谨的激励策略，利用合约的资产抵押、自动扣款等机制使共谋无法获取更多利益，从而抵抗服务器共谋。

移动边缘计算（mobile edge computing，MEC）是外包计算的另一种实现方式，即用户将计算任务外包给一组性能相对较强但远不如云服务器的边缘服务器，例如，在车联网中，一组路侧单元（roadside unit，RSU）可以基于车辆提供的数据快速重构出所在区域的完整道路信息。在区块链出现之前，MEC 中一般需要一个中心服务器负责进行任务分配和报酬发放等，但这种方式导致了用户和边缘服务器对公平性的质疑，并且与云服务器的交互过程也影响了边缘计算原本提供的实时性。因此，利用区块链去除 MEC 对云服务器的依赖是一个很好的解决思路。研究者已经陆续在工业物联网[17]、电子医疗[18]、智能电网[19]、车联网[20]等诸多场景中探索了区块链与 MEC 的结合方式与关键技术。

3.2　移动通信领域

区块链和 5G 技术相辅相成。一方面，区块链是点对点的分布式系统，节点间的多播通信会消耗大量网络资源。随着区块链体量的逐步扩大，网络资源的消耗会以几何倍数级增长，最终会成为区块链的性能瓶颈。5G 网络作为下一代移动通信网络，理论传输速度可达数十吉比特每秒，比 4G 网络的传输速度快数百倍。若应用到区块链中，则可以实现数据的极速同步，从而减少不一致数据的产生，提高共识算法的效率。5G 的目标是实现"万物互联"，根据 GSMA 智库的预测结果，到 2025 年年底，5G 连接数将达到 25 亿，占移动连接总数的 27%。5G 技术的发展将极大提升区块链的性能，扩展区块链的应用范围。另一方面，由于网络融合、理想的万物互联是完美的去中心化网络，所有价值交换有可能都将建立在基于区块链的技术上。把 5G 的通信优势与区块链的安全与信任优势结合起来具有光明前景。区块链作为分布式系统，去中心化、去信任、历史记录抗篡改、可追溯等特性可以推动 5G 应用的高效、安全发展。已有部分研究针对目前 5G 发展中存在的问题，提出了基于区块链技术的解决方案。

3.2.1　接入认证

在 5G 时代，将会有更多的用户设备更加频繁地接入互联网。为了保证网络的安全，只有合法的用户才能享受相应的服务，对用户的身份认证是不可或缺的。目前移动网络不能满足 5G 低功耗海量连接、低时延高可靠通信的要求。不少研究引入区块链技术针对 5G 中具体背景下海量用户设备频繁接入移动网络中存在的延迟和安全问题，设计了高效、安全的接入认证和切换认证方案。这些工作的主要思路是将多个原本孤立的网络管理节点组合成联盟链，对用户的认证结果在联盟链中共享，实现信任的传递，从而提高认证的效率。

Yazdinejad 等[21]针对 5G 中频繁的身份切换导致的延迟增加问题，提出将区块链技术与软件定义网络（software defined network，SDN）技术结合，利用区块链提供的信任能力，消除用户在不同单元之间重复切换导致的重复身份验证，从而减少认证开销。Sharma 等[22]指出，已有的分布式移动管理（distributed mobility management，DMM）技术可以实现节点的平滑切换，但是需要依赖集中式设备实现切换的安全管控，存在单点瓶颈问题和单点故障风险。因此，他们提出了一种基于区块链的 DMM 解决方案，利用三个相互合作的区块链实现接入点之间的信任传递。Jangirala 等[23]则针对边缘计算环境中的供应链设计了一种高效的射频识别（radio frequency identification，RFID）认证协议，通过按位异或、单向哈希加密和按位旋转等十分高效的操作，实现了安全和轻量级的接入认证。

3.2.2　跨域漫游认证

随着移动终端的轻量化及其与信息服务实体交互需求的增长，能够支持资源受限设备的轻量级认证协议成为通信服务的重要需求。在分布式环境中，各机构为了方便管理用户，一般会自主搭建和维护认证服务器，形成相对独立的信任域。然而，独立的信任域产生了跨域漫游认证需求，当用户在不同信任域间漫游时，需要进行跨域认证以确认用户身份和能力。基于公钥证书和公钥基础设施（PKI）的传统跨域认证模型普遍存在认证路径复杂、签名验证次数较多、证书管理困难等问题；而基于身份的密码体系的计算量与通信量较高，跨域认证效率不高，实际应用困难。

针对跨域漫游认证面临的上述挑战，Xue 等[24]利用基于联盟区块链的智能合约设计了一种分布式漫游认证协议。不同运营商在达成漫游协议后，将协议记录在合约中；同时归属域运营商将用户数据记录在合约中。当用户接入新的服务提供商时，接入点（access point，AP）可通过查询合约直接确认用户归属域是否与所在服务提供商建立了漫游伙伴关系，以及该用户当前是否开通漫游协议，以决定是否为用户提供网络服务。整个过程无须归属域运营商的参与，降低了交互复杂度和通信时延。该方案虽然解决了认证接入问题，但基于合约公开存储的用户数据导致了一定的隐私泄露风险。而文献[25]则利用门限秘密共享技术实现了细粒度的漫游数据访问控制协议，为漫游用户提供了安全高效的隐私保护。

除了上述将区块链与公钥证书体系结合的方案，去中心化标识符（DID）也是区块链身份管理和认证的重要技术。DID 通过区块链实现去中心化身份管理，使用户身份信息掌握在用户自己手中，实现自我主权身份（self-sovereign identity，SSI）管理。Xu 等[26]将 DID 技术应用到移动网络中，使得用户能够自主管理身份

（尤其是在需要更换运营商时）。该工作中还提出，利用基于变色龙哈希的可编辑区块链实现高效的用户身份撤销，该技术替代了传统的撤销列表，降低了查询和存储撤销列表带来的认证时延和存储开销。

3.2.3　网络内容管理

如何实现 5G 时代移动网络中海量数据的隐私保护及高效分发也是研究的重点。许多工作致力于将区块链与传统访问控制算法相结合，以解决经典算法中存在的安全和性能问题。例如，云数据和外包存储等场景主要使用属性基加密（attribution-based encryption，ABE）算法进行数据隐私保护和访问控制。Fan 等[27]指出，在传统的 ABE 方案中，一旦用户修改访问策略，系统就需要执行属性撤销并根据新的属性集再次加密数据，会导致较大开销，并针对该问题提出了一种基于区块链和云加密技术的方案，降低密钥管理的复杂度，减少网络拥塞，提高了内容提供者对内容的细粒度访问控制的灵活性。

在上述方案中，内容提供商将其内容加密后存储在云端，而内容的相关检索信息及访问控制策略存储在公开的区块链上；用户可以从云端下载加密的文件，但是只有满足访问控制策略时才能获得解密密钥。通过将访问控制策略写在区块链上可以更加灵活地修改属性集合，实现了每个内容提供商完全控制自己的信息控制权的目的。此外，在方案中，矿工不仅需要处理交易，添加区块到区块链上，还具有共享记录的功能。当矿工挖到矿时，他们可以获得他们感兴趣的一定数量的信息作为奖励。因此，矿工是控制网络中相对大量数据的节点。若其他人也对数据感兴趣，可以向矿工请求数据。矿工只验证区块链上相应的访问控制策略，然后与此用户共享数据，省略了用户解密过程。

Herbaut 和 Negru[28]基于区块链技术提出了一种新的互联网内容分发模型，允许多个提供商协作并通过网络服务链提供所请求的服务。方案使用智能合约执行内容交付流程，即利用一系列智能合约实现原本的内容交付中介机制。每个合约都有唯一的标识符和一些数据字段，可以执行创建新合约或更新区块链状态等操作，合约操作由链上数据更新（即创建新合约）或时间触发。该方案降低了内容分发的整体交付成本，且能够促进健康的竞争，鼓励以用户为中心的资源加入系统中。

3.2.4　频谱管理

为了满足移动设备用户在任何时间、任何地点及任何应用中接入的需求，在频谱资源有限的情况下，提高频谱利用率是十分重要的。用户间的频谱共享是解决频谱稀缺问题的一种重要方法，但其中的挑战是如何保障频谱共享的公平性和有效性。Kotobi 和 Bilen[29]提出了一种基于区块链的频谱共享协议，使用基于先来先服务队列的拍卖机制进行频谱分配，并基于区块链实现租金的公平结算。为了抵抗频谱感知恶意攻击中的感知链路中断和合谋攻击，彭艺等[30]将信誉机制引入了频谱感知过程。当用户需要使用任一频段时，首先执行局部频谱检测并将感知报告发送到融合中枢中。融合中枢从本地数据库汇总并计算用户信誉值权重，结合频谱占用状况做出全局频谱分配决策。

3.3　物　联　网

物联网的进一步发展面临着数据安全、控制安全、行为安全、协作安全等挑战。数据安全指数据存储的可靠性，即数据不会被篡改或删除；控制安全指物联网设备按照预期控制逻辑执行，而不会被攻击者操控；行为安全指物联网设备的用户行为是相对诚实的，或者在发生恶意操作时能够有效识别和惩罚；协作安全指不同的服务提供商或设备提供商之间能够充分合作，为用户提供服务时需要满足相关安全特性。

当前成熟运行的物联网应用大多采用中心化管理架构，将所有数据上传到云服务器统一存储，用户通过云端账号控制设备（当然，用户也可以通过本地网络离线控制设备，这两个方式是共存的），所有操作日志由云端存储。这种架构的安全性完全依赖于用户对云服务器的信任，而许多现实案例也表明了这种信任并不是完全可靠的。例如，云端系统的漏洞可能导致数据泄露和设备劫持，一些云服务器可能出于利益考虑出售用户的隐私数据，在产生纠纷时用户可能寻求与云服务器合谋篡改、伪造证据等。这种架构也难以建立有效的合作关系，因为缺乏信任等原因，难以从这些中心服务器之间再选出一个中心来调控它们之间的合作。

针对上述问题，研究者引入了区块链保障物联网系统的安全性，借助区块链的分布式共识在不同中心服务器之间建立信任关系，利用区块链的不可篡改特性保证数据安全和实现可信审计，基于智能合约保障设备控制的安全性。虽然区块链有着诸多极佳的安全特性，但在物联网场景下，区块链面临着隐私和性能两大问题。一是要在相对公开的区块链环境中保护物联网设备采集到的用户隐私数据，同时要能够提供必要的可审计性；二是要在相对昂贵的区块链上记录大规模用户产生的海量数据，因此，需要足够高效的区块链扩容技术作为支撑。目前，研究者主要在车联网、智能电网、智能医疗、智能工业和智能家居等场景中探索区块链在物联网中的应用模式，以下详述这些内容。

3.3.1　车联网

随着车载计算存储能力和通信能力的增强，实现自动驾驶及将车辆作为物联网组件应用于智能城市逐渐成为可能。与此同时，车联网中暴露出的问题也越来越多，比如，物联网的异构性、缺乏统一数据标准和开发框架导致车联网中的资源难以整合为统一的整体，形成了数据孤岛，无法进行信息的有效共享；传统的集中式信息共享和能源交易模式带来的单点故障和隐私泄露问题，为大规模的密集车辆网络带来了更大的挑战；传统的集中接入和认证模式无法有效地支持车联网的高移动性。

由于集中式网络的种种困难，在车联网中，边缘计算和分布式点对点通信得到了更加广泛的应用。车辆可以通过路侧单元（RSU）进行本地快速通信，或直接与传感器和其他车辆进行通信。但这种模式又带来了新的挑战，比如，分布式网络中的密钥分发和身份认证的困难性；无中心节点时的数据一致性、正确性和可追溯性无法有效保证；对恶意节点的识别和排除的困难性；RSU 的较低安全性使得隐私泄露威胁增大。因此，需要更安全的方案来解决车联网应用中的种种挑战。

由于区块链的去中心化信任、可追溯性、数据不可篡改等特性，区块链天然地适用于车联网网络，并且十分有效地解决了其中的种种问题，使得车联网的安全性和有效性进一步提高，为车联网的发展带来了新的展望。在车联网中，主要有车辆、RSU、传感器等组件。车辆收集传感器的信息并进行初步处理，使得数据具有一致的可以共享的格式，之后通过 P2P 网络进行共享和存储，RSU 作为联盟链的成员对车辆提供的信息进行审计和记录。区块链主要用于实现分布式身份认证、能源交易、信息采集和数据共享等功能。

（1）身份认证。中心化的身份认证存在着认证服务器交互的通信开销、认证服务可能面临的单点攻击、认证服务器之间的信任隔离等问题，而基于区块链的分布式特性能够提供有效的解决方案。例如，为了实现轻量级快速响应，Baker 等[31]借助区块链构建了云雾架构车联网，利用雾节点直接处理用户请求，并基于区块链在用户与雾节点之间实现安全高效的双向认证。Lei 等[32]提出了基于区块链在异构网络中实现安全密钥管理的框架。这些方案可以有效地解决车联网中的高移动性、大容量及异构网络带来的身份认证、密钥管理和消息交换的挑战。

（2）能源交易。在车联网能源交易中，主要是车辆到车辆（vehicle to vehicle，V2V）、车辆到基础设施（vehicle to infrastructure，V2I）及车辆到电网（vehicle to grid，V2G）之间的电力交易。在应用中需要解决下述主要问题：传统集中式能源交易中的单点故障和隐私泄露问题，分布式能源交易中的密钥分配和身份认证问题，车联网的高移动性和异构性带来的对全网通信的挑战，区块链的匿名交易形式导致的恶意节点不可追溯问题，区块链的认证和共识开销导致的低效、高能耗等问题。Su 等[33]提出了基于智能合约的智能社区中电动汽车分布式能源安全交易方案。Gao 等[34]提出了一种基于区块链的 V2G 网络隐私保护支付机制，实现安全的身份注册和数据维护等流程。Wang 等[35]针对区块链分布式共识导致的性能限制，基于 Hashgraph 共识算法设计了一种区块联盟共识机制，支持在大规模点对点能源交易网络中实现与 Hashgraph 相当的吞吐量，并设计激励机制保障电动汽车的诚实合作。

（3）信息采集和数据共享。在车联网中，信息的主要内容包括道路信息和城市信息。道路信息用于驾驶辅助系统，例如，车辆采集弱势道路使用者（行人和非机动车等）、交通信号灯、路况和地图等信息，并在局域范围内的车辆之间快速共享，重构局部道路完整情况（这在无人驾驶中尤其重要）；同时，收集到的交通信息可以为交通事故处理提供证据，而区块链的应用保证了这些信息的真实有效性。城市信息包括空气质量、地下管道状况等信息，车辆在行驶过程中收集这些信息并通过车联网进行处理、传输和存储，协助智能城市的发展。该过程中主要关注数据安全和性能提升等问题，例如，Su 等[36]针对灾难救援场景，提出一种无人机和区块链辅助的协作式空地通信架构，实现了安全高效的救灾数据共享；Li 等[37]提出将区块链辅助车辆雾计算应用于拼车场景，实现了保护隐私且安全灵活的拼车。

3.3.2　智能电网

智能电网指将各类监测、调度算法应用于电网，提高电力生产调度效率，解决电力供应的挑战。电力调度一般需要以用户电力数据为基础，通过对电力数据的大量分析更新电力生产、调度、定价等策略，正确的数据是得到正确分析结果的前提。但是，精确的电力数据可能会导致个人私密信息的泄露，例如，攻击者可以跟踪电力消费模式以推断用户的行为。此外，当电网中存在利益冲突的参与方时，令任何一方担任数据存储中心或电力调度中心，数据的正确性和调度的可靠性都会受到质疑或攻击，不利于系统长期稳定运行。

因此，数据的正确性、隐私保护和调度的可靠性是智能电网中的关键研究问题。针对隐私保护，研究者一般基于同态加密算法加密原始数据，在密文上完成聚合后再解密聚合结果，并使用聚合结果完成电力分析。但是，聚合无法解决电力正确性的问题，中间聚合网关可以轻易地丢弃、添加或篡改数据。针对该问题，研究者引入区块链，借助区块链的共识机制保障数据的正确性。同时，基于区块链智能合约提供的可靠执行特性，能够保障调度的可靠性。

针对数据聚合过程中的正确性和隐私保护，Guan 等[38]基于区块链技术提出了一种隐私保护且高效的数据聚合方案，该方案根据用户的用电量类型将用户划分为不同的群体，每个群体设置一个私人区块链来记录其成员的数据。在每个时隙中，根据平均耗电量数据，选择用户作为矿工，负责对数据进行分组，并将这些数据记录到私有链上。Luo 等[39]在聚合过程中引入分布式共识，通过联合验证识别并排除恶意的聚合网关，确保了结果的正确性。

在电力调度方面，一部分工作借助区块链构建分布式能源交易平台，允许用户之间直接进行小规模的电力交易；也有工作借助区块链构造更加公平的电网全局调度方案。Hamouda 等[40]提出，缺乏灵活的能源调度和交易市场导致小型清洁能源（如家庭太阳能发电站）和分布式发电架构无法有效发挥作用，而区块链恰能为解决该问题提供基础条件。因此，他们提出通过区块链链接小型发电站和微电网系统，以将其接入大型电力网络，实现高效的能源交互。Mylrea 和 Gourisetti[41]使用区块链和智能合约作为电力消费者和电力生产者之间的中间人，每当交易发生时，创建一个独特的时间戳块来更新区块链，以便在分布式账本中进行验证，系统运营商根据区块链上记录的数据向客户收费。Gai 等[42]针对能源交易系统中的隐私泄露问题指出，基于差分隐私的方案相比基于加密的方案更加高效，但是却面临噪声累加和部分特征暴露的问题，并提出了一种隐藏能源交易系统交易分布趋势的差分隐私噪声添加方案。此外，Luo 等[39]在基于区块链实现安全数据聚合的基础上，利用智能合约实现基于 PSO 的电力调度算法，通过将用电需求、发电能力等因素作为输入传入调度合约，实现了微电网环境中的自动化电力调度。

3.3.3　智能医疗

将区块链引入医疗系统，其分布式特性保证了数据的流通性，能够简化用户在不同医疗机构或医生之间移动时的数据转移；其不可篡改的存储保证了数据存储的可靠性，确保了数据转移的正确性（如防止患者瞒报或遗漏病史），在产生纠纷时也能够基于可信的历史记录公平仲裁。但是，使用区块链管理医疗数据的关键挑战是妥善地保护用户隐私，防止非法实体获取用户医疗数据的同时，确保合法实体一定能够访问数据。因此，身份认证、访问控制和密钥管理是智能医疗场景中的重要研究内容。

Al Omar 等[43]提出了一种以用户为中心的医疗数据隐私保护方案，称为 MediBchain。在 MediBchain 中，用户加密敏感的健康数据并将其存储在许可的区块链上，只有密钥正确的用户才能从 MediBchain 中获取数据。然而，用户在共享其健康数据时必须共享密钥，这样可以进行粗粒度的访问控制，但这可能导致密钥泄露。Yue 等[44]对数据访问控制提出了解决方案，但其医疗数据存储在一个区块链中，区块链维护在一个可信的云中，导致了集中化风险。Xu 等[10]提出了一种双链架构，在用户侧通过引入 IPFS 存储加密后的用户物联网数据，用户链记录物联网数据的摘要信息，使得产生的用户医疗健康数据不可更改，并通过数据和密钥的解耦使得用户可以动态地细粒度安全分享自身的健康数据；在医生侧通过医生链存储医生产生诊断信息的摘要，使得医生的诊断不可修改，从而有助于实现医疗健康数据的审计，降低了医疗纠纷的可能性。

3.3.4　智能工业

工业物联网（industrial internet of things，IIoT）是工业系统转型的重要组成部分，IIoT 利用物联网设备的高互连性和计算能力，为工业系统提供互连和智能。工业物联网的飞速发展面临着不断增长的节点数量与计算和通信需求，随之而来的是不断增长的能源需求。为了应对能源挑战，IIoT 节点可以以点对点（P2P）方式与其他节点交换其剩余能量，以在本地满足能量需求，提高能量效率，并减少用于促进绿色工业系统的传输损失。目前，许多新兴技术已被引入绿色工业系统，如能量收集、无线电力传输和车辆到电网技术，并结合这些技术在工业系统中设计出了各种 P2P 能源交易方案。

尽管 P2P 能源交易在 IIoT 中起着至关重要的作用，但对于一般的 P2P 能源交易场景，IIoT 节点在不可信和不透明的能源市场中进行大规模分布式能源交易是不安全的：一方面，具有剩余能量的 IIoT 节点由于担心隐私而可能不愿意作为能源供应商参与交易；另一方面，在 P2P 能源交易中，一般需要有一个中介来审核和验证 IIoT 节点之间的交易记录，这种中介常常导致单点故障和隐私泄露等问题。因此，在 IIoT 中为各种能源交易场景设计安全的能源交易系统非常重要。此外，为鼓励更多具有剩余能量的 IIoT 节点参与到能源交易中，以保持交易市场的活跃度，也需要设计适当的交易激励机制。

针对上述问题，Li 等[45]将联盟区块链技术引入能源交易场景，设计了一个安全的 P2P 能源交易系统。该系统的参与实体包括能源买家、能源卖家和能源中介。与集中式能源交易架构中的可信中介不同，该系统中的能源中介为联盟区块链的维护者（矿工），通过将能源交易记录和中介的历史行为记录在区块链上，能够实现公开审计和共享交易记录，因此少数中介的恶意行为不会对系统其他参与实体造成损失。此外，该系统还提供了一种基于信用的激励机制，能够支持快速和频繁的能源交易。除了能源交易，数据的安全存储和共享也是 IIoT 中希望利用区块链技术来解决的重要挑战。Wang 等[46]指出，虽然区块链技术可用于保障 IIoT 数据的安全性，但是，区块链采用的默克尔哈希树（MHT）数据结构在验证数据完整性和正确性时，证明规模较大，且无法进行批量校验，从而导致较高的通信延迟。因此，他们提出使用向量承诺（vector commitment）代替默克尔哈希树，实现了对证明大小和通信开销的显著优化。

虽然上述方案利用联盟链解决了 IIoT 中的重要问题，但是多数联盟链采用基于拜占庭容错的共识机制，而这类共识使得区块链部署只能扩展到有限数量的节点。这些系统通常要求所有交易（及其执行顺序）可供系统中的所有节点公开使用，且不允许集中式监管机构监督整个区块链系统。因此，Li 等[47]针对 IIoT 场景的特性和需求，提出了一种新的区块链架构，该架构由多个独立的私有子链互连构成，且支持无限数量的活动子链，它们可以并行地运行不同的共识协议，从而大大提高系统的可伸缩性。

3.3.5　智能家居

智能家居泛指通过物联网技术将家中的各种设备连接到一起，提供对家居设备的统一控制和自动化控制，以及全方位的信息交互功能的一种技术手段。随着智能家居技术的快速发展，随之而来的一些安全和隐私问题也日渐突出。用户家居设备的所有数据都被传到并不可信的云端，用户详细的隐私信息也同时被云端获得；同时由于联网设备可能被入侵，更造成了极大的安全隐患。此外，由于智能家居的发展并没有一个统一的标准，各机构和企业一直以来进行分散的各自研究，使得智能家居没有一个统一的体系和架构，导致各方数据无法共享，因此使得完全统一地控制所有设备和信息的愿景的实现变得非常困难。

考虑到上述问题，智能家居需要一个合适的体系架构，它需要至少实现以下几点目标：一，数据分布式存储，减轻集中服务器的负担，提高数据处理和传输的效率，降低时延，消除单点故障问题，防止数据中心被入侵带来的海量隐私数据泄露问题。二，信息公开和数据加密存储，在此基础上实现条件加密、代理重加密等功能，在实现安全的数据存储的同时，实现经过用户同意的、有条件的数据共享和数据分析。三，去中心化，包括去中心化信任和去中心化操作。去中心化信任包括节点身份认证、数据处理和存储、数据交易记录等操作的共识；而去中心化操作使得接入同一家庭网络的所有节点都可以对网络中的其他节点进行操控，而不是只能通过某一终端进行控制，极大地提高了操作的便利性。

区块链的特性与人们对智能家居体系架构的需求[48]十分吻合。它的交易公开和去中心化、分布式共识机制和对等实体等特性，能够为智能家居提供极佳的解决方案。随着对区块链与物联网结合方案的不断深入研究，区块链与智能家居的融合将会为智能家居的进一步发展做出重大贡献。

3.3.6　物联网架构

物联网已经改变了人们的多种生活方式，包括人们之间的沟通方式、管理健康方式，以及人们驾驶汽车和管理房屋的方式。随着物联网生态系统在各种应用中的快速发展，物联网设备提供的服务和相关数据将作为商品在市场上交易，类似于云服务或物理对象。开发此类交易平台已被确定为物联网和数据科学整合的主要挑战之一。这种平台的部署引起了对数据和设备的安全性和隐私性的担忧，因为如果没有中央可信任的权限，它们的所有权很难被跟踪和管理。对于具有大量分布式设备供应商和消费者的分布式物联网生态系统而言，中央可信管理机构不是可行的解决方案。传统解决方案的关键问题在于它们都依赖于受信任的第三方，而第三方必须得到所有利益相关方的信任。

区块链作为一个去中心系统，允许参与者验证数据的正确性并确保其不变性，从而消除了对可信第三方的要求。物联网设备可以使用区块链来自我注册，有效可靠地组织、存储和共享数据。

在区块链技术的帮助下，物联网设备可以通过区块链交换数据，而不是信任第三方；可以跟踪物联网设备和物联网设备生成的数据，以避免恶意方操纵数据；不同的利益相关者可以信任链上数据的有效性和完整性；不同实体之间的通信可以简化，因为它们只需要与区块链交互以检索或上传数据；由于没有中间人，所以可以减少物联网的部署和运营成本；最终用户认证和访问控制等计算密集型操作可以在区块链而不是物联网设备上处理；区块链维护设备和数据所有权更方便。Novo[49]提出了一种基于区块链的物联网分布式访问控制系统，在无中心场景下公平地仲裁物联网中的角色和权力，并存储和分发访问控制信息。Zhang 等[50]设计了一种基于合约的物联网访问控制管理，由多个访问控制合约、一个判断合约和一个注册合约共同实现对物联网系统的分布式访问控制。

3.4　其 他 应 用

3.4.1　慈善事业

社会救助制度随着文明社会的诞生而出现，但随之而来的各种问题却使得其在这个美好的愿景之下乌云密布。慈善事业通过社会捐赠的形式进行，有益于解决社会问题，减小贫富差距。但是，慈善事业自诞生起就存在严重的低效和贪污腐败等问题，由此引发的社会冲突也往往导致恶劣的结果，更导致社会对于慈善事业的信任度和参与度大大降低，使得慈善事业不能达到理想的效果。

区块链具有数据可追溯、不可篡改等优势，它天然适合应用在社会慈善事业中。具体来说，现阶段的社会慈善事业存在三个主要问题：一是慈善组织的公信力较低，接连发生的贪污造假事件使公众对慈善组织的信任度越来越低；二是信息的不透明、信任缺失和隐私泄露等问题，导致社会对于慈善捐款的积极性降低；三是慈善法律法规建设滞后，不完善的管理制度和法律法规是慈善事业发展的一大桎梏。

利用区块链，可以有效解决前两个主要问题。首先，对于慈善组织公信力问题，区块链将传统的中心化组织转变为分布式，使监督和管理权分散到整个社会中，使得造假变得几乎不可能。其次，对于信息不透明问题，记录在区块链上的数据可以供所有人查看，将所有内容记录到区块链上来解决问题；对于信任缺失问题，区块链具有数据可追溯、不可篡改等特性，需要的信息公益流程中的相关信息，如募集明细、捐赠项目、资金流向、受助人反馈等，都可以存放在区块链上；并且，区块链通过密码学的手段实现对数据的部分或全部加密，可以有效地实现在保护参与者隐私的同时，有条件地进行可靠的公开公示，方便公众和社会对公益流程进行监督，助力社会慈善事业的健康发展。

2016 年 7 月，蚂蚁金服与中华社会救助基金会合作，通过支付宝爱心捐赠平台发起基于区块链的慈善项目：听障儿童重获新声，使得每一笔善款可被全程追踪，使公益账户透明可信。由于支付宝的高流量，目前该项目已经获得从几块钱到几百块钱的不同捐赠，每一笔信息都记录在区块链上面，捐赠者可以随时查看。印度 Accenture 实验室与世界上最大的非政府运营午餐保障项目 Akshaya Patra 进行了合作，为印度 1.35 万所学校的 160 万名学生提供午餐。它们将区块链技术应用在四个关键流程，即收集学校反馈、跟踪食物供应链、记录食品数量及监管生产流程。

3.4.2　物流

物流业是融合运输业、仓储业、货代业和信息业等的复合型服务产业，在经济和社会发展中起到了基础性支撑作用。但由于物流管理发展速度远不及社会经济发展速度，包括我国在内的许多国家的物流行业乱象丛生。具体来说，存在的主要问题：①信息流通不畅导致的低效、高成本问题，主要是车货信息不匹配造成过高的空载率；②管理能力及效率低下，面临着组织松散、秩序混乱、服务质量差的现状，造成的直接问题有爆仓、丢包、冒领、损坏、责任推卸等，严重损害消费者利益，降低消费者对物流行业的信任度和包容度。

将区块链应用于物流，能够解决对商品所有权转移过程的记录问题，从而在冲突产生时可以准确追溯相关责任方，解决了追责困难的问题。因此，区块链在物流行业中可以但不限于应用于以下场景：①物流信息记录。将商品的物流信息、账户、身份、理赔、其他相关数据等信息记录在区块链上，以便进行后续查验，并追踪商品的货源信息。②行业黑名单共享。通过区块链技术，让每个快递公司将从业人员黑名单记录到区块链上，供所有快递公司和消费者查询，从而使得快递公司和消费者能够对快递员进行选择。③在物流线上到线下（online to offline，O2O）场景中，消费者直接与货车司机进行对接，双方之间无法建立合理的信任关系，通过区块链，可以可靠地查询对方的历史记录等信息，保障交易安全。

截至 2018 年 9 月，沃尔玛已经使用区块链技术对超过 6300 多家沃尔玛商店的蔬菜进行了溯源；同时，在沃尔玛申请的部分专利中，包含了应用区块链的追踪包裹和储物柜使用情况、机器人跨供应链配送、物流身份认证等场景中的方案。

3.4.3　金融

1. 支付清算

在传统的交易模式中，记账过程或由双方分别进行，或由第三方进行，因此，效率低下、账务冲突、人力资源浪费等问题始终是支付清算环节中的痛点。通过区块链和智能合约进行自动清算，一方面可以免去中间环节，摆脱第三方，提高交易效率；另一方面可以保证清算记录全部可查、安全透明、不可篡改且可追溯，解决了账务冲突和效率低下等问题。此外，还可以降低人员成本和差错率，解除各方信任危机，有助于交易过程的顺利进行。

在跨境支付领域中，OKCoin 于 2016 年推出了 OKLink，是构建于区块链技术之上的新一代全球金融网络，通过链接银行、汇款公司、互联网金融公司平台、跨国公司等金融参与者，实现对国际小额汇款的支持，极大降低了手续费，加速了价值流通。

2. 数字票据

票据泛指各种有价证券和凭证，如债券、股票、提单、国库券、发票等，作为一种便捷的支付结算、融资和货币政策工具，具有支付、汇兑、信用、结算、融资、流通等功能，深受金融机构和监管机构的重视。我国从 2009 年起引入电子票据，纸质票据与电子票据并行，目前我国票据交易市场交易活跃，规模迅速扩张。然而票据自产生起就存在各种难以调和的问题，主要有三点：一是真实性难以保证，票据造假，如克隆票、变造票等伪造纸质票据层出不穷；二是票据违规交易，一票多卖、清单交易、代行带票、出租账户等违法行为频繁发生，难以进行有效的管控和防范；三是票据信用风险较高，商业汇票到期承诺人不及时兑付的现象屡次发生且追债困难。因此，引入新的解决方案迫在眉睫。

区块链数字票据由此产生，它利用区块链技术，结合现有的票据属性，开发出一种新的票据形式，实现了安全、智能、便捷的票据交易，为票据市场的进一步发展提供了更好的方式。区块链数字票据主要具有以下特点：第一，实现了票据交易的去中心化，实现了点对点价值传递，防止传统的票据交易中介造假等行为对交易参与者造成利益损失。第二，提升运作效率，通过利用智能合约进行自动记录和清算等，一方面免除了中间环节带来的效率损失，另一方面免除了人工记录带来的时间浪费和错误等，极大地提高了运作效率。第三，改变了现有电子商业汇票系统结构。现有电子商业汇票是典型的中心化模式，通过电子商业汇票系统（electronic commercial draft system，ECDS）运作，容易产生单点故障、隐私泄露、流程不透明等典型问题。而这种新的模式在将所有需要的信息可靠记录的同时，又可以选择性地保护好隐私信息，完美地解决了传统电子票据中的问题。第四，有效防范票据市场风险。通过区块链解决双重支付、单点故障问题，交易系统具有更强的安全性和可靠性，提高交易参与者的信任度。第五，规范市场秩序，降低监管成本。由于区块链数据的公开性和不可篡改性，任何人都可以随时对过往交易记录进行验证，从而使得交易市场更加稳定和规范。

目前已有多家企业对区块链电子票据进行了研发和使用。比如，海航集团下属上海邻客网络科技有限公司旗下供应链金融服务平台"海平线"宣布国内首个票据行业区块链应用"海票惠"上线。该平台利用区块链技术，在智能合约上完成票据交易和记录，通过汇集企业、商业票据信息，对接多渠道资金方，能够有效解决中小企业融资问题。此外，美的企业尝试将关联企业的商业承兑汇票记录在区块链上，从而获得企业的信用等级，在后续合作过程中对企业进行评估。

3. 征信

征信是记录个人过去的信用行为并进行评估的过程，在促进信用经济发展和社会信用体系建设中发挥着重要的基础作用。然而，征信系统中一直存在一些难以解决的问题，使得它能够发挥的作用大打折扣。第一，数据采集范围不明确。征信系统采集的信息类别单一且数据流通性差，导致对用户信用状况的评价不够准确。第二，隐私保护不足。由于征信过程涉及大量个人隐私信息，而征信机构对这些信息的保护并不完善，导致大量隐私信息被泄露，对用户造成影响和损失。第三，异议处理时效低。部分征信机构对异议处理重视程度不够，答复相对滞后，且对身份盗用产生的异议难以进行准确有力的调查和处理，大大降低了异议处理效率。第四，失信惩戒力度小。由于不同机构对失信者的失信行为的惩戒标准不一或者惩戒措施无法有效执行，降低了征信严肃性，恶意用户增多。

通过区块链征信，可以有效地解决目前存在的问题。首先，利用区块链消除信息孤岛，使各方征信数据共享，将同一用户的所有信用行为高效且安全地汇集起来，有助于为用户形成更加客观和准确的信用评估。其次，利用密码学技术对用户个人隐私信息进行加密，防止隐私泄露。再次，将信息记录在区块链上以防止历史信息的丢失和篡改等，保证征信的可靠性和真实性，防止恶意用户进行恶意入侵等行为。最后，还可以通过智能合约手段对失信行为进行强制惩罚，提高征信的公信力和严肃性，让恶意用户有所顾虑，减少恶意行为。

4. 保险管理

目前的保险市场中存在三个主要参与方，包括保险供给方、保险需求方和保险代理方。对于保险供给方，内部管理混乱导致的会计核算、账户管理漏洞频出，内部控制薄弱，导致资金无法有效核查，冲突频发。对于保险需求方，公众对于保险公司和代理方信任度低、印象差等问题，导致保险市场活力不高，氛围不好，严重阻碍了保险市场的进一步发展。对于保险代理方，违规签发保单和越权批单现象时有发生，对代理机构业务管理和风险控制没有制度可循，潜在隐患较大，且部分保险代理人可能进行的恶意招揽、截留挪用代收保险费或赔款等行为，给保险公司业务扩展带来了不利影响。

区块链可以为保险行业带来许多改进和提高。首先，通过区块链进行保险交易记录，使每一笔账单被可靠记录、有迹可循，并可以对所有相关账目进行汇总和自动核查，使得账目记录清晰规范。其次，区块链技术能使保险公司更好地合作对抗保险欺诈，防止欺诈者借同一损失向多个保险人索赔，或保险经纪人私售保单等行为的发生。

例如，英国的区块链初创公司 Edgelogic 正与 Aviva 保险公司进行合作，共同探索对珍贵宝石提供基于区块链技术的保险服务。它们对 160 万颗钻石进行数字化处理，通过激光蚀刻将数字指纹印刻在了钻石上，其中包含了每颗钻石的唯一可识别信息，如序列号、清晰度和切割情况等，而这些数字指纹随后便会被保存在不可更改的分布式账簿中。此外，国内的阳光保险于 2016 年 3 月 8 日采用区块链技术作为底层技术架构，推出了"阳光贝"积分，使阳光保险成为国内第一家开展区块链技术应用的金融企业。

5. 供应链金融

供应链金融是银行围绕核心企业，管理上下游中小企业的资金流和物流，并把单个企业的不可控风险转变为供应链企业整体的可控风险，通过立体获取各类信息，将风险控制在最低的金融服务。供应链金融主要有核心企业、中小企业、金融机构和第三方支持服务等参与方。核心企业通常对经销商和上下游供应商在定价、账期等方面要求严苛，导致中小企业时常面临资金紧张、周转困难等问题，使得供应链效率降低甚至停止运转。区块链技术可以实现供应链金融体系的信息整合，提高供应链各方之间的信任度和沟通效率，解决中小企业融资难、融资贵的问题，为供应链金融的持续发展提供支撑。

例如，丰收科技集团有限公司上线的供应链金融平台"丰收 E 链"基于区块链技术的可追溯性、不可篡改性，将核心企业与一级供应商形成的应收账款转化为债券凭证 E 单，并为平台上所汇集的一到多级供应商提供可拆分、可流转、可贴现的债权融资。这一模式打破了传统供应链金融应付账款只能为一级供应商进行融资的局限，可为整个供应链体系提供融资支持。

3.5 本章小结

本章探讨了身份与数据安全、移动通信、物联网等几个信息网络相关领域存在的问题，并基于相关研究成果，分析了区块链对于解决上述问题的重要意义、解决问题的核心切入点及经典方案等。总而言之，区块链分布式信任、不可篡改存储与不可干预执行三大特性，能够十分有效地解决传统中心化网络信息体系中存在的单点攻击、单点故障、人为干预、数据造假、数据孤岛等各种问题，提高信息体系的可靠性和可用性。但是，区块链自身的开放性、冗余性等，也使其在实际应用中受到隐私与性能方面的限制，因此，也需要针对特定场景中的具体需求，对区块链技术本身进行适当的改进。

参 考 文 献

[1] GARFINKEL S. PGP：Pretty Good Privacy[M]. Sebastopol：O'Reilly & Associates，Inc.，1995.

[2] CHEN J，YAO S X，YUAN Q，et al. CertChain: Public and efficient certificate audit based on blockchain for TLS connections[C]//IEEE INFOCOM 2018-IEEE Conference on Computer Communications，Honolulu，2018：2060-2068.

[3] LUO X Y，XU Z，XUE K P，et al. ScalaCert: Scalability-oriented PKI with redactable consortium blockchain enabled "on-cert" certificate revocation[C]//2022 IEEE 42nd International Conference on Distributed Computing Systems，Bologna，2022：1236-1246.

[4] MATSUMOTO S，REISCHUK R M. IKP: Turning a PKI around with decentralized automated incentives[C]// 2017 IEEE Symposium on Security and Privacy，San Jose，2017：410-426.

[5] FROMKNECHT C，VELICANU D，YAKOUBOV S. A decentralized public key infrastructure with identity retention[J]. IACR Cryptology ePrint Archive，2014，2014：803.

[6] RAND J. A trust anchor for the internet[EB/OL].（2017-4-17）[2024-1-22]. https://www.namecoin.org/2017/04/17/icann-58-summary.html.

[7] AXON L，GOLDSMITH M. PB-PKI：A privacy-aware blockchain-based PKI[C]//Proceedings of the 14th International Conference on Security and Cryptography，Madrid，2017：311-318.

[8] AL-BASSAM M. SCPKI：A smart contract-based PKI and identity system[C]//Proceedings of the ACM Workshop on Blockchain，Cryptocurrencies and Contracts，Abu Dhabi，2017：35-40.

[9] OUADDAH A，ABOUELKALAM A，AITOUAHMAN A. FairAccess：A new blockchain-based access control framework for the internet of things[J]. Security and Communication Networks，2016，9（18）：5943-5964.

[10] XU J，XUE K P，LI S H，et al. Healthchain：A blockchain-based privacy preserving scheme for large-scale health data[J]. IEEE Internet of Things Journal，2019，6（5）：8770-8781.

[11] RUAN P C，KANZA Y，OOI B C，et al. LedgerView：Access-control views on hyperledger fabric[C]// Proceedings of the 2022 International Conference on Management of Data，Philadelphia，2022：2218-2231.

[12] KOKORIS-KOGIAS E，ALP E C，GASSER L，et al. CALYPSO：Private data management for decentralized ledgers[J]. Proceedings of the VLDB Endowment，2020，14（4）：586-599.

[13] LIU B，YU X L，CHEN S P，et al. Blockchain based data integrity service framework for IoT data[C]//2017 IEEE International Conference on Web Services，Honolulu，2017：468-475.

[14] ANDRYCHOWICZ M，DZIEMBOWSKI S，MALINOWSKI D，et al. Secure multiparty computations on bitcoin[C]//2014 IEEE Symposium on Security and Privacy，Berkeley，2014：443-458.

[15] KUMARESAN R，MORAN T，BENTOV I. How to use bitcoin to play decentralized poker[C]//Proceedings of the 22nd ACM SIGSAC Conference on Computer and Communications Security，Denver，2015：195-206.

[16] DONG C Y，WANG Y L，ALDWEESH A，et al. Betrayal，distrust，and rationality：Smart counter-collusion contracts for verifiable cloud computing[C]//Proceedings of the 2017 ACM SIGSAC Conference on Computer and Communications Security，Dallas，2017：211-227.

[17] YANG R Z，YU F R，SI P B，et al. Integrated blockchain and edge computing systems：A survey，some research issues and challenges[J]. IEEE Communications Surveys and Tutorials，2019，21（2）：1508-1532.

[18] GUO H，LI W X，NEJAD M，et al. Access control for electronic health records with hybrid blockchain-edge architecture[C]//2019 IEEE International Conference on Blockchain，Atlanta，2019：44-51.

[19] GAI K K，WU Y L，ZHU L H，et al. Permissioned blockchain and edge computing empowered privacy-preserving smart grid networks[J]. IEEE Internet of Things Journal，2019，6（5）：7992-8004.

[20] LIU H，ZHANG Y，YANG T. Blockchain-enabled security in electric vehicles cloud and edge computing[J]. IEEE Network，2018，32（3）：78-83.

[21] YAZDINEJAD A，PARIZI R M，DEHGHANTANHA A，et al. Blockchain-enabled authentication handover with efficient privacy protection in SDN-based 5G networks[J]. IEEE Transactions on Network Science and Engineering，2021，8（2）：1120-1132.

[22] SHARMA V，YOU I，PALMIERI F，et al. Secure and energy-efficient handover in fog networks using blockchain-based DMM[J]. IEEE Communications Magazine，2018，56（5）：22-31.

[23] JANGIRALA S，DAS A K，VASILAKOS A V. Designing secure lightweight blockchain-enabled RFID-based authentication protocol for supply chains in 5G mobile edge computing environment[J]. IEEE Transactions on Industrial Informatics，2020，16（11）：7081-7093.

[24] XUE K P，LUO X Y，MA Y J，et al. A distributed authentication scheme based on smart contract for roaming service in mobile vehicular networks[J]. IEEE Transactions on Vehicular Technology，2022，71（5）：5284-5297.

[25] XUE K P，LUO X Y，TIAN H Y，et al. A blockchain based user subscription data management and access control scheme in mobile communication networks[J]. IEEE Transactions on Vehicular Technology，2022，71（3）：

3108-3120.

[26] XU J，XUE K P，TIAN H Y，et al. An identity management and authentication scheme based on redactable blockchain for mobile networks[J]. IEEE Transactions on Vehicular Technology，2020，69（6）：6688-6698.

[27] FAN K，REN Y H，WANG Y，et al. Blockchain-based efficient privacy preserving and data sharing scheme of content-centric network in 5G[J]. IET Communications，2018，12（5）：527-532.

[28] HERBAUT N，NEGRU N. A model for collaborative blockchain-based video delivery relying on advanced network services chains[J]. IEEE Communications Magazine，2017，55（9）：70-76.

[29] KOTOBI K，BILEN S G. Secure blockchains for dynamic spectrum access：A decentralized database in moving cognitive radio networks enhances security and user access[J]. IEEE Vehicular Technology Magazine，2018，13（1）：32-39.

[30] 彭艺，常虹，彭璟云.基于区块链的安全频谱感知技术研究[J].软件导刊，2018，17（1）：202-204.

[31] BAKER T，ASIM M，SAMWINI H，et al. A blockchain-based fog-oriented lightweight framework for smart public vehicular transportation systems[J]. Computer Networks，2022，203：108676.

[32] LEI A，CRUICKSHANK H，CAO Y，et al. Blockchain-based dynamic key management for heterogeneous intelligent transportation systems[J]. IEEE Internet of Things Journal，2017，4（6）：1832-1843.

[33] SU Z，WANG Y T，XU Q C，et al. A secure charging scheme for electric vehicles with smart communities in energy blockchain[J]. IEEE Internet of Things Journal，2019：6（3）：4601-4613.

[34] GAO F，ZHU L H，SHEN M，et al. A blockchain-based privacy-preserving payment mechanism for vehicle-to-grid networks[J]. IEEE Network，2018：32（6）：184-192.

[35] WANG Y S，YUAN L M，JIAO W H，et al. A fast and secured vehicle-to-vehicle energy trading based on blockchain consensus in the internet of electric vehicles[J]. IEEE Transactions on Vehicular Technology，2023：72（6）：7827-7843.

[36] SU Z，WANG Y T，XU Q C，et al. LVBS：Lightweight vehicular blockchain for secure data sharing in disaster rescue[J]. IEEE Transactions on Dependable and Secure Computing，2022，19（1）：19-32.

[37] LI M，ZHU L H，LIN X D. Efficient and privacy-preserving carpooling using blockchain-assisted vehicular fog computing[J]. IEEE Internet of Things Journal，2019：6（3）：4573-4584.

[38] GUAN Z T，SI G L，ZHANG X S，et al. Privacy-preserving and efficient aggregation based on blockchain for power grid communications in smart communities[J]. IEEE Communications Magazine，2018，56（7）：82-88.

[39] LUO X Y，XUE K P，XU J，et al. Blockchain based secure data aggregation and distributed power dispatching for microgrids[J]. IEEE Transactions on Smart Grid，2021，12（6）：5268-5279.

[40] HAMOUDA M R，NASSAR M E，SALAMA M M A. A novel energy trading framework using adapted blockchain technology[J]. IEEE Transactions on Smart Grid，2021，12（3）：2165-2175.

[41] MYLREA M，GOURISETTI S N G. Blockchain for smart grid resilience：Exchanging distributed energy at speed，scale and security[C]//2017 Resilience Week（RWS），Wilmington，2017：18-23.

[42] GAI K K，WU Y L，ZHU L H，et al. Privacy-preserving energy trading using consortium blockchain in smart grid[J]. IEEE Transactions on Industrial Informatics，2019，15（6）：3548-3558.

[43] AL OMAR A，RAHMAN M S，BASU A，et al. Medibchain：A blockchain based privacy preserving platform for healthcare data[C]//Proceedings of 2017 International Conference on Security，Privacy and Anonymity in Computation，Communication and Storage，Guangzhou，2017：534-543.

[44] YUE X，WANG H J，JIN D W，et al. Healthcare data gateways：Found healthcare intelligence on blockchain with novel privacy risk control[J]. Journal of Medical Systems，2016，40（10）：218.

[45]　LI Z T，KANG J W，YU R，et al. Consortium blockchain for secure energy trading in industrial internet of things[J]. IEEE Transactions on Industrial Informatics，2018，14（8）：3690-3700.

[46]　WANG J，CHEN J H，REN Y J，et al. Data security storage mechanism based on blockchain industrial internet of things[J]. Computers & Industrial Engineering，2022，164：107903.

[47]　LI W T，SFORZIN A，FEDOROV S，et al. Towards scalable and private industrial blockchains[C]//Proceedings of the ACM Workshop on Blockchain，Cryptocurrencies and Contracts，Abu Dhabi，2017：9-14.

[48]　DORRI A，KANHERE S S，JURDAK R，et al. Blockchain for IoT security and privacy：The case study of a smart home[C]//2017 IEEE International Conference on Pervasive Computing and Communications Workshops，Kona，2017：618-623.

[49]　NOVO O. Blockchain meets IoT：An architecture for scalable access management in IoT[J]. IEEE Internet of Things Journal，2018，5（2）：1184-1195.

[50]　ZHANG Y Y，KASAHARA S，SHEN Y L，et al. Smart contract-based access control for the internet of things[J]. IEEE Internet of Things Journal，2019，6（2）：1594-1605.

第4章 基于区块链的公钥证书管理方案

数字证书和公钥基础设施（PKI）系统作为身份的凭证，一直在提供身份验证服务方面发挥着至关重要的作用。近年来，随着对传统中心化 PKI 攻击的增加和区块链的广泛部署，研究人员试图建立基于区块链的安全去中心化 PKI，并取得了重大进展。区块链虽然增强了安全性，但由于区块链的数据结构和共识机制固有的局限性，在可扩展性方面带来了新的问题，在 5G 和 B5G 时代的大规模访问中变得更加严峻。本章提出了 ScalaCert，通过使用可修改区块链进行链上撤销，来缓解基于区块链的 PKI 的可扩展性问题。该方案的核心思想是利用可修改区块链来直接在原始证书上记录撤销信息，从而删除证书撤销列表（CRL）等额外的数据结构、降低存储开销。但是，可修改区块链和联盟区块链的结合带来了一种新的攻击，被称为版本欺骗（deception of version，DoV）攻击。为此，方案中设计了一种基于随机块节点校验（random-block-node-check，RBNC）的时效性检查机制，并基于安全性证明了该机制的有效性。

4.1 问题描述

数字证书提供了一种有效的方法来认证一个实体的身份，因此在各种网络中，包括互联网[1]、物联网[2]、车联网[3, 4]等，扮演了一个重要角色。在传统的 PKI 系统[5]中，有一个叫作认证权威（CA）的可信第三方实体认证实体的身份和管理数字证书，通常包括颁发证书、更新证书及撤销证书。在很长一段时间内，集中式 PKI 已被广泛采用，并且已经成为互联网的基石，尤其是对于 SSL/TLS 协议[6, 7]。然而，随着网络技术的不断发展，集中式 PKI 面临着两个棘手的挑战，即安全和信任。一方面，研究人员发现了许多集中式 PKI 的漏洞，如 CA 可能出现单点故障[8]。另一方面，随着异构网络的发展，通常在一个网络中存在多个信任域，如何在这些不同的信任域之间建立信任关系对于传统集中式 PKI 系统来说是一个艰巨的挑战[9]。由于集中式 PKI 系统难以解决上述挑战，研究人员开始为证书系统寻求更合适的结构。一个直观的想法是使用多个 CA 共同管理证书并进行相互审计以增强安全性，如 ARPKI[10]。虽然采用多 CA 结构缓解了单 CA 结构带来的一些安全问题，但是仍然存在严峻的挑战，如数据安全和信任鸿沟。研究人员指出，区块链技术由于其公开透明、不可篡改的存储和去中心化的共识，可以提供合适的解决方案，并提出了基于区块链的证书系统，如 CertChain[11]和 CertLedger[12]。这些解决方案的主要思想是使用多个 CA 来构建一个联盟区块链[13]，并将对证书的操作像加密货币中的交易一样存储在区块中。区块链的使用有效地保障了数据的安全，建立了 CA 和用户之间牢固的互信，很好地满足了当今 PKI 系统的安全需求。

由于区块链固有的数据结构和共识机制，将区块链引入 PKI 系统会严重影响系统的可用性。例如，为了保证链上证书验证的正确性，证书撤销信息如证书撤销列表（CRL）[1]，需要存储在区块链上。然而对于区块链来说，这样的存储开销，相较于宝贵的区块存储空间来说，是不可接受的。已有的一些区块链 PKI 工作，如 CertChain，提供了一个基于布隆过滤器的证书撤销列表，降低了证书撤销列表的存储开销。如果只考虑互联网 SSL/TLS 协议的要求，就像 CertLedger[12]中分析的那样，这种空间开销不会造成本质的影响。然而，物联网、5G 及未来 B5G 技术[14]的快速发展推动海量设备接入网络，导致数字证书急剧增加，对 PKI 的可扩展性造成了进一步的压力[15]。因此，为了使基于区块链的 PKI 在具有海量设备的异构网络中更加实用，解决可扩展性问题迫在眉睫。

4.2　相　关　工　作

4.2.1　基于区块链的 PKI 系统

在基于区块链的 PKI 系统方面，研究人员已经提出了很多相关的解决方案。基于区块链的 PKI 系统大致分为两类：基于公有链的完全去中心化 PKI 系统和基于联盟链的半去中心化 PKI 系统。早期的工作通常都是基于比特币的，如 NameCoin[16]和 CertCoin[17]。CertCoin 中完全去中心化的 PKI 系统中不存在 CA 等可信第三方，所有用户都是对等实体。然而，这些完全去中心化的 PKI 系统无法提供足够的可扩展性，无 CA 结构也无法满足大量实际应用的需求。

因此，针对基于 CA 的 PKI 系统，Chen 等[11]在 2018 年提出了基于 X.509 标准的 CertChain。CertChain 是一种基于联盟链的公共 TLS 连接审计方案。其在区块链中提出了基于可靠性等级的共识协议，并在每个区块中加入了 CertOper 和双计数布隆过滤器（dual counting Bloom filter，DCBF），分别用于记录证书操作和撤销。Jia 等[18]在 CertChain 的基础上提出了 PROCESS。PROCESS 提出了一种链上数据结构，它由面向区块的撤销列表（block-oriented revocation list，BORL）与计数混淆型布隆过滤器（counting garbled Bloom filter，CGBF）结合形成，其中 CGBF 负责记录撤销的证书状态，并在证书过期后删除它们，而 BORL

则记录 CGBF 的更新状态。其中 BORL 是一个双向链表，并用变色龙哈希来维护。为了快速找出过期证书，每个 BORL 节点有一个 state 值，来存储一段时间内过期证书的状态。

Wang 等[19]在由多个域组成的去中心化自治网络中，提出了一种基于区块链的跨域认证体系结构。各个域的 CA 服务器负责证书的颁发和管理，证书的认证是基于 PKI 体系进行的。多个受信任的 CA 共同组成一个联盟区块链，建立分布式信任。该工作定义了域内证书的生命周期，为跨域认证奠定了基础，为了提高效率设计了跨域认证和跨域证书撤销机制。为了实现物联网设备的智能自主访问控制，Hao 等[20]设计了一种基于联盟链的轻量级架构，可以支持物联网设备的临时加入和退出，而不会在访问控制和认证过程中产生大量的开销。为了实现安全可控的数据共享，Hao 等[20]提出了一个跨域访问控制模型，该模型可以支持不同域的物联网之间安全的数据共享，保证可靠性、安全性和可扩展性。

综上所述，现有的大多数基于区块链的 PKI 系统使用额外的数据结构进行撤销验证，从而带来严重的可扩展性问题，并且近些年的研究已经逐步向具有海量设备的异构网络场景靠拢，这一问题显得更加严重。

4.2.2 CertChain

CertChain 是一项基于联盟区块链的 PKI 系统最有代表性的工作，也是第一个分布式证书管理框架。这也是本章工作的基础工作，因此展开介绍。CertChain 的设计目标包括三个方面：①实际场景中的去中心化；②避免遍历区块链以获取证书信息；③设计合适的数据结构以适应区块的大小限制。这三个方面的问题也是基于区块链的证书系统最棘手的问题，CertChain 的一系列设计，基本解决了这三个方面的问题。针对系统中心化的问题，CertChain 没有采用区块链传统的共识算法，如工作量证明（proof of work，PoW）[21]和权益证明（proof of stake，PoS）[22]，如果采用这些共识算法，系统中仍然存在特权节点，那么这些节点将在系统中拥有更强的计算能力或更多的权益，影响了系统的去中心化程度。因此 CertChain 提出了一种基于可靠性等级（dependability rank）的共识算法，结合系统中的激励机制，使得每个矿工的挖矿概率是大致相同的。针对遍历区块链的问题，CertChain 设计了证书基础数据结构 CertOper 用于记录证书的颁发、更新和撤销等操作，是区块的基础数据，即交易。CertOper 大致上与 X.509 证书相同，除了两个特殊的属性：操作类型和上一次操作所在区块高度（loh）。操作类型表示 CertOper 具体代表哪一个操作，loh 用于将某一证书的所有操作链接在一起，从而方便对同一证书的历史操作进行追溯，因此不需要遍历区块链就能对特定证书及其历史信息进行检索。针对区块大小限制的问题，CertChain 在区块中加入了一个双计数布隆过滤器来替代存储空间占用较大的证书撤销列表。布隆过滤器是一种节省空间的数据结构，用于检查元素是否为集合的成员。而双计数布隆过滤器存储了合法证书集及撤销证书集，相较于证书撤销列表降低了很多存储空间开销，同时也降低了误检率，使得用户能高效查询证书状态。

4.3　可修改区块链

大多数区块链具有相同的重要特征，即数据不可篡改的特性，如比特币[23]。但是，有一种特殊类别的区块链被称为可修改区块链[24]，它支持有限的数据更改。例如，文献[25]为无权限区块链提出了一个可修改区块链扩展协议，其不依赖复杂加密手段同时也不引入额外的信任假设，通过区块链共识，以及区块节点投票来达成对区块的修改。然而该协议没有针对不同实体赋予不同的修改权限，所以对于区块链 PKI 系统来说，这是不可用的。另一种思路是使用陷门哈希（trapdoor hash，TDH）函数[26]，即使消息发生变化，拥有陷门的实体也可以轻松保持哈希值不变。Ateniese 等[24]提出了一种基于变色龙哈希的可修改区块链，在他们的方案中，在连接区块链上的区块时，使用变色龙哈希函数取代了 SHA256 哈希函数。当一个区块被修改时，在知道变色龙哈希陷门的情况下，可以轻松地计算变色龙哈希函数的碰撞，从而在任意修改后保持区块之间的哈希链接性。有了 TDH 函数，可修改区块链允许某人修改一个区块而不影响其他区块。在区块链 PKI 系统中，可以通过管理变色龙哈希函数密钥，来使不同实体具有不同的修改权限，即达到访问控制的效果。本章使用了作为 TDH 函数实例的变色龙哈希函数[27]，TDH 函数的详细信息如表 4.1 所示。

表 4.1　TDH 函数的详细信息

函数	功能
$G(1^\alpha)$	给定安全参数 α，产生变色龙哈希的公钥 pk 和私钥 sk
Hash$(\mathrm{pk}, m, \lambda)$	输入公钥 pk、数据 m、随机数 λ，输出哈希值 h 和随机值 ξ
VerifyHash$(\mathrm{pk}, m, (h, \xi))$	输入公钥 pk、数据 m、哈希值 h、随机数 ξ，验证 (h, ξ) 是否是正确的哈希值。如果是，返回 1；否则返回 0
Collision$(\mathrm{sk}, (h, m, \xi), m')$	输入私钥 sk、哈希值 h、随机数 ξ、原始数据 m 和新数据 m'，输出新的随机数 ξ'，使得 VerifyHash$(\mathrm{pk}, m', (h, \xi')) = 1$

4.4 ScalaCert 系统模型

4.4.1 系统架构

ScalaCert 系统架构如图 4.1 所示，在系统中有三种实体，分别是认证权威（CA）、区块链节点（blockchain node，BN）和用户（User）。其中，CA 的功能与传统 PKI 系统相似，为用户提供颁发证书、更新证书和撤销证书等服务。此外，多个 CA 组建 CA 联盟（CA alliance）并维护联盟区块链，利用区块链的分布式信任和审计等功能构建更为安全健壮的证书系统。每个 CA 也是联盟区块链里的一个 BN，其他节点可以通过向联盟区块链节点请求区块来获取数据。为便于表示，分别将 CA 联盟和 BN 记作 $\mathbb{CAA} = \{CA_1, CA_2, \cdots, CA_n\}$ 及 $\mathbb{BN} = \{BN_1, BN_2, \cdots, BN_n\}$。基于 CA 联盟，用户可以安全地使用证书服务，包括维护自己的证书和验证其他用户的证书。作为轻量级客户端，用户无法维护整个区块链，需要向 BN 请求数据，并根据区块中的验证信息来验证数据的有效性。

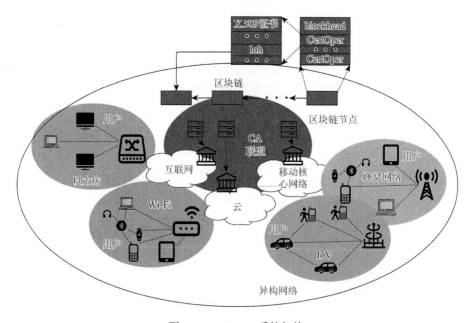

图 4.1 ScalaCert 系统架构

4.4.2 安全假设和设计目标

本章提出的方案假设底层网络通信是可靠的：一旦一个 BN 或用户向另一个

BN 发送消息,接收者肯定会在限定时间内收到正确的消息。此外,根据联盟区块链的主要共识机制,如实用拜占庭容错(PBFT)或委托权益证明(DPoS),可以合理地假设 CAA 中超过 2/3 的 CA 是诚实的(也就是超过 2/3 的 BN 是诚实的)。其他人可能会进行恶意或负面操作,如区块版本欺骗攻击(DoV)或恶意撤销证书。

　　针对现有区块链 PKI 系统的问题,以及系统的安全假设,本章提出的方案提出了可扩展性、安全性、可用性与公平性三个设计目标。首先,针对可扩展性,由于现有的基于区块链的 PKI 系统需要大量的存储来辅助撤销,而在大规模用户的场景下,这将使得系统不可用,因此存在可扩展性问题。因此,本方案希望删除所有额外的数据结构,如证书撤销列表或其摘要,并且区块中只包括区块链中的证书。其次,针对安全性,所有有效证书和撤销操作都应正确记录在区块链上。不是区块链全节点的用户应该能够从 BN 中获取正确的数据,从而保证证书验证的准确性及用户自己证书被正确维护。最后,针对可用性与公平性,可能会有一些诚实但消极的联盟区块链节点,它们不积极参与系统维护,以节省自己的开销,因此系统要求始终有足够活跃度的联盟区块链节点参与系统维护。此外,公平性要求联盟区块链节点生成区块的概率与其行为的正确性和活跃度有关,诚实和积极的节点将得到奖励,消极或恶意的节点会受到惩罚。这两个要求都可以通过在区块链系统中采用审计和激励机制来保证。

4.5　基于可修改区块链的 PKI 证书系统

4.5.1　方案概述

　　为提升区块链 PKI 系统的可扩展性,本章提出的方案基于变色龙哈希提出了一个链上证书撤销机制[28]。使用该机制,证书的撤销信息可以直接记录在链上的原始证书上,并且不需要额外的存储数据结构辅助证书撤销,如证书撤销列表(CRL)。本章的主要思想:多个 CA 构成一个 CA 联盟,并共同维护一个联盟区块链。所有与 CA 联盟相关的证书数据都会记录在链上。在基础证书数据上,设置了一个特殊的属性(撤销属性)来标记证书是否被撤销。当一个证书需要被撤销时,首先,CA 联盟将证书撤销操作代表的交易数据上链;然后,签发该证书的 CA 对该证书的撤销属性进行修改,确认证书的撤销;最后,CA 联盟在新的共识过程中对所有区块进行修改更新,并且所有节点达成共识。另外,对于一个需要验证证书合法性的用户来说,他可以向联盟区块链节点请求该证书颁发所在区块,可以判断证书是否合法,并通过撤销属性判断证书是否被撤销。

　　在证书验证过程中,存在一个严重的问题:由于区块是可修改的,可能区块的哈希值是相同的，但是数据内容却不同，因此用户无法判断收到的区块是否是最新的。因此，CA 联盟中的节点可以构造区块版本欺骗攻击（DoV），从而改变证书的撤销状态。为了解决该问题，本章设计了一个区块校验机制：通过向随机联盟区块链节点集合请求随机区块集合，将成功构造版本欺骗攻击的概率降低到统计学可忽略的级别。整个方案是基于 CertChain 的，沿用了 CertChain 中的证书数据结构，以及基于可靠性等级的共识算法。表 4.2 介绍了文章中用到的符号或函数及其对应意义，后面将直接使用，不再赘述。

表 4.2　符号或函数

符号或函数	对应意义
t	时隙
h	区块高度
h_t	在时隙 t 产生的区块的高度
H	最新区块高度
$B[h]$	高度为 h 的区块
$\mathbb{BN}$	区块链节点
n	区块链节点的总数量
CertOper	证书操作
loh	上一次证书操作所在区块高度
UDP$[t]$	在时隙 t 被修改的区块集合
ERR$[t]$	在时隙 t 没有被修改的区块集合
$\mathbb{RN}$	Freshcheck() 过程中随机选择的区块节点集合
$\mathbb{RH}$	Freshcheck() 过程中随机选择的区块的高度集合
$\mathbb{RB}[i]$	Freshcheck() 过程中从 BN_i 接收到的结果
Revoke()	请求撤销一个证书
Verify()	验证证书的合法性
Extend()	共识算法中产生的新区块的部分
Redact()	共识算法中修改区块的部分
Freshcheck()	验证区块是否是最新区块
Audit()	CA 之间互相审计
Traceback()	追溯到证书颁发的 CertOper
Collision()	在修改 loh 后重新计算变色龙哈希

4.5.2　系统初始化

1. CertChain

CertChain 是一项基于联盟区块链的 PKI 系统代表性的工作。其在链上存储证书数据与基于布隆过滤器的 CRL，并提出了一种基于可靠性等级的类 PoS 算法。CertChain 最关键的设计是 CertOper，是 CertChain 中定义的一种数据结构，用于记录证书的颁发、更新和撤销等操作，是区块的基础数据，即交易。CertOper 大致上与 X.509 证书相同，除了两个特殊的属性：操作类型和上一次操作所在区块高度（loh）。操作类型表示 CertOper 具体代表哪一个操作；loh 用于将某一证书的所有操作链接在一起，从而方便对同一证书的历史操作进行追溯。下面详细描述不同类型的证书操作，以及如何设置相应的 loh。

（1）CertOper^I：证书颁发（issue）CertOper，当一个证书最开始注册和颁发时产生，loh 初始值设置为 0。

（2）CertOper^U：证书更新（update）CertOper，当一个证书需要更新时产生，loh 设置为包含同一证书最后 CertOper 的区块的高度。

（3）CertOper^R：证书撤销（revoke）CertOper，当一个证书被撤销时产生，loh 的设置与证书更新的 CertOper 相同。

当用户需要颁发、更新和撤销证书时，相应的 CA 为对应的证书操作，产生 CertOper。在每一个共识时隙，根据节点可靠性选出的主节点收集所有生成的 CertOper 组成一个新的区块，并通过共识算法将该区块添加到区块链中。此外，每个区块都包含一个基于布隆过滤器的 CRL 来记录被撤销的证书。当用户需要验证证书的有效性时，他首先检查相关的 CertOper 是否包含在区块链中，然后参考存储在最新区块中的 CRL 来检查证书是否被撤销。

数据结构的修改：为了使证书撤销能直接反映在原始证书上，本章提出的方案利用变色龙哈希函数使 CertOper 的 loh 属性是可修改的，并将其用于证书的撤销。当计算哈希值时，loh 属性用变色龙哈希函数单独计算哈希值，而其他内容不变。本章后续内容提到的关于 CertOper 的修改都是针对 CertOper 的 loh 属性的。由于沿用了 CertChain 中的数据结构，又结合了变色龙哈希函数，所以追踪证书的历史操作更加便捷与灵活，避免遍历区块链以获取证书信息。

2. 密钥对

CA 需要执行两个主要过程：一个是为用户签发 CertOper；另一个是计算变色龙哈希函数的值。因此，每个 CA 拥有一对 (pk^{CA}, sk^{CA}) 来用作数字签名，以及

一对 (pk^{CH}, sk^{CH}) 用于计算变色龙哈希函数。除了上述密钥对,区块链节点参与到对区块签名的过程中时需要一对密钥。因此每个区块链节点拥有密钥对 (pk^{BN}, sk^{BN}) 用于数字签名。

4.5.3 链上证书撤销机制与证书验证

本章设计了一种链上证书撤销机制,使得证书的撤销与证书的验证不需要额外的数据结构,如 CRL 等,证书的撤销信息可以直接记录在链上的原始证书上。由于完全移除了 CRL 这样的数据结构,所以切实有效地解决了区块的大小限制这一问题。

1. 链上直接撤销机制

当证书的拥有者发现其证书对应的私钥泄露后,他会向 CA 联盟里任意一个 CA 发送证书撤销请求。时隙 t 的证书撤销如算法 4.1 所示,当 CA 收到证书撤销请求后,CA 首先会产生一个相关的 $CertOper^R$ 发送给区块节点,并等待矿工节点将数据打包进区块并上链。即在时隙 t,$\{CertOper_1^R, CertOper_2^R, \cdots, CertOper_k^R\}$ 为新产生的区块中的撤销证书请求,在时隙 $t+1$,对于每一个证书撤销请求,相应的 $CertOper^I$ 的 loh 值修改为当前区块高度 h_t,然后将新生成的 $CertOper^I$ 广播给其他节点,同步区块的修改。

算法 4.1　时隙 t 的证书撤销

1	**While** 时隙 t **do**
2	生成撤销操作 $CertOper^R \leftarrow Revoke(Cert)$;
3	在时隙 t 将 CertOpers 打包到新区块 $B[h']$ 中;
4	**end**
5	**While** 时隙 $t+1$ **do**
6	**for** 在 $B[h_t]$ 中的每个 $CertOper^R$ **do**
7	追溯需要撤销的证书 $CertOper^I \leftarrow Traceback(CertOper^R)$;
8	**if** $CertOper^I.loh = 0$ **then**
9	设置 $CertOper^I.loh \leftarrow h_t$;
10	计算变色龙哈希函数 $Collision(sk^{CH}, loh)$;
11	撤销对应证书 $Redact(CertOper^I)$;
12	**end**
13	**end**
14	**end**

2. 证书验证机制

证书的验证流程如图 4.2 所示，当一个用户需要验证其收到的证书是否合法时，他首先产生一个证书验证请求 $\langle \text{Cert}, h, \text{pk}^{\text{CA}} \rangle$，并将其发送给任意区块链节点，收到请求的区块链矿工节点在区块 $B[h]$ 中查询相应的 Cert 是否合法，即链上是否存在相对应的 CertOper，并通过证书中上一次证书操作所在区块高度（loh）属性追溯到 Cert 的证书颁发交易 $\text{CertOper}^{\text{I}}$（其所在区块高度记为 h^{I}）。然后区块链矿工节点将 $B[h]$ 和 $B[h^{\text{I}}]$ 一起返回给用户。用户首先验证区块、CertOper 的哈希值及签名的合法性，然后检查 $\text{CertOper}^{\text{I}}$ 中的 loh 属性。如果 loh 不是 0，则相应的证书已经被撤销。但是，$\text{CertOper}^{\text{I}}$ 中的 loh = 0 并不能代表证书没有被撤销，因为系统可能存在版本欺骗攻击，导致证书已经被撤销但是矿工返回的数据是旧版本数据。所以当 $\text{CertOper}^{\text{I}}.\text{loh} = 0$ 时，用户需要考虑启动区块时效性检查过程。本章将在 4.5.5 节详细介绍区块时效性检查。

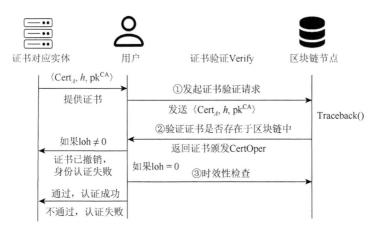

图 4.2　证书的验证流程

4.5.4　共识与审计

在本章所介绍的系统中，共识算法分为两部分，分别是链扩展共识与链修改共识。链扩展共识就是传统区块链中矿工节点产生新区块的共识算法；而链修改共识则是在可修改区块链中对于之前区块修改达成节点间一致的共识算法。共识算法结合激励机制，能够实现实际场景中的去中心化。

1. 链扩展共识

链扩展共识即区块链中用于矿工产生新区块的共识算法。本章提出的方案是基于 CertChain 的，所以保留了 CertChain 中的链扩展共识算法，即基于可靠性等级的共识算法。该共识算法与权益证明（PoS）共识算法非常相似，每一个矿工节点拥有一个信誉值，矿工节点产生一个新区块的概率依赖于其信誉值。在每个时隙中，系统根据矿工节点的信誉值随机选择一个主节点，该主节点将这一时隙的所有证书交易信息 CertOper 打包到区块中并产生新的区块。

2. 链修改共识

在每个时隙中，区块链矿工节点需要就上一个时隙中的证书撤销引发的区块修改达成共识。当一个证书被撤销后，收到请求的节点会产生与撤销证书相对应的 CertOper^R，并打包进新的区块中。在下一个时隙中，签发该证书的 CA 需要更新该证书签发时的证书交易信息 CertOper^I，修改其中 loh 的值，指向其对应的 CertOper^R 所在的区块高度。最后将修改的内容广播给区块链中的所有节点，直到达成全局共识。对于收到消息的区块链节点来说，其需要验证以下内容：

（1）CertOper^I.loh = h_{t-1}：验证撤销证书交易是否是在上一个时隙产生的，所有的在时隙 $t-1$ 产生的 CertOper^R 应该在时隙 t 被处理。

（2）区块 $B[h_{t-1}]$ 包含了 CertOper^R：验证相应的证书撤销交易是否在上一个时隙产生的区块中存在。

（3）CertOper$^R_{local}$.loh = 0：验证证书是否是第一次被撤销。因为每个证书只能被撤销一次，区块链节点只接受 loh 是 0 的证书被撤销，保证证书只被撤销了一次。

3. 审计与激励

为了防止恶意的区块链节点出于降低成本或其他目的而不及时记录撤销信息，本章设计了一种审计机制来识别和惩罚这些恶意节点。在每个时隙内，所有区块链节点共同运行如算法 4.2 所示的时隙 t 的审计算法，衡量每个节点在该时隙内行为的可靠性，并相应调整可靠性等级。具体来说，在每个时隙 t 结束时，每个区块链节点都会检查区块 $B[h_{t-1}]$ 中的每个撤销操作是否已经完成，并正确记录在原始证书中。如果撤销操作没有被正确记录，这意味着颁发证书的 CA 没有及时完成应尽的义务，因此应该通过降低其可靠性等级来降低其产生区块的概率。

算法 4.2　时隙 t 的审计算法

1	**for** 在 $B[h_{t-1}]$ 中的每个 CertOper^R　**do**
2	**if** CertOper^R 不属于 UPD$[t-1]$　**then**
3	ERR$[t]$.append(CertOper^R)；
4	**end**

5	**end**
6	**for** 在 $\mathbb{ERR}[t]$ 中的每个 $CertOper^R$ **do**
7	降低相应 CA 的可信度值;
8	**end**

4.5.5 版本欺骗攻击和区块版本校验过程

定义 4.1（版本欺骗攻击）　如果区块链的全节点将请求区块的旧版本发送给用户，用户是无法发现这一点的，因为区块的不同修改版本的哈希值相同，用户无法通过验证哈希值来对区块进行验证。但是区块节点无法伪造所请求区块的"新"版本，因为相关区块中没有证书撤销交易信息 $CertOper^R$。

在可修改联盟区块链中，全节点肯定会保持所有区块同步到最新状态。然而，没有能力保留整个区块链的轻量级用户必须向全节点请求区块，这导致全节点可能进行版本欺骗（DoV）攻击。在本章提出的 PKI 系统中，DoV 攻击会干扰用户对证书是否被撤销的判断，因为即使证书已经被撤销，并且撤销操作已经记录到证书颁发 $CertOper^I$ 中，区块链节点仍然可以提供未记录撤销的旧版本区块。为了防御 DoV 攻击，本章设计了一种随机块节点校验（RBNC）机制来进行区块时效性检查，如算法 4.3 所示，并证明通过采用 RBNC 机制可以将成功进行 DoV 攻击的概率降低到统计上可以被忽略的水平。

算法 4.3　时效性检查

1	**if** $	\mathbb{BN}	\leqslant \dfrac{2}{3}n$ **then**
2	证书已被撤销; 结束;
3	**end**
4	$\mathbb{RN} \leftarrow Random(\mathbb{BN}, s)$;
5	$\mathbb{RH} \leftarrow Random(\langle 1, H \rangle \setminus \{h\}, k-1) \cup \{h\}$;
6	**for** 在 $\mathbb{RN}$ 中的每个 BN_i **do**
7	请求 $\mathbb{RB}$ 中的每个区块;
8	来自 BN_i 的结果记录在 $\mathbb{RB}[i]$ 中;
9	**end**
10	**if** 存在 $\mathbb{RB}[i]$ 满足 $CertOper.loh \neq 0$ **then**
11	证书已被撤销; 结束;
12	**end**
13	**if** $\mathbb{RB}[i](1 \leqslant i \leqslant s)$ 结果是相同的 **then**
14	证书未被撤销; 结束;
15	**end**

16　　**for** 在 $\mathbb{RB}[i]$ 中的每个 CertOper^I 满足 loh $\neq 0$ **do**

17　　　　$\mathbb{BN}$.delete(BN$_i$)，如果在 $\mathbb{RB}[i]$ 中存在 CertOper^I.loh $= 0$;

18　　**end**

19　　Freshcheck($B[h], \mathbb{BN}$) ;

时效性检查算法 (Freshcheck)：当用户收到 loh $= 0$ 的 CertOper 时，应该执行 Freshcheck($B[h]$, $\mathbb{BN}$)，其中 $B[h]$ 是 CertOper 所在的区块，$\mathbb{BN}$ 是区块链节点的集合。用户首先从所有生成的区块中随机选择 k 个区块（必须包括 $B[h]$），从所有区块链节点 $\mathbb{BN}$ 中随机选择 s 个节点，并分别生成随机节点集 $\mathbb{RN}$ 和随机区块集 $\mathbb{RH}$。然后，用户从 $\mathbb{RN}$ 中的每个 BN 请求 $\mathbb{RH}$ 中的所有区块。BN$_i$ 的结果（即请求区块的集合）表示为 RB$[i]$。接下来根据 RB$[i]$ 分三种情况。

（1）存在 CertOper.loh $\neq 0$：如果存在目标 CertOper 的 loh 不是 0 的 RB$[i]$，则用户认为证书已被撤销并终止该过程。

（2）所有的 CertOper.loh $= 0$ 并且所有的 RB$[i]$ 都是相同的：如果没有目标 CertOper 的 loh $\neq 0$ 且所有结果完全相同，则用户认为证书有效（未撤销）并终止该过程。

（3）所有的 CertOper.loh $= 0$ 但是 RB$[i]$ 不完全相同：在这种情况下，应该有一些 BN 进行了 DoV 攻击，用户应该识别这些恶意 BN 并将它们从 $\mathbb{BN}$ 中删除并执行 Freshcheck() 再次处理。需要注意的是，初始 $\mathbb{BN}$ 是所有 BN 的集合，当 $\mathbb{BN}$ 的个数小于 $2n/3$ 时，用户认为目标证书已被撤销。

4.6　安全性分析

4.6.1　链扩展共识的安全性分析

有效证书的安全性是由共识算法保证的，也就是 CertChain 中的基于信用度的共识算法，其安全性已经得到证明，此处不再赘述。要撤销证书，本章提出的系统中有三个步骤：生成 CertOper^R、修改 CertOper^I 和链修改共识。CertOper^R 的生成由区块链扩展过程完成，其安全性也得到了共识的保证。对于 CertOper^I 的修改，由于只有拥有变色龙哈希私钥的人才能修改消息，同时保持变色龙哈希值不变，因此只有发布 CertOper^I 的 CA 可以修改 loh，这也非常符合实际场景。更重要的是，系统只允许每个 CertOper^I 的 loh 修改一次，从而减少了 CA 私钥被泄露时对系统的影响。对于链修改共识，可靠的底层网络通信保证了每个 BN 广播的区块修改信息一定会被 $\mathbb{CAA}$ 中的所有其他 BN 接收到。因此，所有诚实的 BN 对区块链的视图（view）总是相同的，因为它们都使用相同的判断规则来决定是否接受修改的区块。此外，证书验证过程保证了用户的安全，本章后续将证明区块时效性检查过程对于证书验证过程的安全保障，与此同时证书验证过程还可以识别恶意 BN，然后将其从系统中删除。因此，所有有效的证书和证书撤销操作都会被正确记录在区块链上，非全节点的用户会从区块链节点中获取正确的数据。

4.6.2　证书验证过程的安全性

对于证书验证，最重要的是确保一旦证书被撤销，任何从区块链验证证书的用户都将获得其撤销信息。正如前面描述的，任何撤销信息都会及时记录到证书颁发交易信息 CertOper^I 中。因此，只要用户获得正确的 CertOper^I，验证就是正确的。但是，可修改区块链和联盟区块链的结合带来了版本欺骗（DoV）攻击，下面将证明，本章所提出的区块版本校验机制可以很好地防御 DoV 攻击。

当证书被撤销时，其颁发操作 CertOper^I 的 loh 字段随后从 0 修改为正整数。因此，如果恶意 BN 向用户发送带有 loh = 0 的旧版本 CertOper^I，则用户将认为证书有效。这就是前面所描述的 DoV 攻击的工作方式。但是，需要注意的是，一旦用户获得了一个包含非零 loh 的 CertOper^I，就可以确认证书已经被撤销。因此，为了防御 DoV 攻击，本章设计了基于随机区块节点的区块版本校验机制，其中用户从随机选择的几个 BN 请求中随机选择几个区块。这样，BN 无法知道用户需要哪个证书，因此恶意的 BN 无法针对特定的 CertOper^I 进行 DoV 攻击，只能从 RB 中所有区块的所有撤销证书中随机选择一个或几个 CertOper^I 进行攻击。那么，成功进行 DoV 攻击意味着 RN 中的所有 BN 都是恶意的，它们成功地选择了相同的 CertOper^R 来欺骗用户。

由于 RN 和 RB 都是随机选择的，可以假设恶意 BN 只能随机选择 CertOper^I 进行 DoV 攻击，因为它们没有相关信息来推断用户需要哪个 CertOper。因此，成功进行 DoV 攻击意味着，用户执行 Verify() 时选择了一个恶意的 BN，并且执行 Freshcheck() 时，用户选择的所有 BN 都是恶意的，同时，这些节点随机选择的 CertOper 是相同的并且包括目标证书。假设证书撤销率为 γ，每个区块包含 m 个 CertOper，每个恶意 BN 选择 $r(r \geqslant 1)$ 个 CertOper^I 进行攻击，那么，成功进行 DoV 攻击的概率为

$$\mathcal{P} = \frac{1}{3} \frac{\binom{s}{n/3}}{\binom{s}{n}} \left[\frac{1}{\binom{r}{\gamma m} - \binom{r-1}{\gamma m - 1}} \right]^{s-1} \left[\frac{1}{\binom{r}{\gamma m}} \right]^{(s-1)(k-1)}$$

其中，n是BN的总数；$\dfrac{1}{3}$是不诚实BN的最高比例；s、k是RN和RB的大小。

本节模拟了在不同参数取值下成功进行DoV攻击的成功概率，每个区块包含800个CertOper（$m=800$），假设恶意节点比例为1/3。图4.3（a）和（b）显示了当撤销率是5%，并且每个BN选择5个CertOper时，RB和RN的大小对DoV攻击成功概率的影响。结果表明，随着RB和RN增加，成功概率急剧下降；即使$s,k=2$，概率仍然低至10^{-10}。图4.3（c）和（d）显示了$s,k,r=5$和$m=800$条件下的结果。图4.3（c）给出了不同百分比的撤销证书（即撤销率γ）下攻击成功的概率。图4.3（d）表明，当r增加时概率减小。因此，攻击者可能总是设置$r=1$以使概率最高。但是，即使$r=1$，在$s,k=5$和$m=800$的条件下，成功进行DoV攻击的概率仍然不超过10^{-10}。

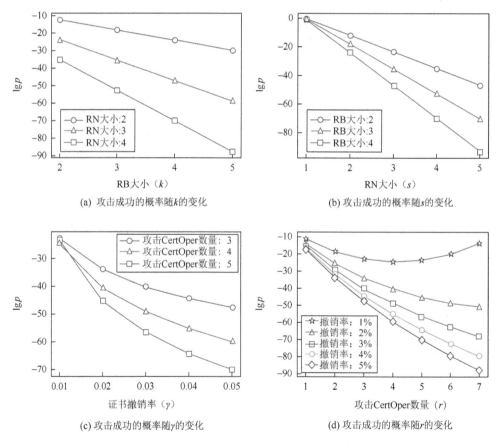

(a) 攻击成功的概率随k的变化   (b) 攻击成功的概率随s的变化

(c) 攻击成功的概率随γ的变化   (d) 攻击成功的概率随r的变化

图4.3　不同参数取值下DoV攻击成功的概率

当产生撤销操作 CertOper^R 并添加到区块链上时，如果 BN 没有及时更新相关的 CertOper^I，这种负面行为将被检测到。如此一来，BN 的信誉值会降低，其被选为主节点并产生新区块的概率也会随之降低，最终导致其相应 CA 实际收益减少。

4.6.3　区块链节点的公平性

如果某个区块链节点没有及时更新相关的 CertOper^I，当生成撤销操作 CertOper^R 并添加到区块链上时，在审计过程中，所有其他节点都会检测到这种负面行为。这样一来，BN 的可靠性就会降低，产生区块和颁发证书的概率就会降低，最终导致 BN 的实际收入减少。换句话说，诚实和积极的 BN 会比恶意 BN 获得更高的可靠性和更多的奖励，保证系统的公平性。在这种激励机制的驱动下，寻求收入的 BN 将保持诚实性和积极性，因此，保持整个系统的活力。

4.7　性　能　分　析

4.7.1　系统实现与实验环境

为测试方案性能，首先使用 Python3 实现了一个可修改区块链，并将 ScalaCert 部署在该链上。区块链相关部分，包括数据结构和共识，均使用 Python3 实现，加密部分基于 PyCryptodome（v3.10.1）和 gmpy2（v2.0.8）实现，变色龙哈希函数的参数由 SageMath（v9.2）生成。性能测试覆盖了系统的存储开销、链上撤销与链修改共识、证书验证与时效性检查三个方面。系统测试所在主机操作系统为 Mac OS Catalina（v10.15.7），配备 4 核 2.0 GHz Intel Core i5 和 16G DDR4 RAM。

4.7.2　系统存储开销分析

参考 CertChain，一个区块的存储空间限制在 2MB 以内，一个没有数据的区块大约为 2.6KB，单个 CertOper 的大小约为 1.8KB，CertChain 中的双计数布隆过滤器大约为 412KB。由于每个区块都需要对双计数布隆过滤器进行存储，因此一个区块最多能够包含 900 个 CertOper。在本章所提出的系统中，由于结合了可修改区块链，证书的撤销信息被直接写入了原始证书信息中，因此，区块不需要存储类似于证书撤销列表的数据结构，更多的空间能够存储更多的 CertOper。

在本章的系统中,一个区块大约能够存储 1100 个 CertOper,相较于 CertChain,提高了 1/5 的存储性能。当系统的规模越来越大时,存储性能的提升就越发显得可贵。例如,如图 4.4(a)所示,当有 1500 个区块时,ScalaCert 包含的 CertOper 比 CertChain 所包含的多 30 万个。然而,当区块数量增加到 4000 个时,差距就会急剧增加到 100 万个。另外,如图 4.4(b)所示,要支持 100 万个 CertOper,CertChain 只比 ScalaCert 多需要大约 200 个区块。当有 600 万个 CertOper 时,CertChain 比 ScalaCert 多需要大约 3000 个区块。此外,当证书数量增加时,由于布隆滤波器在大小和误检率之间的矛盾,CertChain 中使用的 DCBF 的性能会下降,但是在 ScalaCert 中是没有这样的问题的。

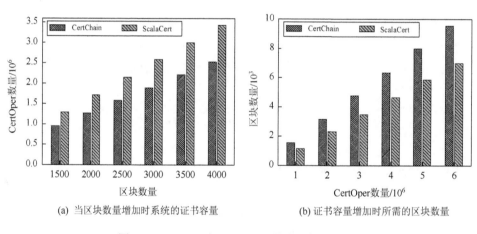

(a) 当区块数量增加时系统的证书容量　　　　　　(b) 证书容量增加时所需的区块数量

图 4.4　ScalaCert 与 CertChain 的存储性能比较

4.7.3　链上撤销性能分析

在验证可修改区块链中的交易时,部分交易需要计算变色龙哈希函数。在本章的系统中,生成 CertOper^I 时需要计算变色龙哈希函数。本章测试了系统中三种交易的平均生成时间(100 次测试的平均值),包括证书颁发、证书更新和证书撤销,不同类型交易的生成时间如表 4.3 所示。生成证书颁发交易的时间开销会比更新与撤销更高,因为证书颁发交易的哈希值是采用变色龙哈希函数计算的,因此额外时间开销来自于变色龙哈希函数与 SHA256 的计算时间差。在生成证书撤销交易后,撤销证书对应的 CA 还需要修改原始证书信息,即 CertOper^I,这里需要重新计算变色龙哈希的随机数,以保持变色龙哈希值不变。具体来说变色龙哈希比 SHA256 平均多花 1.5ms 的时间,从而导致不同的运行时间。

表 4.3　不同类型交易的生成时间

交易类型	验证时间/ms
证书颁发	9.07
证书更新	7.46
证书撤销	7.46
修改原始证书信息	2.14

本章还测试了在不同的证书撤销率和区块大小设置下的区块链修改共识的时间开销。图 4.5（a）和 4.5（b）分别展示了不同证书撤销率和区块大小下的区块链修改共识的时间开销。很明显，时间开销随着证书撤销率和区块大小的增加大致上呈线性增加趋势。这与理论分析是一致的，因为链修改共识的计算和通信开销基本上与撤销证书的数量呈线性关系。具体来说，如图 4.5（b）所示，当撤销率为 5% 且每个区块包含 1000 个 CertOper 时，区块链修改共识大约需要 25ms。与区块产生速度相比，如以太坊中每 15s 产生一个区块，区块链修改共识的时间开销是在可接受的范围内的。

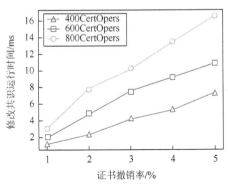

(a) 不同证书撤销率下的区块链修改共识的时间开销

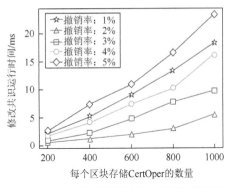

(b) 不同区块大小下的区块链修改共识的时间开销

图 4.5　不同系统参数设置下的区块链修改共识的时间开销

4.7.4　证书验证与时效性检查

为了测试本章提出的方案进行证书验证的时间开销，这里将 CertChain 与本章的系统进行了比较分析。为了使得测试结果更符合实际场景，这里用向以太坊节点请求区块的实际开销代替系统中的通信开销。图 4.6 所示的实验结果表明，ScalaCert 的证书验证的平均运行时间大约为 600ms，而 CertChain 的平均运行时间大约为 300ms。这是因为，在证书没有被撤销时，用户会启动区块版本校验机制以保证区块链节点没有作恶，并等待更多的区块请求时间。需要注意的是，虽然用户需要请求多个区块，但多个请求是同时进行的，因此只需要多一个请求时间。此外，当撤销率增加时，ScalaCert 中的验证时间会慢慢减少。这是因为撤销的证书越多，执行 Freshcheck() 的概率就越低。因此，平均验证时间缩短。在实际情况中，用户可以根据自己的安全需求来决定是否启动区块版本校验机制。如果用户不启动区块版本校验机制，则其时间开销与 CertChain 的大致相同，但是会牺牲一定的安全性；如果用户启动区块版本校验机制，则会牺牲一定的时间性能来保证安全性。

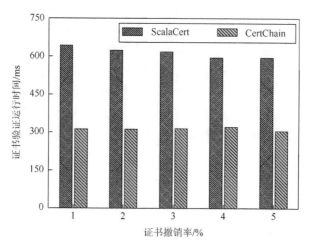

图 4.6　证书验证过程的时间开销

除了整个验证过程的运行时间，性能测试部分还分别评估了不同 s 和 k 值下用户本地运行 Freshcheck() 的运行时间，不同系统参数设置下时效性检查运行时间如图 4.7 所示。RB 的大小［图 4.7（a）］对运行时的影响不大，而 RN 的大

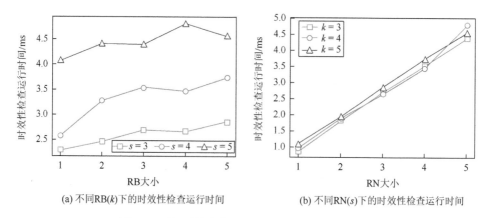

(a) 不同RB(k)下的时效性检查运行时间　　　　(b) 不同RN(s)下的时效性检查运行时间

图 4.7　不同系统参数设置下时效性检查运行时间

小［图 4.7（b）］对运行时的影响更为明显。这是因为用户应该初始化 RN 中每个 BN 的连接（基于 web3.eth 接口模拟这一步），进而会导致整体运行时间的增加。因此，用户可以倾向于增加 RB 的大小，而不是 RN 的，以提高安全性。通过综合权衡时间成本（图 4.7）和攻击概率（图 4.3），用户可以确定最适合自己的参数设置。

4.8　本章小结

本章设计了一个基于可修改区块链的 PKI 证书系统，该系统具有很强的可扩展性，能支持大规模用户场景。通过引入可修改区块链和变色龙哈希技术，实现了将证书撤销信息直接记录在区块链证书交易数据上，而无须借助任何诸如证书撤销列表的附加数据结构，从而显著降低链上存储开销，增强基于区块链的 PKI 的可扩展性。为了解决数据可修改性带来的安全问题，本章设计了基于变色龙哈希的修改权限限制和链修改共识机制，保障修改权限的可控性和修改后的共识一致性。此外，针对可修改区块链与联盟区块链结合造成的 DoV 攻击，本章设计了区块版本校验机制，帮助用户判断接收到的区块是否为最新版本。通过系统实现、性能分析和安全分析，本章证明了该系统通过引入合理的通信开销来释放宝贵的链上资源，增强了区块链 PKI 的可扩展性，同时具有满足实际需求的高安全性。

参 考 文 献

[1] COOPER D，SANTESSON S，FARRELL S，et al. Internet X.509 public key infrastructure certificate and certificate revocation list（CRL）profile[J]. RFC，2008，5280：1-151.

[2] DÍAZ-SÁNCHEZ D，MARÍN-LOPEZ A，MENDOZA F A，et al. TLS/PKI challenges and certificate pinning techniques for IoT and M2M secure communications[J]. IEEE Communications Surveys and Tutorials，2019，21（4）：3502-3531.

[3] KHODAEI M，PAPADIMITRATOS P. Efficient，scalable，and resilient vehicle-centric certificate revocation list distribution in VANETs[C]//Proceedings of the 11th ACM Conference on Security & Privacy in Wireless and Mobile Networks，Stockholm，2018：172-183.

[4] GARCÍA-MAGARIÑO I，SENDRA S，LACUESTA R，et al. Security in vehicles with IoT by prioritization rules，vehicle certificates，and trust management[J]. IEEE Internet of Things Journal，2019，6（4）：5927-5934.

[5] HUNT R. PKI and digital certification infrastructure[C]//Proceedings of Ninth IEEE International Conference on Networks，Bangkok，2001：234-239.

[6] FREIER A，KARLTON P，KOCHER P C. The secure sockets layer（SSL）protocol version 3.0 RFC：6101[EB/OL]. （2018-12-20）[2024-1-22]. https://datatracker.ietf.org/doc/rfc6101/.

[7] RESCORLA E. The transport layer security（TLS）protocol version 1.3[EB/OL]. （2018-8-10）[2024-1-22]. https://www.rfc-editor.org/rfc/rfc8446.

[8]　MICROSOFT. Microsoft security bulletin MS01-017-critical erroneous verisign-issued digital certificates pose spoofing hazard[EB/OL].（2001-3-22）[2024-1-22]．https://learn.microsoft.com/en-us/security-updates/SecurityBulletins/2001/ms01-017.

[9]　LEI L, ZHONG Z D, ZHENG K, et al. Challenges on wireless heterogeneous networks for mobile cloud computing[J]. IEEE Wireless Communications, 2013, 20（3）: 34-44.

[10]　BASIN D, CREMERS C, KIM T H J, et al. ARPKI: Attack resilient public-key infrastructure[C]//Proceedings of the 2014 ACM SIGSAC Conference on Computer and Communications Security, Scottsdale, 2014: 382-393.

[11]　CHEN J, YAO S X, YUAN Q, et al. Certchain: Public and efficient certificate audit based on blockchain for Tls connections[C]//IEEE INFOCOM 2018-IEEE Conference on Computer Communications, Honolulu, 2018: 2060-2068.

[12]　KUBILAY M Y, KIRAZ M S, MANTAR H A. CertLedger: A new PKI model with certificate transparency based on blockchain[J]. Computers & Security, 2019, 85: 333-352.

[13]　LI Z T, KANG J W, YU R, et al. Consortium blockchain for secure energy trading in industrial internet of things[J]. IEEE Transactions on Industrial Informatics, 2018, 14（8）: 3690-3700.

[14]　CHEN X M, NG D W K, YU W, et al. Massive access for 5G and beyond[J]. IEEE Journal on Selected Areas in Communications, 2021, 39（3）: 615-637.

[15]　ERICSSON. Ericsson mobility report: More than half a billion 5G subscriptions by the end of 2021 [EB/OL].（2021-6-16）[2023-4-12]. https://www.ericsson.com/en/press-releases/2021/6/ericsson-mobility-report-more-than-half-a-billion-5g-subscriptions-by-the-end-of-2021.

[16]　BUCHKO S. What is namecoin（NMC）? Beginner's guide[EB/OL].（2018-7-6）[2024-1-22]. https://coincentral.com/namecoin-nmc-beginners-guide/.

[17]　FROMKNECHT C, VELICANU D, YAKOUBOV S. A decentralized public key infrastructure with identity retention[EB/OL]. (2014-10-10)[2024-5-6]. https://eprint.iacr.org/2014/803.

[18]　JIA M, HE K, CHEN J, et al. PROCESS: Privacy-preserving on-chain certificate status service[C]//IEEE INFOCOM 2021-IEEE Conference on Computer Communications, Vancouver, 2021: 1-10.

[19]　WANG M M, RUI L L, YANG Y, et al. A blockchain-based multi-CA cross-domain authentication scheme in decentralized autonomous network[J]. IEEE Transactions on Network and Service Management, 2022, 19（3）: 2664-2676.

[20]　HAO X H, REN W, FEI Y Y, et al. A blockchain-based cross-domain and autonomous access control scheme for internet of things[J]. IEEE Transactions on Services Computing, 2023, 16（2）: 773-786.

[21]　GERVAIS A, KARAME G O, WÜST K, et al. On the security and performance of proof of work blockchains[C]//Proceedings of the 2016 ACM SIGSAC Conference on Computer and Communications Security, Vienna, 2016: 3-16.

[22]　KIAYIAS A, RUSSELL A, DAVID B, et al. Ouroboros: A provably secure proof-of-stake blockchain protocol[C]//Proceedings of the 37th Annual International Cryptology Conference, Santa Barbara, 2017: 357-388.

[23]　NAKAMOTO S. Bitcoin: A peer-to-peer electronic cash system[EB/OL].（2008-10-31）[2023-6-25]. https://bitcoin.org/bitcoin.pdf.

[24]　ATENIESE G, MAGRI B, VENTURI D, et al. Redactable blockchain-or-rewriting history in bitcoin and friends[C]//2017 IEEE European Symposium on Security and Privacy, Paris, 2017: 111-126.

[25]　DEUBER D, MAGRI B, THYAGARAJAN S A K. Redactable blockchain in the permissionless setting[C]//2019 IEEE Symposium on Security and Privacy, San Francisco, 2019: 124-138.

[26] DÖTTLING N, GARG S, ISHAI Y, et al. Trapdoor hash functions and their applications[C]//Advances in Cryptology-CRYPTO 2019: 39th Annual International Cryptology Conference, Santa Barbara, 2019: 3-32.

[27] CAMENISCH J, DERLER D, KRENN S, et al. Chameleon-hashes with ephemeral trapdoors: And applications to invisible sanitizable signatures[C]//Public-Key Cryptography-PKC 2017: 20th IACR International Conference on Practice and Theory in Public-Key Cryptography, Amsterdam, 2017: 152-182.

[28] LUO X Y, XU Z, XUE K P, et al. ScalaCert: Scalability-oriented PKI with redactable consortium blockchain enabled "on-cert" certificate revocation[C]//2022 IEEE 42nd International Conference on Distributed Computing Systems, Bologna, 2022: 1236-1246.

第5章　基于区块链的移动网络身份管理与认证方案

本章内容主要介绍一种基于可编辑区块链的无线移动网络的自主身份管理和认证方案，以用户为中心进行身份管理，实现用户的身份信息完全由所有者控制和管理，从而减少隐私泄露。所提出的方案采用区块链记录自我主权身份和公钥来实现用户认证和会话密钥协商，无须冗余注册。此外，与传统身份管理中使用撤销列表进行身份撤销不同，本章所提方案中网络运营商通过可修改区块链，可以动态撤销用户对网络的访问权限，而无须额外建立撤销列表。性能评估表明，本章所提出的方案降低了网络运营商的存储开销，同时降低了用户的网络访问延迟。

5.1　问　题　描　述

随着全球化进程的加速，用户迫切希望获得更高效、更全面的移动网络服务。为了防止用户非法访问或攻击网络，身份管理和访问认证在移动网络安全中起着至关重要的作用。一般来说，用户只能使用身份证等凭证向本地网络运营商签约注册，以获得其唯一的国际移动用户标志（international mobile subscriber identify，IMSI）和相应的用于接入网络的对称密钥[1]。

现有的以服务为中心的移动网络体系结构存在许多不足。用户和运营商之间的相互认证是基于对称加密系统的，只能由归属域网络运营商通过对称密钥进行身份验证。为了对用户进行身份验证，归属域网络运营商必须将所有经过身份验证的用户的对称密钥存储在其核心网络的数据库中，而任何对用户的验证都需要在核心网络的数据库的辅助下进行。这种集中式身份验证会导致单点瓶颈问题，一旦核心网络的数据库被攻击，影响到网络的用户数以百万计。在以服务为中心的移动网络架构中，用户要想接入其他服务网络，必须依靠本地运营商向该服务网络提供相关签约信息。因此，用户无法控制其信息公开的程度。但是，用户的身份信息非常敏感，需要严格控制[2]。一旦运营商出于商业利益或其他原因粗粒度地公开用户信息，可能会对用户造成严重的隐私侵犯损害。更糟糕的是，用户无法做到简单地改变他们的网络运营商而不放弃他们原来的数字身份，一旦用户更改其网络提供商，他必须在与原始身份相关联的其他应用程序中放弃个人信息。这导致用户对身份的控制力较弱，且运营商和用户之间的关系难以改变，市场竞争减少。需要注意的是，虽然国内已大范围支持携号转网，但保持不变的仅仅是用户的手机号码，其他数字身份需要重新初始化。

自我主权身份（SSI）可以看成一种身份管理模型，用户的身份完全由身份所属的实体拥有、控制和管理[3]。不同于传统的身份管理方案，如独立身份模型或联合身份模型，自我主权身份中每个用户不仅可以控制个人身份信息的安全存储和访问，还可以添加或删除自己的个人身份信息。因此，这种身份管理基础设施不需要信任任何中央机构，可以存在于不属于或不受中央机构控制的分布式环境中。同时，区块链可以被视为建立在对等网络上的公共、数字化和分布式账本[4]。在区块链系统中，参与实体生成的数据作为交易发布，交易打包成区块，矿工按时间顺序将区块添加到区块链中。区块链有助于实现不需要可信第三方的系统。因此，区块链是一种理想的机制，可以作为分布式的公共发布和查询平台，用于用户的自我主权身份管理。

本章提出了一个基于区块链的自我主权身份管理和认证方案，使用户能够管理个人身份信息。以用户为中心进行身份管理，用户生成其 SSI 并从分布式信任实体中获取与 SSI 相关联的个人身份信息。网络运营商通过 SSI 及其个人身份信息（记为声明）对用户进行身份验证。合法用户的 SSI 和相应的公钥由网络运营商添加到区块链中，供他人查询。为了防止用户非法使用网络服务，用户动态撤销是用户身份管理方案的重要组成部分。然而，网络运营商维护和更新撤销列表的方案需要大量的存储开销。为了减少存储开销，在此方案中网络运营商利用变色龙哈希函数[5]删除区块链上的非法用户信息，而不是维护撤销列表来实现动态用户撤销。

5.2　身份管理相关研究

5.2.1　身份管理的发展

数字世界变得对现实世界越来越重要，日益增加的各种在线服务的使用需要一种高效的数字身份管理方法，身份管理的重要性越发凸显出来。用户的身份通常包含敏感的个人数据，用户关心这些敏感数据是如何管理的，包括这些数据存储在哪里，谁可以访问这些数据。随着在线服务需求的增加及这些服务的进一步发展，不同的身份管理模型也逐渐发生了变化。自互联网出现以来，四个主要的身份管理机制如下。

集中式身份管理机制。 在互联网发展初期，数字身份均被单一集中化的权威机构拥有和控制。在自己的领域内，集中化身份可以正常工作。用户被锁定在单一权威机构中，权威机构可以否认用户的身份，甚至可以确认其身份为虚假身份。

最严重的是，因为用户不拥有他们的身份记录，它可以随时被删除。用户可能花了多年的时间培养这个身份，具有很大的价值，删除一个账户或抹去一个人的在线身份，对用户带来的影响将是毁灭性的。集中化向来都是赋权给集中化实体，而不是赋权给用户。此外，集中式身份管理难跟上互联网服务的快速增长和多样化，各种应用中的集中式身份将使得用户的身份越来越碎片化。

联合身份管理机制。为了解决集中化带来的问题，一些研究[6]提出了联合身份管理机制。联合身份管理机制为身份标识提供了一定程度的可移植性，允许用户使用一个服务的凭据登录到另一个服务中。在更复杂的层次上，它可以允许不同的服务共享用户的详细信息。例如，在大型企业中，允许用户使用单一用户名和密码访问多个独立的内部服务，如人力资源、薪资等。虽然联合身份看起来具有便携性的特点，管理权力仍然归属于位于联合中心的身份提供者。这是一种寡头联盟，集中机构的权力被几个强大的实体进行了分割。事实上，如果一个用户身份是其他许多第三方服务的关键点，则该用户身份的身份提供者将更易遭受集中化的负面影响。总的来说，联合身份管理机制仅仅是改善了身份的割裂化问题。

以用户为中心身份管理机制。虽然联合身份管理机制实现了身份可移植性，但用户的身份仍然由联合身份服务提供商来管理和控制。许多方案[7-10]致力于满足用户隐私保护要求。以用户为中心的模型将用户身份数据存储在用户域中，如安全令牌和智能卡，共享用户的身份数据必须得到用户同意。用户控制的核心要求是从声明提供者到依赖方的信息流动仅在用户的请求下发生。用户自己产生数据并存储，向其他组织提供许可。但是，一些现有的以用户为中心的应用也被质疑存在意外数据泄露问题。它们将数据从一个数据库转移到另一个数据库，通过将用户的个人数据交换给第三方来换取更多的方便。因为它们是利润驱动的业务，所以用户身份信息存在被作为一个商品进行买卖的可能性。

自我主权身份管理机制。虽然自我主权身份至今未有权威的定义，但概念的一些关键性质已经出现。本质上，它是一个身份管理系统，它允许个人拥有和管理他们的数字身份。万维网联盟（world wide web consortium，W3C）可验证声明工作组指出：在一个自我主权身份系统中，身份独立于服务存在。自我主权身份是当前最安全、先进的身份管理机制，具有独立控制、安全和可移植性的特点。身份所属的个人（或组织）拥有、控制和管理其身份，个人是他们自己的身份提供者。个人的自我主权身份独立于任何单一组织，没有人或组织可以夺走或消除自我主权身份。自我主权身份管理的最佳方式是用户本人控制身份记录和存储。这样用户可以自己添加更多的数据，或者请其他代理帮助添加或者存储。用户可以选择在特定时间显示部分或全部个人相关的身份信息。用户可以同意与他人共享数据。自我主权身份是永恒的，不依赖于任何第三方。个人身份信息相关的声明可以是自己产生的，也可以是由第三方产生的。第三方的真实性可由验证者独立验证。

5.2.2　自我主权身份

自我主权是一种最高权威，它不受任何外来影响而自行管理。身份管理的主权意味着用户的身份数据完全由自己拥有和控制。自我主权身份的特点与要求总结如下。

用户完全控制自己的身份数据。每个用户必须完全控制自己的身份数据。这不仅包括存储的身份数据，还包括谁有权访问这些数据。用户能够添加或更新身份相关的属性，以及删除或撤销身份属性。此外，用户能够根据自己的喜好选择公开的声明及隐私。

身份数据的安全性和隐私性。保护用户的隐私的同时必须以高度安全的方式存储和处理所有身份数据。例如，用户与其身份数据之间的不可链接性增加了用户的隐私，只有用户能控制其身份数据。

保持身份数据的透明度。系统和算法必须透明。用于管理和运营身份网络的系统必须是开放的，包括它们的运作方式，以及管理和更新方式；算法应该是免费的、开源的、众所周知的，并且尽可能独立于任何特定的体系结构。任何人都应该有权检查系统和算法是如何工作的，没有人可以在没有其他人注意到的情况下删除数据。

身份永久持续。身份是永久持续的，或者至少满足用户需求的时间有效性。即使身份持有，用户仍应具有"被遗忘的权利"，即如果用户愿意，用户应该能够处置自己的身份，并且应该随着时间的推移适当地对声明进行修改或删除。要做到这一点，需要对身份及其声明进行明确的分离，它们不能被永远地捆绑在一起。

5.2.3　去中心化标识符

传统的身份管理系统基于集中的权威机构，如证书颁发机构或域名注册服务等，这些集中式权威机构的信任根都是自己。分布式账本技术（distributed ledger technology，DLT）的出现，为完全去中心化的身份管理提供了机会。在去中心化的身份系统中，实体可以自由地使用任何共享的信任根。全球分布式账本，去中心化 P2P 网络或具有类似功能的其他系统，提供了既没有集中权限也没有单点故障的管理信任根的方法。DLT 和分布式身份系统结合使任何实体都能够在任意数量的独立信任根上创建和管理自己的标识符。

去中心化标识符（Decentralized Identifier，DID）是为分布式账本应用程序开发的，不仅是去中心化身份管理的基础，在诸如物联网等环境下也有广泛的应用[11]。DID 也是 W3C 建议的一种实现用户自我主权身份管理的开放标准。实体由 DID 进行标识，并且可以通过证明（如数字签名、保护隐私的生物统计协议等）进行认证。DID 完全在 DID 主体的控制之下，独立于任何集中注册表、身份提供者或证书颁发机构。DID 规范由 W3C 凭证社区小组发布，并已在自我主权身份生态系统中获得广泛认可。DID 是一个简单的文本字符串，由三部分组成：①URL 方案标识符（did）；②DID 方法的标识符；③DID 方法特定的标识符。

　　DID 可以进一步解析为 DID 文档。DID 文档是描述如何使用该特定 DID 的简单文档，包含证明 DID 所有权和控制权所需的所有元数据，以及加密密钥和端点实体。每个 DID 文档至少包含三个内容：证明目的、验证方法和服务端点。证明目的与验证方法相结合，以提供证明事物的机制。例如，DID 文档可以指定特定的验证方法，如公钥加密或假名生物识别协议，可用于验证为验证目的而创建的证明。服务端点实现与 DID 控制者的可信交互。遵循隐私设计的原则，任何实体可以根据需要拥有尽可能多的 DID（以及相应的 DID 文档和服务端点），实现身份的无关联性。

5.2.4　可验证声明

　　在物理世界中，凭证可能包括对象相关的信息（如姓名、出生日期和住址），与发证机构有关的信息（如国家机构或认证机构），或有关如何获得凭证的证据，或有效日期。可验证凭证可以表示物理世界所包含的信息。数字签名等技术使得可验证凭证比物理凭证更难以被篡改、更可信。可验证凭证的持有者可以向验证者展示证明他们拥有具有某些特征的可验证凭证。可验证凭证可以方便传递，建立远距离的信任关系。在 DID 体系中，可验证凭证的实现方式被称作可验证声明（verifiable claim，VC），通常基于密码学方式生成。例如，可验证声明由某大学发布，确认相关人员持有该大学的学位。认证可以被看成一种签名形式的证明，以证明某种声明和验证所需的元数据，如名称、有效期和签名方案。可验证声明可以通过认证签发人的签名进行核实，可验证声明正确性可以被公认。

　　可验证声明必须与对象（subject）相关联[12]。图 5.1 展示了可验证声明中的不同组成部分和行为者之间的关系。除了对象，可验证声明应当包含一个或者多个声明及相关数据的信息。每一个声明都有一个声明颁发者（claim issuer）。与 X.509 证书中的数据信息类似，可验证声明的数据可以包括有效期、颁发者的身份和用于签名/加密的算法。为使声明可以被验证和被相信可靠，颁发者必须用众所周知的公钥对应的私钥签署声明。此外，每项声明均可具有多个证明（attestation），且每个证明均有多个证明者（attestator）。

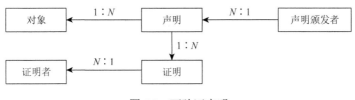

图 5.1 可验证声明

5.3 相 关 工 作

5.3.1 身份管理方案

集中式基础设施是最常见的身份管理方式[13-15]，其中用户的个人身份信息集中由组织机构控制，而不是由用户自己控制。这意味着组织机构可以随时披露用户的信息。一旦组织机构的数据库遭到破坏，攻击者就可以进入每个用户的账户。此外，集中式系统是一种封闭系统，很难将用户的个人身份信息从一个应用程序传输到另一个应用程序[16]。为了解决集中化问题，研究者提出了联盟身份管理（federated identity management）[17]，允许用户使用一个标识登录到联盟域中的多个服务中。虽然联盟身份管理在一定程度上实现了身份的可移植性，但用户的身份仍然由联盟服务提供者控制和管理。与此同时，有一部分提议的方案致力于满足用户隐私保护要求[9, 18, 19]。它们侧重于面向用户的模式，称为以用户为中心的身份管理，使用户能够在各种条件下选择性地授权个人数据，并显示响应身份验证请求而呈现的凭证。在文献[18]中，Singh 等提出了一种以用户为中心的数据存储模型 PDS。通过主动学习，PDS 可以根据用户偏好自动对第三方访问请求做出隐私感知决策。

传统技术下以用户为中心的模式并不能真正实现用户对个人身份信息的完全掌控，而通过区块链技术能彻底解决此问题。2017 年，Alboaie 和 Cosovan[20]提出了一种专用数据系统，在该系统中，所有的专用数据都被加密并存储在整个互联网的节点中。用户可以完全控制解密密钥，并且可以随时共享和撤销他人对私有数据的访问。之后，Othman 和 Callahan[21]将分散的 SSI 生态系统与生物特征开放协议标准（biometric open protocol standard，BOPS）进行了结合。在文献[21]中，任何实体只有在生物认证成功后才能访问用户的个人身份信息。此外，还有一些将分布式账本技术（DLT）和 SSI 结合起来的项目，如 uPort[22]，同时有工作[23]将互联网常用的口令认证作为密钥管理方式，以降低用户的密钥管理难度。

5.3.2 基于区块链的移动网络认证

区块链技术和移动通信技术相辅相成。区块链是建立在 P2P 网络上的分布式系统，节点间的广播通信会消耗大量网络带宽。随着区块链网络中节点数目的增多，网络带宽等网络资源的消耗会以几何倍数级增长，最终可能会成为区块链技术应用普及的性能瓶颈。

5G 网络作为新一代移动通信网络，理论上的传输速度可达数 10Gbit/s。5G 可以使区块链数据达到极速同步，从而减少了不一致数据的产生，提高了共识算法的效率。下一代通信网络的发展，将极大提升区块链的性能，扩展区块链的应用范围。此外，由于网络融合、理想的万物互联是完美的去中心化网络，所有价值交换有可能都将建立在基于区块链的技术上。把移动通信连接和信任方面的优势与区块链在安全性方面的优势结合起来具有光明前景。区块链作为分布式系统，去中心化、去信任、历史记录抗篡改、公开透明、可追溯等特性可以推动移动通信应用的高效、安全发展。已有部分研究针对目前移动通信发展中存在的问题，提出了基于区块链技术的解决方案，但是在认证、资源管理方面还存在不少问题。

1. 接入认证

由于移动网络的开放访问特性，对其进行网络访问控制以抵御恶意攻击具有重要意义。尽管公钥基础设施（PKI）已被广泛应用于实现用户与服务器之间的相互认证，但建立一个信任机构来管理所有证书仍然是 PKI 面临的巨大挑战。最近的研究[24, 25]表明，基于身份的密码（IBC）认证系统可以消除基于 PKI 的沉重的证书管理负担。虽然基于 IBC 的工作在涉及资源受限设备的应用场景中显示出很大的优势，但是这些工作假设存在一个可信的集中式私钥生成器（private key generator，PKG）。这意味着所有参与者都需要完全信任集中式 PKG 来生成私钥，存在严重的单点瓶颈风险。在文献[26]和文献[27]中，作者提出了群签名对用户进行身份验证，但由于群签名的计算开销大，这些方案可能不适合于计算资源有限的一些物联网设备。

在 5G 时代，将会有更多的用户设备更加频繁地接入互联网。为了保证只有合法用户才能享受相应的服务，对用户的身份认证是不可或缺的。现有的移动网络不能满足 5G 低功耗海量连接、低时延高可靠通信的要求，因此，研究者引入区块链技术解决海量用户设备频繁接入移动网络时存在延迟和安全的问题，设计高效、安全的接入认证和切换认证方案。主要的思路大概是，将多个原本孤立的通信节点如无线接入点（AP）、管理节点或者雾计算节点组合成联盟区块链，对用户的认证结果在联盟区块链中共享，实现信任的传递，从而提高认证的效率。

Wang 等[28]针对现有 4G 中的认证和密钥协商无法适用于 5G 中超密集基站中高速移动的用户在 AP 间快速、频繁切换认证，同时在高度异构的网络中切换认证困难的场景，提出了一种基于区块链的 5G 异构网络（HetNets）域内和域间安全切换且保护隐私的认证协议 XAuth。该协议能够实现用户设备（user equipment, UE）与目标网络之间的快速切换相互认证，以及在域内和域间切换时保证会话密钥的一致，具有前向保密、后向保密、用户匿名和有条件隐私保护等特点。虽然传统的分布式移动管理（DMM）可以高效切换，实现节点的平滑切换，但是需要依赖集中式设备实现切换的安全管控。Sharma 等[29]为了在不影响 5G 扁平网络架构的布局前提条件下，提出了一种基于区块链的 DMM 方案，实现完全分布式的 DMM，避免单点瓶颈问题。他们的方案维护了三条区块链，分别是雾节点维护的 POW-WISE 区块链（管理雾节点信息），用户和接入点维护的 USER-WISE 区块链（管理用户信息），以及接入点维护的 REGION-WISE 区块链（管理接入节点）。用户附近的节点形成一条区块链，可以通过查询区块链上的信息实现接入点之间的信任传递。Kiyomoto 等[30]提出了一种新的基于区块链技术的移动通信系统架构。来自用户移动终端的注册信息、费用信息等各类请求被网关确认后，作为交易添加到区块链上。当移动终端移动到其他网关管理的区域时，移动终端可以重新连接到该网关，发送重新确认请求。该网关通过搜索区块链找到移动终端的服务使用信息，实现减少系统运营总成本，为用户提供多种移动通信服务，提供独立于移动网络运营商组织的计费系统，并降低移动运营商对用户服务使用的可追溯性风险。

2. 漫游认证

随着移动终端的轻量化，其与多信任域结构模式中的信息服务实体交互越来越频繁，保证资源受限的移动终端用户接受安全高效的信息服务成为主要需求。由于地域限制、服务特色等不同，存在多个不同信任域的网络服务提供商。而单个独立的信任域不能满足用户多种服务需求，目前对信息服务实体仅是信任域内部简单的身份管理与认证。用户需要多域访问，因此出现跨域漫游认证问题。

研究人员在漫游认证方面做了大量的工作[27, 31-34]。在一部分方案中[27, 31, 32]，用户只有一个身份和由归属域服务器生成的用于网络访问的相应密钥。当用户漫游到拜访域时，用户向拜访域网络运营商发送接入网请求，拜访域网络运营商将用户的认证请求转发到用户的归属域服务器进行认证。归属域服务器对用户进行身份验证，并将验证结果返回给拜访域服务器。然而，由于用户的认证需要用户归属域服务器的参与，因此不可避免地会存在由于拜访域服务器和归属域服务器之间的通信而导致的认证延迟。因此，一些研究[33, 34]致力于两方漫游协议，使得用户认证不需要归属域网络运营商实时在线。不幸的是，在这些方案中，拜访域服务器无法及时发现被归属域撤销的用户，从而导致非法访问。尽管文献[20]～[22]中的方案可以解决用户在文献[13]～[19]中的方案中失去对其识别信息的控制的问题，但是在网络运营商控制用户访问网络的情况下，这些方案不能使网络运营商撤销用户。此外，基于证书的传统 PKI 跨域认证模型普遍存在认证路径复杂、签名验证次数较多、证书管理困难等问题；而基于身份的密码体系的计算开销与通信开销较高，跨域认证效率不高，实际应用困难。

5.4　系　统　模　型

5.4.1　系统架构

本章提出的移动网络身份管理系统由四类实体和一个区块链构成，其模型如图 5.2 所示。实体包括用户、颁发者、网络运营商和服务提供商。

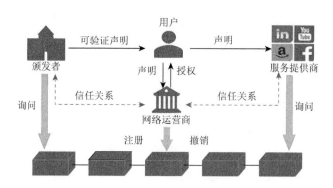

图 5.2　身份管理系统模型

用户是 SSI 的所有者，需要生成 SSI 及其对应的公钥，唯一且完全地控制和管理 SSI。用户可以同时拥有多个 SSI，而不同的 SSI 之间没有关联。用户在本地存储与其 SSI 相关的声明，并根据需要将其提供给服务提供商。颁发者是分布式信托实体，如学校、银行、公司等。它们对 SSI 所有者的某些属性颁发可验证声明，包括颁发者签名以供他人核实。网络运营商验证用户的可验证声明，并确定用户是否可以访问网络。所有参与的网络运营商组成一个联盟，共同维护区块链。网络运营商也可以通过修改区块链上的交易来撤销用户。服务提供商通过查询区块链获取用户的 SSI 和相应的公钥。用户可以通过使用私钥签名向服务提供商证明自己的 SSI。区块链是由网络运营商联盟共同维护的一个联盟区块链，用于发布用户的 SSI 和公钥。任何实体都可以读取区块链上的信息。区块中的交易构成默克尔哈希树，其中第一层哈希值使用变色龙哈希函数计算。网络运营商可以在保持区块头不变的情况下修改交易。

5.4.2　信任模型与安全需求

本章提出的方案假设在移动网络中存在被动攻击和主动攻击。主动攻击敌手可能修改消息或中断用户与网络运营商或服务提供商之间的通信，典型的主动攻击包括重放攻击、注入攻击、拒绝服务（DoS）攻击和分布式拒绝服务（distributed denial of service，DDoS）攻击。主动攻击敌手可以是用户，执行各种攻击以非法占用网络资源。被动攻击敌手不会主动中断用户通信。被动攻击敌手通过窃听用户信息或分析用户流量来获取用户的隐私信息。另外，假设联盟中有 $3f+1$ 个网络运营商维护区块链，则联盟中的恶意节点不超过 f 个。

基于上述假设，本方案的设计目标是在移动网络中实现安全高效的身份管理和认证，具体包括身份安全、双向认证安全、会话密钥安全三个安全目标，以及可移植性和可扩展性两个性能目标。身份安全指身份的隐私性和可用性。隐私性要求个人身份信息交互必须通过安全通道传输，由用户控制谁可以访问自己的个人身份信息。只有用户自己拥有与其 SSI 对应的私钥。任何敌手都不能冒充用户申请声明或提出声明。可用性要求，即使用户的 SSI 被网络运营商撤销，用户仍然控制着自己的 SSI 和相关的权利要求，这意味着用户仍然可以在其他应用中使用自己的 SSI。双向认证安全要求认证方案包括用户与网络运营商之间及用户与服务提供商之间的相互认证，网络运营商和服务提供商仅向已认证成功的用户提供服务，用户只信任认证成功的网络运营商和服务提供商提供的服务。完成双向认证后，网络运营商和用户协商会话密钥。会话密钥需要满足前向安全性和后向安全性，即使当前会话密钥受到损害，之前或之后的会话密钥仍然是保密的。可移植性指一个 SSI 可以同时用于多个平台，用户可以随时开始或停止在平台上使用 SSI，即使用户的 SSI 在一个平台中被撤销，也不会影响用户在其他平台中使用 SSI。可扩展性要求系统能够支持大规模的用户身份管理，同时处理大量的身份认证请求。

5.5　方　案　设　计

移动网络中基于可编辑区块链的身份管理与认证方案包括五个阶段：初始化阶段、共识阶段、用户身份验证阶段、动态撤销阶段和支付阶段。

5.5.1　初始化阶段

初始化阶段可以分为两部分：第一部分是网络运营商初始化，生成运营商的陷门函数私钥 x 和陷门函数公钥 y，网络运营商初始化如算法 5.1 所示。

算法 5.1 网络运营商初始化

输入：安全参数 κ；

输出：陷门函数私钥 x 和陷门函数公钥 y；

1　选取素数 p 和 q，其中 $p=2q+1$；

2　选取 g，它是 Z_p^* 的二次剩余子群 QR_p 的生成元；

3　选取随机数 $x \in [1,q-1]$ 作为陷门函数私钥；

4　计算陷门函数公钥 $y=g^x$；

5　返回 (x,y)；

第二部分是用户初始化，如图 5.3 所示，包括请求可验证声明与请求网络访问两个阶段。在请求可验证声明阶段，用户 U_i 通过使用诸如 RSA 之类的公钥算法来生成他的身份 ID_{U_i} 以及相应的公钥 pk_{U_i} 和私钥 sk_{U_i}。然后，用户通过安全通道将 $(\mathrm{ID}_{U_i}, \mathrm{pk}_{U_i})$ 发送给颁发者。接收到用户的消息后，颁发者首先验证 $(\mathrm{ID}_{U_i}, \mathrm{pk}_{U_i})$。如果 ID_{U_i} 已被注册或无效，则颁发者拒绝该请求。否则，颁发者将为 U_i 生成一个可验证声明 claim 及其签名 $\sigma_{U_i} = \mathrm{Sig}_{\mathrm{sk}_I}\{H(\mathrm{ID}_{U_i}, \mathrm{pk}_{U_i}, \mathrm{claim}, \mathrm{LT})\}$，其中 LT 是可验证声明的有效期。然后，颁发者通过安全通道将 $\{\mathrm{ID}_{U_i}, \mathrm{pk}_{U_i}, \mathrm{claim}, \mathrm{LT}, \sigma_{U_i}\}$ 发送给用户 U_i。

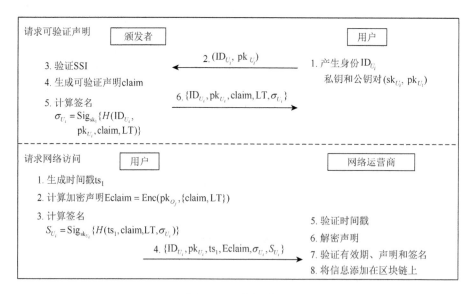

图 5.3　用户初始化

用户收到 σ_{U_i} 后，可以向网络运营商 O_j 发送网络访问请求。首先，用户生成

时间戳 ts_1 ，用网络运营商的公钥加密声明 $Eclaim = Enc(pk_{O_j}, \{claim, LT\})$ ，并用自己的私钥签名 $S_{U_i} = Sig_{sk_{U_i}}\{H(ts_1, claim, LT, \sigma_{U_i})\}$ ，将 $\{ID_{U_i}, pk_{U_i}, ts_1, Eclaim, \sigma_{U_i}, S_{U_i}\}$ 发送给 O_j 。在收到来自 U_i 的消息后， O_j 验证时间戳 ts_1 及有效期 LT 。如果时间戳或有效期无效，则拒绝用户的访问请求；否则，解密 Eclaim ，并验证签名 S_{U_i} ，若签名有效，则授权 U_i 访问网络。用户可以生成多个 SSI ，以及相应的公钥和私钥，以获得不同颁发者的可验证声明并将其存储在本地。此外，用户可以使用一个 SSI 同时向多个网络运营商注册以进行授权。因此，用户可以根据拜访域网络环境切换到不同的网络，而无须改变他的身份。

5.5.2　共识阶段

网络运营商授权用户后，网络运营商将用户的注册信息添加到区块链上，区块链是由网络运营商维护的联盟区块链。为了提高效率，每个网络运营商都会在一个时隙中定期将其授权用户的信息打包到交易中。算法 5.2 说明了交易生成过程的细节。生成交易后，网络运营商向联盟中的其他网络运营商广播 $\{tx_{O_j}\}$ ，进入共识阶段。

算法 5.2　交易生成

输入：授权用户的身份及其公钥，网络运营商的陷门函数公钥 y ；

输出：交易 tx_{O_j} ；

1　对每个授权用户 ID_{U_i} ，计算 $\lambda_{ij} = \{ID_{U_i}^O, pk_{U_i}\}$ ；

2　计算 $w_j = \{\lambda_{1j}, \cdots, \lambda_{ij}\}$ ；

3　计算消息 $m = \{ID_{O_j}, w_j, Sig_{sk_j}\{H(W_j)\}\}$ ；

4　生成随机数 $r, s \in Z_q$ ；

5　计算变色龙哈希： $h = r - (y^{H(m\|r)} \cdot g^s \bmod p) \bmod q$ ，其中 $H:\{0,1\}^* \to Z_q$ 是一个标准抗碰撞哈希函数；

6　计算 $tx_{O_j} = \{m, h\}$ ；

7　返回 tx_{O_j} ；

在本章提出的方案中，联盟区块链的共识是实用拜占庭容错（PBFT）[35]。假设联盟中总共有 $3f + 1$ 个网络运营商，每个时间段只有一位领导者，由网络运营商依次轮换。网络运营商每隔一段时间就会用相应的 (r, s) 验证接收到的交易的有效性。然后，每个网络运营商都广播交易的验证结果。在 PBFT 共识的预准备（pre-prepare）、准备（prepare）、提交（commit）和答复（replay）阶段之后，

将合法交易添加到所有网络运营商维护的联盟区块链中。要强调的是，交易的哈希是变色龙哈希，含变色龙哈希的区块结构如图 5.4 所示，默克尔哈希树的叶子节点为交易的变色龙哈希值。

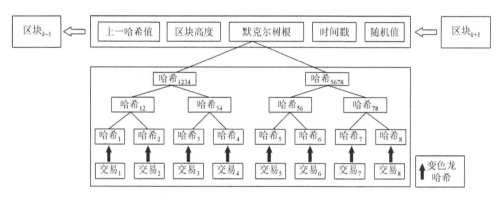

图 5.4　含变色龙哈希的区块结构

5.5.3　用户身份验证阶段

具有多个可验证声明的用户可以根据网络状况选择访问相应的网络。用户接入过程如图 5.5 所示。首先，用户 U_i 生成随机数 r_1、时间戳为 ts_2，计算签名 $\alpha_{U_i}=\mathrm{Sig}_{U_i}\{H(r_1,\mathrm{ts}_2)\}$，向网络运营商 O_j 发送 $\{\mathrm{ID}_{U_i},r_1,\mathrm{ts}_2,\alpha_{U_i}\}$。从 U_i 接收到消息后，网络运营商 O_j 首先验证时间戳，如果 ts_2 不在当前时间允许的范围内，则 O_j 拒绝访问请求；若 ts_2 有效，O_j 在带有 ID_{U_i} 的区块链上搜索 pk_{U_i}。如果 pk_{U_i} 不存在，则拒绝用户的访问请求；若在区块链上查找到 pk_{U_i}，O_j 用 pk_{U_i} 验证签名 α_{U_i}。如果 α_{U_i} 无效，则停止会话；否则随机生成 U_i 的会话密钥 seed 和时间戳 ts_3。之后，O_j 计算签名 $\beta_{O_j}=\mathrm{Sig}_{O_j}\{H(\mathrm{ts}_3,\mathrm{Sig}_{O_j}(r_1),\mathrm{Enc}(\mathrm{pk}_{U_i},\mathrm{seed}))\}$ 和会话密钥 $\mathrm{SK}_{ij}=H(\mathrm{ID}_{U_i}\parallel \mathrm{ID}_{O_j}\parallel \mathrm{ts}_2\parallel \mathrm{ts}_3\parallel \mathrm{seed})$，将 $\{\mathrm{ts}_3,\mathrm{Sig}_{O_j}(r_1),\mathrm{Enc}(\mathrm{pk}_{U_i},\mathrm{seed}),\beta_{O_j}\}$ 发送给 U_i。

从 O_j 收到消息后，U_i 会检查 ts_3 与当前时间相比是否在允许的范围内。如果 ts_3 在允许的范围内，U_i 将查询网络运营商在区块链上的公钥，然后验证收到的签名 β_{O_j}。如果 β_{O_j} 有效，U_i 解密 $\mathrm{Enc}(\mathrm{pk}_{U_i},\mathrm{seed})$ 得到 seed，并计算会话密钥 $\mathrm{SK}_{ij}=H(\mathrm{ID}_{U_i}\parallel \mathrm{ID}_{O_j}\parallel \mathrm{ts}_2\parallel \mathrm{ts}_3\parallel \mathrm{seed})$；否则，$U_i$ 重新启动访问请求。

值得注意的是，与网络运营商有漫游协议的其他网络运营商可以通过查询区块链上用户的身份和公钥来认证用户。其他服务提供商通过用户发送的可验证声明与区块链上的公钥来判断用户是否是合法用户。因此，用户可以使用一个身份和相应的密钥访问多个不同的服务。

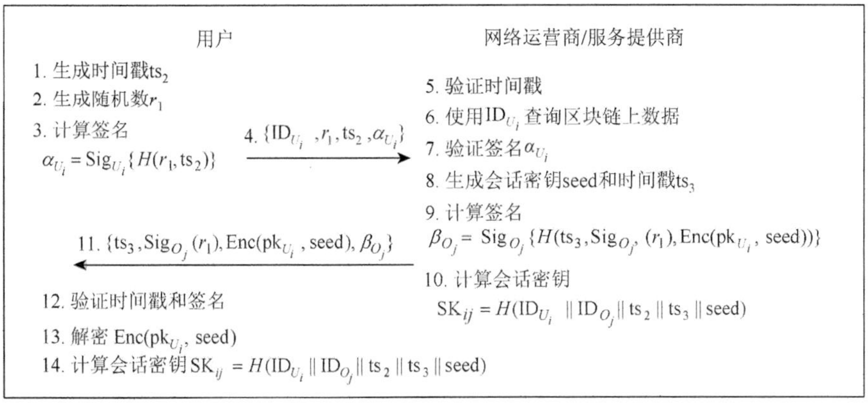

图 5.5　用户接入过程

5.5.4　动态撤销阶段

考虑到某些用户可能非法使用网络，网络运营商需要撤销这些非法用户并拒绝他们访问网络。通常，网络运营商需要维护并定期更新撤销列表。但是，将撤销列表存储在区块链上可能会带来很大的存储开销。本章提出的方案利用变色龙哈希[36]来修改存储在区块链上的用户信息而不使用撤销列表。如果 O_j 需要撤销其注册信息包含在 tx_{O_j} 中的用户 U_i，则 O_j 首先会生成一条不包含撤销用户的新消息 $m' = \{\mathrm{ID}_{O_j}, \lambda_{1j}, \cdots, \lambda_{(i-1)j}, \mathrm{Sig}_{\mathrm{sk}_j}\{H(w'_j)\}\}$，其中 $\lambda_{kj} = \{\mathrm{ID}_{U_k}, \mathrm{pk}_{U_k}\}$，$w'_j = \{\mathrm{ID}_{O_j}, \lambda_{1j}, \cdots, \lambda_{(i-1)j}\}$。$m'$ 与 m 相同，但 m' 不包含 U_i 的注册信息。O_j 用 m' 及其变色龙哈希私钥计算变色龙哈希冲突。算法 5.3 说明了变色龙哈希冲突的过程。

算法 5.3　变色龙哈希冲突

　　输入：更新的消息 m'，变色龙哈希值 h，网络运营商的陷门函数私钥 x；

　　输出：更新的 (r', s')；

1　生成随机数 $k \in [1, q-1]$；

2　计算 $r' = h + (g^k \bmod p) \bmod q$；

3　计算 $s' = k - H(m' \| r')x \bmod q$；

4　**return** (r', s')；

执行算法 5.3 之后，O_j 可以获得 r' 和 s'。然后，O_j 生成一个新交易 $\mathrm{tx}_{O'_j} = \{m', h\}$，将 $\{\mathrm{tx}_{O'_j}, r', s'\}$ 广播给其他网络运营商。其他网络运营商收到新交易后，首先验证 h 是否等于 $r' - (y^{H(m'\|r')} \cdot g^{s'} \bmod p) \bmod q$。如果是，删除原始交易 tx_{O_j} 并存储新交易 $\mathrm{tx}_{O'_j}$。

5.5.5　支付阶段

加密货币可以为用户和网络运营商提供更方便、更安全的交易方式，无须集中的第三方，也没有必要在用户漫游时考虑货币兑换。然而，加密货币交易的处理速度是有限的，并且昂贵的交易费对小额交易而言不合理也不适用。目前，微支付通道[37]是最有潜力的解决方案，可显著缩短交易时间并节省交易成本，如图 5.6 所示。本章提出的方案利用微支付通道安全地进行公平支付。微支付通道的详细信息可以在文献[37]中找到。微支付通道方案主要包括三个步骤：建立通道、更新通道和关闭通道。

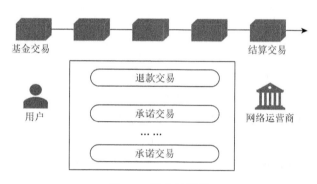

图 5.6　微支付通道

用户 U_i 在比特币区块链上创建基金交易（funding transaction），在基金交易中向 P2SH 支付一定数量的比特币 b_0，其 $2-of-2$ 多重签名赎回脚本同时需要来自 U_i 和 O_j 的签名。之后，U_i 将交易发送到 O_j，O_j 持有比特币抵押保证，并创建一个退款交易（refund transaction），其输入是基金交易的输入，输出是用户的地址。退款交易在解锁时间锁之前是无效的。U_i 将退款交易发送到 SP 中进行签名，如果 O_j 检查退款交易有效，则 O_j 签署退款交易并将其发送到 U_i。最后，U_i 广播基金交易和退款交易。自此，创建了微支付通道。

如果 U_i 需要每分钟向 O_j 支付 b 比特币作为服务费，则需要每分钟产生一次承诺交易（commitment transaction）。首次生成的承诺交易的输入是基金交易的输入，即 b_0；输出 b 给 O_j，输出 b_0-b 给 U_i。U_i 对该交易签名并发送给 O_j。确认承诺交易后，O_j 继续提供服务。第二次生成的承诺交易的输入为 b_0，输出 $2b$ 给 O_j，输出 b_0-2b 给用户。用户对该交易签名并发送给 O_j。确认承诺交易后，O_j 继续提供服务。以此类推，第 k 次生成的承诺交易的输入为 b_0，输出 kb 给 O_j，输出 b_0-kb 给用户。

在 k' 次服务后,如果 $b_0 - (k'+1)b < 0$,则 O_j 可以关闭通道。为了关闭通道,O_j 广播最新的承诺交易,即结算交易(settlement transaction)。矿工将结算交易添加到区块链后,O_j 和用户可以获得结算交易的输出。这样,O_j 可以收到 $k'b$ 比特币,用户可以取回 $b_0 - k'b$ 比特币。需要注意,结算交易必须在时间锁定生效之前进行广播,否则退款交易生效,微支付通道关闭,所有比特币都可能返回给用户。只有基金交易和结算交易是链上的,所有承诺交易都是链下的。因此,微支付通道可以在保证公平性的同时提高可扩展性,降低交易费用。

5.6 性 能 分 析

5.6.1 安全性分析

这一部分结合信任模型和安全需求,分析了本章提出的方案的安全性。

身份安全。在本章提出的方案中,用户的身份 U_i 、公钥 pk_{U_i} 和私钥 sk_{U_i} 由用户生成。颁发者对用户进行身份验证,并发送 claim 和 $\sigma_{U_i} = \mathrm{Sig}_{\mathrm{sk}_I}\{H(\mathrm{ID}_{U_i}, \mathrm{pk}_{U_i},$ claim,LT)\} ,其中包含 $(\mathrm{ID}_{U_i}, \mathrm{pk}_{U_i})$ 不能被任何敌手篡改。网络运营商授权用户并将用户的 $(\mathrm{ID}_{U_i}, \mathrm{pk}_{U_i})$ 添加到区块链上,任何敌手都不能篡改。因此,用户的每个合法身份都只有一对经过身份验证的 $(\mathrm{pk}_{U_i}, \mathrm{sk}_{U_i})$ 。任何运行概率多项式时间(probabilistic polynomial time,PPT)算法的敌手都无法根据相应的公钥或加密消息导出私钥。此外,用户在所有身份验证过程中仅使用私钥进行解密或签名,并且不透露私钥,因此用户的私钥仅由用户控制,保障了身份的安全性。

双向认证安全。在初始化阶段,U_i 获得 σ_{U_i} ,包含由颁发者签名的 ID_{U_i} 和 pk_{U_i} ,网络运营商可以通过验证签名 σ_{U_i} 和 S_{U_i} 来认证用户。由于用户的私钥仅由用户控制,所以可以假设颁发者的私钥是安全的。因此,没有 sk_I 和 sk_{U_i} 的任何敌手都不能伪造可行的 σ_{U_i} 和 S_{U_i} 来通过网络运营商的验证。在用户访问阶段,网络运营商通过使用 pk_{U_i} 验证签名 α_{U_i} 来对用户进行身份验证,其中 pk_{U_i} 是使用 ID_{U_i} 查询区块链的结果。由于前面已经证明 sk_{U_i} 仅由用户控制,而没有 sk_{U_i} 任何敌手都无法伪造可行的 $\alpha_{U_i} = \mathrm{Sig}_{U_i}\{H(r_1, \mathrm{ts}_2)\}$ 通过网络运营商的验证。用户通过查询-响应方法对网络运营商进行身份验证。由于网络运营商的 sk_{O_j} 是安全的,没有 sk_{O_j} 的任何敌手都不能在 r_1 上伪造网络运营商的签名。因此,本章提出的方案实现了双向认证安全。

会话密钥安全。在用户和网络运营商之间的每个会话中,网络运营商 O_j 会为会话密钥 $\mathrm{SK}_{ij} = H(\mathrm{ID}_{U_i} \| \mathrm{ID}_{O_j} \| \mathrm{ts}_2 \| \mathrm{ts}_3 \| \mathrm{seed})$ 生成随机种子 seed 。由于哈希的单向

性，没有敌手可以直接获得 seed。敌手只能获取由用户的公钥加密后的 seed。没有 sk_{U_i} 的任何敌手都不能解密 $Enc(pk_{U_i}, seed)$ 而获得 seed。因此，没有敌手可以直接截取和解密消息以获得 seed。此外，在每个会话中，seed 是随机生成的，因此与之前会话的种子和后续会话的种子都不相关，即所有会话密钥都是独立的。即使敌手获得了会话密钥之一，也无法解密用户与网络运营商之间其他会话的消息，从而保障了会话密钥的前向安全性和后向安全性。

可移植性和可扩展性。在本章提出的方案中，用户生成自己的身份和私钥，并将其发送给颁发者以进行验证，以获得可验证的声明。对应于身份的可验证声明由用户自己安全地存储，并且只有用户可以用他的私钥来证明对可验证声明的控制。由于用户的身份和可验证声明与网络运营商和服务提供商无关，因此用户始终可以管理和使用他自己的身份以及对其他服务提供商的可验证声明以获得服务。因此，用户的身份在不同的服务中彼此独立。身份不仅可以在多个服务中同时使用，而且在被一个服务撤销后还可以在其他服务中使用。本章提出的方案中没有中央授权，并且用户从分布式信任实体获得个人身份信息，因此，不存在单点瓶颈问题，并且本章提出的系统可以支持大规模用户身份管理。此外，身份验证基于在区块链上找到的公钥，因此网络的边缘节点可以在不依赖中央服务器的情况下对用户进行身份验证。这种方法提高了认证用户的效率，并支持处理大规模认证请求。

5.6.2　仿真评估

这一部分通过实验评估本章提出的方案的有效性和可行性。首先测试变色龙哈希的性能，之后将本章提出的方案的撤销开销与使用撤销列表的方案进行比较。

针对变色龙哈希，测试其各种功能的计算开销具体包括变色龙哈希密钥生成、变色龙哈希计算和变色龙哈希冲突生成。考虑到变色龙哈希密钥生成的计算开销等于网络运营商初始化的计算开销，算法 5.1 给出了生成变色龙哈希密钥的过程，算法 5.2 和算法 5.3 分别显示了计算变色龙哈希和生成变色龙哈希冲突的方法。实验使用的处理器是 64 位 Linux Mint 17，Linux 版本为 3.13.0-24-generic，Intel（R）Core（TM）i7-4790，3.60G Hz。所有仿真都是用 C 语言进行的。此外，用 OpenSSL 1.0.1f 实现了与离散对数和大数计算有关的算法。

为了保证实验的可靠性，将算法的运行时间定义为执行算法 1000 次的平均时间，并进行多次（100 次）实验。因此，实验共得到 100 个数据，每个实验数据代表了算法运行 1000 次的平均时间开销。变色龙哈希算法时间开销如图 5.7 所示。

图 5.7（a）表示在初始化阶段变色龙哈希密钥生成操作的时间开销；图 5.7（b）表示当操作生成交易时变色龙哈希计算的时间开销；图 5.7（c）表示变色龙哈希冲突生成以替换特定交易操作的时间开销。最后，得到变色龙哈希密钥生成的平均时间为 12.126ms，变色龙哈希计算的平均时间为 0.027ms，变色龙哈希冲突生成的平均时间约为 0.015ms。

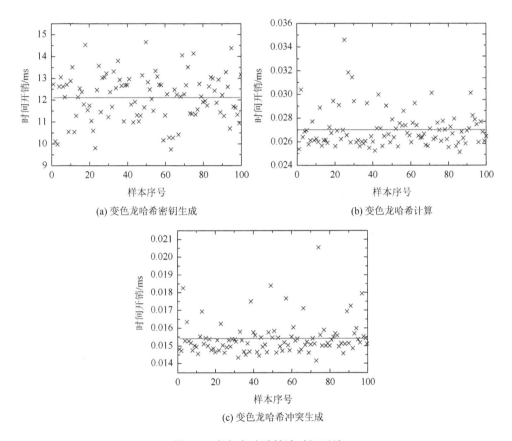

(a) 变色龙哈希密钥生成

(b) 变色龙哈希计算

(c) 变色龙哈希冲突生成

图 5.7　变色龙哈希算法时间开销

用户撤销的最常用方法是证书撤销列表（CRL）。CRL 的主要内容包括三元组列表（证书身份、撤销时间、撤销原因），以及由 CA 签名的这些三元组的签名[38]。网络运营商不仅需要存储当前有效用户的证书，还需要存储有关过去已被撤销的所有用户的信息。用户需要定期下载和缓存 CRL，以便在对其他用户进行身份验证时使用它们。但是，在本章提出的方案中，网络运营商不需要维护 CRL，用户也不需要下载 CRL。

表 5.1 给出了 CRL 的主要参数。根据原始比特币区块的设计，假设区块的大

小为 1MB，每笔交易包含 1000 个用户信息。传统的基于 CRL 的方案和本章提出的方案的网络运营商的存储开销对比见图 5.8。在两种方案中，网络运营商的存储开销都随着当前用户数量的增加而增加。但是，当撤销用户数量增加时，基于 CRL 的方案的存储开销会增加，但是本章提出的方案的存储开销仍然保持不变。

表 5.1　CRL 的主要参数

参数	ID	ts	hash	Signature
长度/byte	32	4	32	128

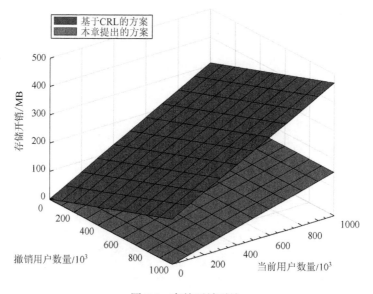

图 5.8　存储开销对比

5.7　本 章 小 结

本章提出了一种基于可编辑区块链的无线移动网络的自主身份管理和认证方案，以用户为中心进行身份管理，实现用户的身份信息完全由所有者控制和管理，从而减少隐私泄露。本章所提出的方案采用区块链记录 SSI 和公钥来实现用户认证和会话密钥协商，无须冗余注册。此外，与传统身份管理中使用证书撤销列表进行身份撤销不同，本章提出的方案中网络运营商通过可修改区块链，可以动态撤销用户对网络的访问权限，而无须额外建立证书撤销列表。性能评估表明，本章所提出的方案降低了网络运营商的存储开销，同时降低了用户的网络访问延迟。

参 考 文 献

[1] KHAN M，NIEMI V. Privacy enhanced fast mutual authentication in 5G network using identity based encryption[J]. Journal of ICT Standardization，2017，5（1）：69-90.

[2] ZHANG Y H，DENG R H，BERTINO E，et al. Robust and universal seamless handover authentication in 5G HetNets[J]. IEEE Transactions on Dependable and Secure Computing，2021，18（2）：858-874.

[3] TOTH K C，ANDERSON-PRIDDY A. Self-sovereign digital identity：A paradigm shift for identity[J]. IEEE Security & Privacy，2019，17（3）：17-27.

[4] NAKAMOTO S. Bitcoin：A peer-to-peer electronic cash system[EB/OL].（2008-10-31）[2023-6-25]. https://bitcoin.org/bitcoin.pdf.

[5] KRAWCZYK H，RABIN T. Chameleon signatures[C]//Proceedings of the 7th Network and Distributed System Security Symposium，San Diego，2000：143-154.

[6] BIRRELL E，SCHNEIDER F B. Federated identity management systems：A privacy-based characterization[J]. IEEE Security & Privacy，2013，11（5）：36-48.

[7] RECORDON D，REED D. OpenID 2.0：A platform for user-centric identity management[C]//Proceedings of the 2nd ACM Workshop on Digital Identity Management，Alexandria，2006：11-16.

[8] LENZ T，KRNJIC V. Towards domain-specific and privacy-preserving qualified eID in a user-centric identity model[C]//Proceedings of the 17th IEEE International Conference on Trust，Security and Privacy in Computing and Communications/12th IEEE International Conference on Big Data Science and Engineering，New York，2018：1157-1163.

[9] BRAMHALL P，HANSEN M，RANNENBERG K，et al. User-centric identity management：New trends in standardization and regulation[J]. IEEE Security & Privacy，2007，5（4）：84-87.

[10] WANG Z W，CHEN Q Q，LIU L. Permissioned blockchain-based secure and privacy-preserving data sharing protocol[J]. IEEE Internet of Things Journal，2023，10（12）：10698-10707.

[11] LI X H，JING T，LI R N，et al. BDRA：Blockchain and decentralized identifiers assisted secure registration and authentication for VANETs[J]. IEEE Internet of Things Journal，2023，10（14）：12140-12155.

[12] MARAM D，MALVAI H，ZHANG F，et al. CanDID：Can-do decentralized identity with legacy compatibility，sybil-resistance，and accountability[C]//2021 IEEE Symposium on Security and Privacy，San Francisco，2021：1348-1366.

[13] ZHANG Y，YU J，HAO R，et al. Enabling efficient user revocation in identity-based cloud storage auditing for shared big data[J]. IEEE Transactions on Dependable and Secure Computing，2020，17（3）：608-619.

[14] LIU Z S，LIU Z Y，ZHANG L，et al. MARP：A distributed MAC layer attack resistant pseudonym scheme for VANET[J]. IEEE Transactions on Dependable and Secure Computing，2020，17（4）：869-882.

[15] XUE K P，HE P X，ZHANG X，et al. A secure，efficient，and accountable edge-based access control framework for information centric networks[J]. IEEE/ACM Transactions on Networking，2019，27（3）：1220-1233.

[16] DHAMIJA R，DUSSEAULT L. The seven flaws of identity management：Usability and security challenges[J]. IEEE Security & Privacy，2008，6（2）：24-29.

[17] PREMARATHNE U S，KHALIL I，TARI Z，et al. Cloud-based utility service framework for trust negotiations using federated identity management[J]. IEEE Transactions on Cloud Computing，2017，5（2）：290-302.

[18] SINGH B C，CARMINATI B，FERRARI E. Privacy-aware personal data storage P-PDS：Learning how to protect

user privacy from external applications[J]. IEEE Transactions on Dependable and Secure Computing, 2021, 18 (2): 889-903.

[19] GUNASINGHE H, BERTINO E. PrivBioMTAuth: Privacy preserving biometrics-based and user centric protocol for user authentication from mobile phones[J]. IEEE Transactions on Information Forensics and Security, 2018, 13 (4): 1042-1057.

[20] ALBOAIE S, COSOVAN D. Private data system enabling self-sovereign storage managed by executable choreographies[C]//Proceedings of the 2017 IFIP International Conference on Distributed Applications and Interoperable Systems, Neuchâtel, 2017: 83-98.

[21] OTHMAN A, CALLAHAN J. The horcrux protocol: A method for decentralized biometricbased self-sovereign identity[C]//Proceedings of the 2018 International Joint Conference on Neural Networks, Rio de Janeiro, 2018: 1-7.

[22] LUNDKVIST C, HECK R, TORSTENSSON J, et al. Uport: A platform for self-sovereign identity[EB/OL]. (2016-10-20) [2024-1-22]. https://blockchainlab.com/pdf/uPort_whitepaper_DRAFT20161020.pdf.

[23] SZALACHOWSKI P. Password-authenticated decentralized identities[J]. IEEE Transactions on Information Forensics and Security, 2021, 16: 4801-4810.

[24] LO N W, TSAI J L. An efficient conditional privacy-preserving authentication scheme for vehicular sensor networks without pairings[J]. IEEE Transactions on Intelligent Transportation Systems, 2016, 17 (5): 1319-1328.

[25] HE D B, ZEADALLY S, XU B W, et al. An efficient identity-based conditional privacy-preserving authentication scheme for vehicular ad hoc networks[J]. IEEE Transactions on Information Forensics and Security, 2015, 10 (12): 2681-2691.

[26] HE D J, CHAN S, GUIZANI M. An accountable, privacy-preserving, and efficient authentication framework for wireless access networks[J]. IEEE Transactions on Vehicular Technology, 2016, 65 (3): 1605-1614.

[27] HE D J, BU J J, CHAN S, et al. Privacy-preserving universal authentication protocol for wireless communications[J]. IEEE Transactions on Wireless Communications, 2011, 10 (2): 431-436.

[28] WANG M J, ZHAO D S, YAN Z, et al. XAuth: Secure and privacy-preserving cross-domain handover authentication for 5G HetNets[J]. IEEE Internet of Things Journal, 2023, 10 (7): 5962-5976.

[29] SHARMA V, YOU I, PALMIERI F, et al. Secure and energy-efficient handover in fog networks using blockchain-based DMM[J]. IEEE Communications Magazine, 2018, 56 (5): 22-31.

[30] KIYOMOTO S, BASU A, RAHMAN M S, et al. On blockchain-based authorization architecture for beyond-5G mobile services[C]//Proceedings of the 12th International Conference for Internet Technology and Secured Transactions, Cambridge, 2017: 136-141.

[31] CHANG C C, TSAI H C. An anonymous and self-verified mobile authentication with authenticated key agreement for large-scale wireless networks[J]. IEEE Transactions on Wireless Communications, 2010, 9 (11): 3346-3353.

[32] YANG G M, HUANG Q, WONG D S, et al. Universal authentication protocols for anonymous wireless communications[J]. IEEE Transactions on Wireless Communications, 2010, 9 (1): 168-174.

[33] JO H J, PAIK J H, LEE D H. Efficient privacy-preserving authentication in wireless mobile networks[J]. IEEE Transactions on Mobile Computing, 2014, 13 (7): 1469-1481.

[34] YANG Q Y, XUE K P, XU J, et al. AnFRA: Anonymous and fast roaming authentication for space information network[J]. IEEE Transactions on Information Forensics and Security, 2019, 14 (2): 486-497.

[35] CASTRO M, LISKOV B. Practical byzantine fault tolerance[C]//Proceedings of the 3rd Symposium on Operating Systems Design and Implementation, New Orleans, 1999: 173-186.

[36]　ATENIESE G，MAGRI B，VENTURI D，et al. Redactable blockchain-or-rewriting history in bitcoin and friends[C]//Proceedings of the 2017 IEEE European Symposium on Security and Privacy，Paris，2017：111-126.

[37]　POON J，DRYJA T. The bitcoin lightning network：Scalable off-chain instant payments[EB/OL].（2016-1-14）[2024-1-22]. https://nakamotoinstitute.org/research/lightning-network/. https://www.bitcoinlightning.com/wp-content/uploads/2018/03/lightningnetwork-paper.pdf.

[38]　ZHANG L，CHOFFNES D，LEVIN D，et al. Analysis of SSL certificate reissues and revocations in the wake of heartbleed[C]//Proceedings of the 2014 Conference on Internet Measurement Conference，Vancouver，2014：489-502.

第6章　基于智能合约的分布式漫游认证方案

本章分析了当前移动漫游认证协议面临的诸多问题，包括单点瓶颈、用户撤销困难、漫游伙伴关系维护困难等。针对这些问题，本章提出基于联盟区块链构建分布式漫游认证协议和框架。主要方法是利用智能合约实现漫游接入认证管理，支持用户与接入点双向认证，并利用布隆过滤器实现高效的用户撤销。进一步地，为实现安全可信计费，抵抗网络运营商之间可能存在的欺骗行为，设计基于哈希链的可验证计费凭据。为验证所述方案的安全性和可用性，安全分析部分给出了对认证能力、密钥安全性、抗攻击能力、计费正确性等特性的分析，证明了本章提出的方案具有较强的安全性。性能分析部分通过对方案进行仿真测试评估了认证时延、撤销开销和系统容错率等性能指标，证明了本章提出的方案在保证以上安全特性的前提下，性能仍不弱于已有方案，能够满足实际应用需求。

6.1　引　　言

移动漫游认证协议保障漫游用户能够安全接入拜访域网络，但是，现有的移动漫游认证协议存在单点瓶颈、用户撤销困难、漫游伙伴关系维护困难等诸多问题，仍存在较大的优化空间。具体而言，单点瓶颈问题指已有移动漫游认证协议需要完全依赖运营商服务器完成，是一种单点认证协议，容易遭受拒绝服务（DoS）攻击，且当设备数量增加时，移动漫游认证单点压力随之增大，而单点失败将会导致整个漫游系统瘫痪。用户撤销困难是指现有的移动漫游认证协议往往采用证书撤销列表机制检查用户是否被撤销，证书撤销列表随撤销用户规模线性增大；且部分方案为了保障用户的匿名性，在检查证书撤销列表时需要进行复杂的密码学操作，当证书撤销列表增大到一定程度时，将会带来无法忍受的时延。漫游伙伴关系维护困难问题是指，在实际运营过程中，运营商之间是逐步建立漫游伙伴关系的，但现有的移动漫游认证协议只考虑用户漫游过程的安全问题，并未对漫游伙伴关系维护过程给出有效方案。此外，用户在拜访域网络中使用漫游服务产生的费用，需要由拜访域网络运营商向归属域网络运营商收取；但归属域网络运营商无法有效监管用户在拜访域网络中使用的服务量，导致计费过程存在欺骗可能。

针对以上诸多问题，本章引入区块链技术，设计了一个支持动态撤销和正确计费的漫游认证协议。首先，针对单点瓶颈问题，借助区块链提供的可靠分布式系统实现安全的分布式漫游认证协议。系统中所有的网络运营商共同部署和维护一个支持智能合约的联盟区块链（如基于超级账本部署），利用智能合约实现漫游伙伴关系维护、漫游认证和撤销等功能，实现安全的、自动化的和分布式的漫游认证。在合约中存储基于布隆过滤器的证书撤销列表，实现快速的撤销验证和低存储的列表维护；同时，在合约中基于映射表维护漫游伙伴关系，使得用户能够自主验证拜访域网络运营商的可信性。以上设计保障了漫游认证协议的安全性。进一步地，为保障计费正确性，抵抗网络运营商之间可能存在的欺骗行为，引入哈希链设计安全、高效的计费协议。

6.2　相 关 工 作

移动通信系统由网络运营商运营、管理和维护，不同网络运营商之间的网络服务是相互隔离的，用户需要选择某个网络运营商并向其注册，以使用该网络运营商提供的网络服务。但是，一个网络运营商往往难以覆盖用户的所有活动区域，而用户也不可能向所有可能的网络运营商注册。为解决该问题，漫游服务[1]应运而生。在漫游体系中，称用户的注册网络运营商为归属域网络运营商，当前访问网络所属的网络运营商为拜访域网络运营商。漫游服务允许网络运营商之间建立漫游伙伴关系，而用户可以向与归属域网络运营商存在漫游伙伴关系的拜访域网络运营商请求网络服务。以中国三大运营商为例，中国移动、中国电信和中国联通均开通了覆盖全球主要国家和地区的漫游服务[2-4]。

虽然漫游服务提供了极大的便利性，但这种跨域访问也导致了许多安全问题[5]。首先是网络运营商与用户之间的相互认证。由于用户仅在归属域网络运营商中进行了完整注册，所以拜访域网络运营商需要通过其他方式验证接入用户的合法性，用户也需要验证拜访域网络运营商的可靠性；即使完成双向认证，当用户访问到陌生的运营商网络时，需要更可靠的数据保护技术，从而在相对不可信的网络中进行安全通信。到目前为止，根据参与实体的个数不同，可将漫游认证协议分为三方漫游认证协议[6-9]和两方漫游认证协议[5, 10-12]。三方漫游认证协议由用户、拜访域认证服务器和归属域认证服务器三方协同完成。用户基于与归属域认证服务器协商的预共享密钥生成认证载荷并发送至拜访域认证服务器；拜访域认证服务器将认证载荷转发给归属域认证服务器；归属域认证服务器基于和用户协商的预共享密钥验证认证载荷的合法性，将认证结果返回给拜访域认证服务器，完成认证。3G/4G 及目前的 5G 网络就是采用三方漫游认证协议进行漫游认证的。但是，三方漫游认证协议需要归属域认证服务器的实时参与，时延较高。为此，研究者提出了不需要归属域认证服务器参与的两方漫游认证协议。两方漫游认证协议消除归属域认证服务器参与的核心方法是使用公钥密码体制替换基于预共享密钥的认证过程，使得用户和拜访域认证服务器之间能够基于公钥直接验证身份。

6.2.1　三方漫游认证协议

三方漫游认证协议由用户、拜访域认证服务器和归属域认证服务器协同完成。早在 2004 年，Zhu 和 Ma[6]就提出了一个三方漫游认证协议，但是该协议只保证服务器对用户的单向认证，并且会话密钥只由用户单方产生，存在较大的安全隐患。随后，Lee 等[13]指出上述协议[6]并不能保障用户匿名性，因而提出了一个新的协议来增强匿名性。但是，Wu 等[7]指出上述方案[13]不能抵抗伪造攻击，并提出了新的认证协议。然而和文献[8]一样，文献[7]中提出的方案虽然对用户身份进行加密传输，但是加密后的身份始终保持不变，因此用户身份仍具备可追踪性。2013 年，Jiang 等[14]提出了一个基于二次剩余的匿名漫游协议，用户的身份通过预存的大整数和二次剩余算法进行加密传输，服务器根据中国剩余定理可恢复用户的真实身份。然而 Wen 等[15]指出 Jiang 等提出的方案不能抵抗重放攻击。针对上述基于密码学的三方漫游认证协议存在的安全问题，为了增强用户的匿名和不可追踪的特性，研究者引入智能卡提出了双因子漫游认证协议，基于预共享密钥和智能卡短口令，进一步提高认证协议的安全性。

较早的双因子漫游认证协议由 Xie 等[16]提出，但该协议不能抵抗仿冒攻击。因此，He 等[17]提出了改进文献[16]中所提方案的安全增强方案，但新的方案需要在线验证口令的正确性，而无法在智能卡中进行验证，因此不能保证用户匿名性。Gope 和 Hwang[18]采用假名机制来增强用户的匿名性，但该协议不能抵抗去同步攻击，且要求用户的智能卡具有较大的存储能力。Odelu 等[19]提出将口令验证功能置于智能卡中以解决口令验证导致的安全和性能问题，但这样会导致口令穷举攻击。Wu 等[20]为了增强匿名性，采用归属域认证服务器的私密密钥加密用户的真实身份，然而每次认证完后都需要用归属域认证服务器发来的新随机数更新私密密钥，因此存在去同步攻击。Gupta 和 Chaudhari[9]指出文献[20]中提出的方案无法追踪用户行为，对错误口令的检测也较为低效，他们提出基于二次剩余加密用户真实身份，并利用模糊匹配[21]来缩短错口令的检测时间，还设置错误阈值来抵抗口令穷举攻击，不过因此也造成了拒绝服务攻击。不难发现，虽然双因子漫游认证协议提高了认证安全性和匿名性，但又引入了抵抗口令穷举或去同步攻击等新的问题。此外，三方漫游认证协议总需要归属域认证服务器的实时参与，认证时延较高。

6.2.2　两方漫游认证协议

两方漫游认证协议由拜访域认证服务器直接完成对用户的认证。相较于三方漫游认证协议，两方漫游认证协议避免了归属域认证服务器带来的时延问题。Yang 等[5]提出了基于公钥密码学体制的双向认证协议，并进一步引入群签名机制来保障强匿名性，使得网络运营商无法得知用户的真实身份。但是群签名需要大量的双线性映射操作，计算开销较大。针对这些问题，He 等[10]通过给每一个用户多个密钥来保障后向不可链接性，但多密钥的设置导致撤销列表规模增大，撤销验证的开销更加昂贵。针对该问题，Liu 等[11]将过期时间写入到用户私钥中，并直接在签名中检测用户是否过期，在一定程度上减小了撤销列表的规模，但是仍然无法应对用户的主动撤销问题。Yang 等[22]设计了一种密钥更新机制来减小撤销检查的计算和存储开销，但是每撤销一个用户都会导致所有其他用户更新自己的私钥，导致了较大的系统开销。考虑到群签名的开销过大，一些工作[12, 23-25]引入基于身份的密码算法设计了更加高效的漫游协议。这些方案通过一系列的假名来保证用户的匿名性，但是往往需要频繁更新大量假名，且导致撤销列表急剧膨胀，给资源受限的用户设备造成了过大的负担。综上所述，两个协议都存在一些不足之处，包括计算和存储开销过大、密钥管理烦琐等，且单点瓶颈问题仍然存在。

6.3　预 备 知 识

布隆过滤器[26]用于快速判断某个数据项是否存在于某个集合中。初始时候，长度为 m 的比特数组置为全 0。在布隆过滤器的构建过程中，利用数据集中的每一个值作为 k 个散列函数的输入，输出 k 个 $[0, m-1]$ 的值。对每一个输出值，将数组相应位置置 1。如果相应位置已经是 1，则保留 1 值。在数据查询阶段，对查询的数值也做同样的 k 次散列运算。检查比特数组相应 k 个位置的值是否全为 1，若有 1 位为 0，则表示该数据一定不在这个数据集中；若全为 1，则以一定的误判率判定该数据属于这个数据集。文献[26]通过数学分析得到的误判率为 $f = \left(1 - e^{-\frac{nk}{m}}\right)^k$，其中，$n$ 是数据集的元素个数。

6.4　系统模型、安全模型与设计目标

6.4.1　系统模型

系统架构如图 6.1 所示，其包含多个网络服务域，这些网络服务域共同维护一个联盟区块链，用于实现安全、高效的漫游认证。每个域中存在一个网络控制中心（network control center，NCC）、若干个接入点（AP）和若干个区块链节点

（BN）。移动用户到达不同地理位置时，通过通信范围内的 AP 访问网络服务，AP
通过 NCC 和区块链验证用户身份，以确定是否为用户提供服务。

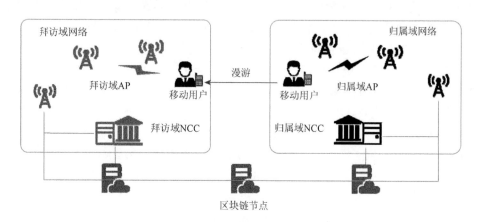

图 6.1　系统架构

　　NCC 是网络服务域的管控中心，为用户提供注册、认证和授权服务。为便于
区分，下面将归属域和拜访域的 NCC 记作 HNCC 和 FNCC。区块链节点由网络
运营商维护，组成全球互联的联盟区块链，并在链上部署、维护和执行协议所需
的地方智能合约。AP 作为网络的入口点，通过智能合约与用户进行双向认证，并
根据认证结果为用户提供网络接入服务。用户是漫游的实体，离开归属域网络接
入到拜访域网络中，通过漫游认证协议获得漫游服务。

6.4.2　安全模型

　　本章提出的方案假设 NCC 对于所在域的用户是可信的，它无法被任何敌手攻
破；同时，它对于其他域的 NCC 是半可信的；它遵循漫游认证协议为漫游用户提
供服务，但是它有可能谎报用户的消费情况。此外，假设 NCC 和所在域的用户、
NCC 和 AP，以及 AP 和 BN 之间存在安全通道，安全通道可通过 TLS 或 SSL 协
议建立。最后，假设系统中存在攻击者，可以窃听、修改甚至伪造用户和 AP 之
间的通信数据，试图攻破漫游认证协议。

6.4.3　设计目标

　　本章提出的方案希望设计一个支持用户撤销和正确计费的漫游认证协议，具
体设计目标包括双向认证、密钥协商、可撤销性、正确计费、健壮性和可用性等。

双向认证要求系统具备检测非法用户入网的能力，用户也能识别出 AP 是否合法；密钥协商要求用户和 AP 能够协商会话密钥，保证后续会话的安全性。可撤销性要求过期用户或 AP 可被撤销，且 AP 与用户之间能够相互检测对方是否被撤销；正确计费要求 FNCC 无法伪造计费信息以向 HNCC 骗取额外费用，用户也无法伪造所使用的服务量以减少向 HNCC 支付的费用。健壮性要求即使部分 NCC 发生故障，系统仍然能够在一定时间内稳定运行；可用性要求漫游认证时延需要在用户可接受的范围内，并且撤销导致的存储开销也需要在区块链系统容忍的范围内。

6.5　5G 移动通信网内的分布式漫游机制方案

本节详细介绍本章提出方案的细节。首先对方案进行简要的概述；其次介绍系统的初始化过程；再次描述用户漫游认证的过程；最后介绍方案实现的其他功能，包括用户动态加入和撤销的方法、漫游伙伴关系的建立机制和漫游计费的方式。

6.5.1　方案概览

本章提出的方案在传统漫游认证框架上引入了区块链来辅助认证过程，利用智能合约执行漫游认证协议，保障认证过程的安全可控。每个 NCC 需要部署一个主合约（main contract，MC）、一个认证合约（authentication contract，AC）和若干个撤销合约（revocation contract，RC）。其中，MC 维护了漫游伙伴关系，并向用户和 AP 提供认证请求接口；AC 执行漫游认证过程，并调用 RC 验证用户是否被撤销。RC 使用布隆过滤器压缩撤销列表，以降低存储开销、提高验证效率。针对漫游计费问题，本章提出的方案设计了基于哈希链的计费方式，由用户参与计费凭据的生成，防止拜访域网络运营商可能的欺骗行为。

6.5.2　系统初始化

系统初始化阶段分为智能合约初始化、用户注册和 AP 注册三个部分。每个NCC 需要在区块链上部署一组智能合约，合约框架如图 6.2 所示，包含 MC、AC和 RC。MC 存储所属 NCC 的标识、AC 地址和其他域的 NCC 标识到 MC 的映射表。AC 由认证函数和 RC 地址两部分构成，认证函数执行对实体进行认证的功能。RC 用于检测实体是否被撤销。

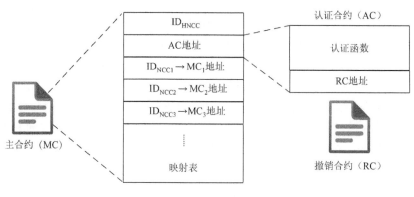

图 6.2　合约框架

在用户注册阶段,用户向 NCC 注册并请求服务。用户入网前,需要向 HNCC 注册成为一名合法用户。具体过程:用户通过安全通道向 HNCC 发送自己的身份(ID_U),HNCC 为用户生成公私钥对 (pk_U, sk_U),并产生对应的凭据 $CR_U =$ EC.Sign$(sk_{NCC}, ID_U \| pk_U)$,其中 sk_{NCC} 为 NCC 的私钥。之后,HNCC 通过安全信道向用户发送为其生成的身份信息和凭据,即 $\{ID_U, ID_{NCC}, sk_U, pk_U, CR_U, MADDR\}$,其中,MADDR 是 HNCC 的 MC 地址。与用户类似,AP 也需要向 HNCC 注册。HNCC 为 AP 生成公私钥对 (pk_{AP}, sk_{AP}) 和对应的凭据 $CR_{AP} =$ EC.Sign$(sk_{NCC}, id_{AP} \| pk_{AP})$,并通过安全通道向 AP 发送身份和凭据信息,即 $\{ID_{AP}, ID_{NCC}, sk_{AP}, pk_{AP}, CR_{AP}, MADDR\}$。

6.5.3　用户漫游认证

当用户需要通过 AP 接入网络时,AP 和用户之间需要进行双向认证。如果认证通过,双方协商出一个安全通道以便后续的进一步通信。漫游认证过程如图 6.3 所示,认证过程主要包括用户接入请求、AP 认证用户和用户认证 AP 三个部分。

若用户 U 需要向 AP 请求接入网络,U 需要生成协商参数 $R_U = r_U G$,其中 r_U 是一个随机数,并根据时间戳生成 $T_U = h(R_U \| ts_U)$,对 T_U 签名,得到 $V_U =$ EC.Sign(sk_U, T_U)。最后,U 将接入请求 $M_U = \{ID_U, pk_U, CR_U, R_U, ID_{NCC}, V_U, ts_U\}$ 发送给 AP。

AP 收到请求后,检查时间戳 ts_U 是否在有效的范围内,以及 T_U 是否准确。若验证通过,AP 需要调用 MC 验证用户身份,合约输入信息包括 $TX_{in} = \{ID_{NCC}, T_U, ID_U, pk_U, CR_U, V_U\}$。MC 算法如算法 6.1 所示。MC 存储了 ID_{HNCC}、AC 地址和其他 ID_{NCC} 与 MC 地址的映射表。如果 ID_{NCC} 和 ID_{HNCC} 相同,MC 直接调用自己的 AC 来验证用户身份,AC 算法见算法 6.2;若不相同,MC 通过映射表查询到 ID_{NCC} 对应的 MC 地址,调用该 MC 执行验证。如果验证失败,AP 拒绝用户接入;若

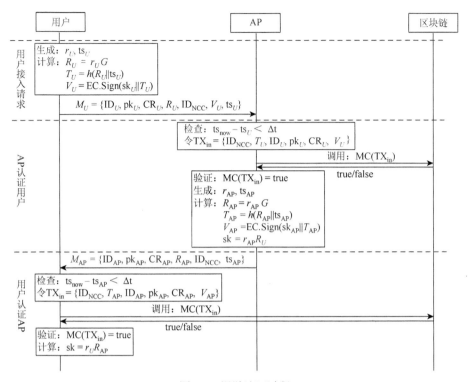

图 6.3　漫游认证过程

验证通过，AP 需要生成接入应答，提供自己的凭证信息供用户反向验证 AP 身份，与接入请求类似，格式为 $M_{AP} = \{ID_{AP}, pk_{AP}, CR_{AP}, R_{AP}, ID_{NCC}, ts_{AP}\}$。同时，AP 可以计算出会话密钥 $sk = r_U R_{AP}$。

算法 6.1　MC 算法

　　输入：TX_{in}；

　　输出：通过 或 不通过；

1　　检查 ID_{NCC} 是否等于 ID_{HNCC}；

2　　**if** 相等 **then**

3　　　　**return** AC（TX_{in}）；

4　　**end**

5　　检查 ID_{NCC} 是否存在于地址映射表中；

6　　**if** 不存在 **then**

7　　　　**return** 不通过；

8　　**else**

9　　　　在映射表中查找 ID_{NCC} 对应的 MC 地址；

10　　　　**return** MC（TX_{in}）；

11　　**end**

用户收到接入应答后，验证 AP 身份并计算会话密钥。该过程与 AP 的处理类似，首先验证时间戳 ts_{AP} 和 T_{AP}，之后根据 $TX_{in} = \{ID_{NCC}, T_{AP}, ID_{AP}, pk_{AP}, CR_{AP}, V_{AP}\}$ 调用 MC 验证 AP 的身份。若验证成功，则计算会话密钥 $sk = r_U R_{AP}$，该密钥与 AP 计算的值是一致的。之后，用户与 AP 可通过该会话密钥进行安全通信。

算法 6.2　AC 算法

输入：TX_{in}；

输出：通过 或 不通过；

1　通过 EC.Verify$\{pk_{NCC}, CR_{UIAP}\}$ 验证凭证 CR_{UIAP} 是否有效；

2　**if** 无效 **then**

3　　**return** 不通过；

4　**end**

5　通过 EC.Verify$\{pk_{UIAP}, V_{UIAP}\}$ 验证签名 V_{UIAP} 是否有效；

6　**if** 无效 **then**

7　　**return** 不通过；

8　**else**

9　　调用 RC 检查实体身份是否被撤销；

10　　**if** RC(ID_{UIAP}) = = 已撤销 **then**

11　　　**return** 不通过；

12　　**else**

13　　　**return** 通过；

14　　**end**

15　**end**

6.5.4　用户动态加入和撤销

在漫游场景下，用户具有较强的机动性，支持用户的动态加入是必要的；此外，用户或 AP 可能由于密钥丢失或非法使用等原因需要撤销身份，漫游认证协议需要具有可撤销性。动态加入是漫游认证协议天然支持的，用户可以随时向 HNCC 注册并请求加入网络；可撤销性则基于 RC 和布隆过滤器[27]实现。每个 HNCC 维护一个撤销布隆过滤器（revocation Bloom filter，RBF），其中存储了所有的已撤销用户；RBF 需要上传至 RC 中，并定期更新。AC 验证用户身份时，需要调用 RC 检查用户是否被撤销。RC 算法如算法 6.3 所示，RC 检查用户 ID 是否存于 RBF 中。然而，该算法存在一定的误检概率，部分用户可能未被撤销而被误检为已被撤销。因此，用户被误检时可向 AP 申诉，AP 可以直接向 FNCC 查询用户是否已经被撤销。

算法 6.3　RC 算法

	输入：用户或 AP 的身份 $\mathrm{ID}_{\mathrm{UIAP}}$ ；
	输出：已被撤销 或 未被撤销；
1	检查 $\mathrm{ID}_{\mathrm{UIAP}}$ 是否存在于 RBF 中；
2	**for** $i = 1 : k$ **do**
3	**if** $\mathrm{RBF}[\ \mathrm{Hash}_i(\mathrm{ID}_U)\ ] == 0$ **then**
4	**return** 已被撤销；
5	**end**
6	**end**
	return 未被撤销；

在实际中，一个用户能接入拜访域网络，当且仅当归属域网络运营商已经和拜访域网络运营商签署了漫游认证协议。然而，这种合作关系是逐步建立的。因此，一个良好的漫游认证协议需支持漫游伙伴关系的动态建立。此外，当发生信任问题时，漫游方案也要允许网络运营商能够撤销这个伙伴关系。当归属域网络运营商和其他网络运营商在线下签署漫游认证协议后，它们在线上只需更新各自的 MC 变量即可。MC 通过查询 $\mathrm{ID}_{\mathrm{NCC}}$ 到 MADDR 的映射表来获得其他域 MC 的地址，从而调用其他域的 MC 来验证实体的身份。因此归属域网络只需通过交易向 MC 中加入 $\mathrm{ID}_{\mathrm{FNCC}}$ 到 FNCC 的 MC 地址的映射，另外拜访域网络通过交易向其 MC 中加入 $\mathrm{ID}_{\mathrm{HNCC}}$ 到 HNCC 的 MC 地址的映射，即可建立漫游伙伴关系。漫游伙伴关系的撤销与此相反，只需将相应映射置零。

6.5.5　正确计费

为保障计费的正确性，引入哈希链实现计费。当用户和 AP 完成双向认证并建立安全通道后，AP 存储用户公钥。用户选择随机数 M 计算哈希链 $h^{\tau}(M) = h(h(\cdots h(M)))$，并生成签名 $\sigma = \mathrm{EC.Sign}(\mathrm{sk}_U, h^{\tau}(M)\parallel h(\mathrm{ts}))$。其中，$\tau$ 表示一次会话过程可能存在的最大单位服务量（例如，每分钟的网络服务作为一个单位，若用户预期需要使用 1h 服务，则 τ 设置为 60），ts 为时间戳。接下来，用户将 $h^{\tau}(M)$、ts 和 σ 发送给 AP，AP 开始为用户提供网络服务。在使用完一定的服务量后，用户向 AP 提供前一轮的哈希值：$v = h^{\tau-1}(M)$。AP 通过等式 $h(v) = h^{\tau}(M)$ 验证该值是否正确。如果验证失败，AP 停止提供网络服务。否则，用户继续享受服务，并在之后再提供前一轮的哈希值。当会话结束后，AP 收集到一系列的哈希值。AP 将 σ、ts、n、$h^{\tau}(M)$ 和 $h^{\tau-n+1}(M)$ 反馈给 NCC，NCC 将这些服务凭证存储到数据库中。后续 NCC 将这些服务凭证发送给 HNCC，并向其收取费用。HNCC 也可根据这些凭证向用户收取合理的费用。

6.6　安全性分析

本节论证所提方案能够提供安全的双向认证和密钥协商机制,可以抵抗篡改、重放攻击等,能够实现不可伪造的正确计费。

6.6.1　双向认证和密钥协商安全

AP 与用户之间的认证依赖智能合约安全执行。例如,当 AP 需要认证用户时,用户向 AP 发送挑战应答对 (T_U, V_U),AP 则将 (T_U, V_U) 提交至智能合约实现自动化判断。其中,$T_U = h(R_U \| \mathrm{ts}_U)$ 是一个哈希值,$V_U = \mathrm{EC.Sign}(\mathrm{sk}_U, T_U)$ 是一个 ECDSA 签名[28]。由于用户的私钥 sk_U 和凭证 $\mathrm{CR}_U = \mathrm{EC.Sign}(\mathrm{sk}_{\mathrm{NCC}}, \mathrm{ID}_{\mathrm{NCC}} \| \mathrm{pk}_U)$ 通过安全通道颁发给用户,且 $\mathrm{sk}_{\mathrm{NCC}}$ 由 NCC 秘密保存,所以攻击者无法获取用户私钥或对非法用户伪造凭证;而 $\mathrm{pk}_{\mathrm{NCC}}$ 公布在智能合约中,任何矿工都可以通过验证凭证 CR_U 和签名 V_U 来检查用户是否合法。同样地,用户可以通过相同方式验证 AP,即通过智能合约验证 AP 提供的挑战应答对 $(T_{\mathrm{AP}}, V_{\mathrm{AP}})$。以上机制保证了合法的用户或 AP 一定能够通过认证,而攻击者无法伪造出合法身份。

会话密钥由会话双方分别提供的两个随机参数 $R_U = r_U G$ 和 $R_{\mathrm{AP}} = r_{\mathrm{AP}} G$ 生成。当 r_U 和 r_{AP} 未知时,猜测会话密钥的难度等同于解决离散对数难题,这在数学上被证明是困难的。因此,攻击者无法破解会话密钥。此外,密钥的前后向安全性主要依赖于密钥在不同会话之间的独立性。而在本章提出的方案中,r_U 和 r_{AP} 是随机生成的,不同会话之间的会话密钥不具有关联性,因此攻击者无法根据当前的会话密钥恢复之前的密钥或者猜测之后的密钥。

6.6.2　抵抗篡改和重放攻击

攻击者可能尝试通过篡改用户的接入请求消息 M_U 或 AP 的接入应答消息 M_{AP},实现对认证过程的干扰,如篡改认证实体或密钥等。对于 M_U,若攻击者修改了 R_U 或 ts_U,由于攻击者没有用户私钥,无法对修改后的 T'_U 生成一个有效签名,矿工将在签名验证阶段发现该攻击。而若攻击者修改 M_U 的其他部分,由于它没有 NCC 的私钥 $\mathrm{sk}_{\mathrm{NCC}}$,所以无法伪造出有效的 CR'_U。同理,攻击者也无法篡改接入应答包 M_{AP}。抗篡改性能够很好地抵御中间人攻击,防止攻击者通过修改密钥参数破解会话密钥。

攻击者还可能尝试通过重放历史认证消息完成当前认证。由于接入请求消息 M_U 和接入应答消息 M_{AP} 中均包含时间戳 ts_U 和 ts_{AP}，时间戳被哈希到 T_U 和 T_{AP} 中，并进一步由签名保障这些信息无法被篡改。当 AP 和用户在接收到对方的消息后，会验证签名、哈希、时间戳等内容的有效性，因此攻击者无法成功执行重放攻击。

6.6.3　不可伪造的正确计费

不诚实的 FNCC 可能会尝试欺骗 HNCC，提供不真实的用户服务量以收取更多费用。但是，由于计费凭证依赖于用户的私钥生成，FNCC 无法独立伪造更多的计费凭证，用户也不可能辅助 FNCC 伪造计费信息，因为这只会让它向 HNCC 支付更多的费用。同时，用户也无法使用历史计费凭证享受当前服务，因为计费凭证中包含了时间戳信息。因此，本章提出的方案从 NCC 和用户两个角度保障了计费过程的不可伪造性。

6.7　性　能　分　析

本节从认证时延、撤销开销和系统容错率三个方面来分析本章提出的方案的性能。方案中涉及的密码算法使用 C 语言实现，区块链平台是基于 Ganache 搭建的以太坊私有链，用户和 AP 基于 Javascript 开发，它们与以太坊之间通过 Web3.js 1.0 进行通信。平台在 Windows7 操作系统、Inter（R）Core（TM）CPU i7-4790 @3.6GHz、20GB RAM 上部署测试。

6.7.1　认证时延

认证时延指的是用户认证过程中耗费的总时延，包括计算时延和通信时延。其中，计算时延是指节点执行方案流程时所消耗的计算时间，主要部分为执行密码学操作所消耗的时延。而通信时延是指在协议运行的过程中，节点通信导致的时延。

为测试计算开销，首先单独测试相关方案涉及的密码学操作的运行时间。其中，指数运算、椭圆曲线点乘运算和双线性映射基于 PBC 0.5.14 库实现，其他算法基于 OpenSSL 1.1.1 库实现，加解密和哈希操作分别采用 AES 和 SHA256 算法。根据方案设计，载荷大小设置为 100byte。密码算法运行时间见表 6.1。其中，指数运算、点乘运算、ECDSA 和双线性映射操作耗时均在 0.1～1ms，AES 和 SHA256 算法平均耗时小于 1μs，撤销列表匹配过程耗时极少，进行 100 万次匹配仅耗时 2.16ms。

表 6.1　密码算法运行时间

运算操作域	指数运算			点乘运算		ECDSA	
	G	G_r	大整数	G	G_r	Sign	Verify
符号	T_{G_exp}	T_{G_exp}	T_{exp}	T_{G_mul}	$T_{G_r\_mul}$	$T_{E.sign}$	$T_{E.verify}$
运行时间/ms	1.086	0.131	0.328	1.095	0.112	0.248	0.502
运算操作域	双线性映射	SHA256	AES	撤销列表匹配			
符号	T_{pair}	T_{SHA}	T_{AES}	T_{cmp}			
运行时间/ms	0.679	<1μs	<1μs	2.16×10^{-6}			

在相关方案[5, 10-12, 24]中，通信时延包括用户与 FNCC 间的时延 T_{U-FNCC}，AP 与 FNCC 间的时延 $T_{AP-FNCC}$，HNCC 与 FNCC 间的时延 T_{H-FNCC}。在本章提出的方案中，还涉及用户和 AP 到区块链节点的时延 T_{U-BLN} 和 T_{AP-BLN}。在实际漫游系统中，HNCC 和 FNCC 部署于云服务器中，因此测量用户到不同云服务器节点的时延，来模拟相关方案的通信时延。选取包括阿里云、腾讯云、华为云和百度云等在内的国内厂商的云服务器节点进行测试，节点信息如图 6.4（a）所示。时延使用 ping 测试，结果如图 6.4（b）所示，用户到测试节点的 ping 时延为 10～60ms，平均时延为 35.313ms。因此，可以假设 $T_{U-FNCC} = T_{AP-FNCC} = T_{H-FNCC} = 17.656$ms。另外，考虑到用户节点无线直连 AP 节点，可以忽略用户与 AP 节点之间的通信时延。

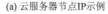

(a) 云服务器节点IP示例

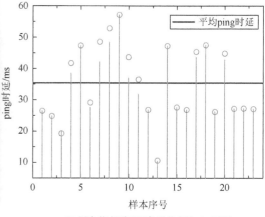

(b) 用户节点到云服务器节点的ping时延

图 6.4　云服务器节点时延测试

用户到区块链节点的时间基于比特币节点的分布情况模拟，通过复现文献[29]中的工作，利用 addr 协议爬取了世界各地比特币节点的 IP 地址，爬取样例如图 6.5（a）所示。为测试平均时延，抽取其中 4967 个节点 IP，测量 ping 时延，结果如图 6.5（b）所示。结果表明，用户节点到比特币节点的平均 ping 时延为 226.405ms，因此设置 $T_{U-\mathrm{BLN}} = T_{\mathrm{AP-BLN}} = 113.202$ms。

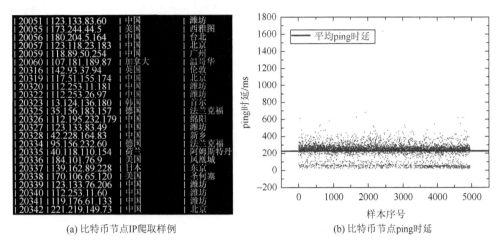

(a) 比特币节点IP爬取样例　　　　　　　　(b) 比特币节点ping时延

图 6.5　比特币节点时延测试

以上为性能分析前的准备工作，现在进行实际的性能分析。首先分析计算时延，包括身份认证和撤销检查两部分。表 6.2 展示了本章方案与相关方案[5, 10-12, 24]的计算时延比较，可以看出，本章方案在身份认证和撤销检查方面均存在优势。在身份认证阶段，本章方案包含四次椭圆曲线点乘操作、两次 ECDSA 签名操作和四次 ECDSA 签名验证操作，相比其他方案存在一定优势。在撤销检查阶段，参考文献[11]假设全年用户撤销规模为1000000，此时，文献[5]、[10]、[11]中的方案的撤销计算时延以分钟计量，超出了用户可忍受的范围。究其原因，这些方案为了提高匿名性，在撤销检查时针对撤销列表的每一个条目进行了双线性映射等复杂密码学操作。而本章方案以及文献[12]、[24]中的方案的撤销计算时延都在毫秒量级。

表 6.2　本章方案与相关方案的计算时延比较

	计算时延/ms	撤销计算时延
文献[5]中的方案	$16\,T_{G\_\mathrm{exp}} + 7\,T_{G_T\_\mathrm{exp}} + 7\,T_{\mathrm{pair}} + T_{E.\mathrm{sign}} + T_{E.\mathrm{verify}} = 23.796$	$\lvert R_U \rvert 2\,T_{\mathrm{pair}} = 22.633$min
文献[10]中的方案	$29\,T_{G\_\mathrm{exp}} + 11\,T_{G_T\_\mathrm{exp}} + 7\,T_{\mathrm{pair}} + T_{E.\mathrm{sign}} + T_{E.\mathrm{verify}} = 38.438$	$\lvert R_U \rvert\,T_{\mathrm{pair}} = 11.317$min
文献[11]中的方案	$75\,T_{G\_\mathrm{exp}} + 20\,T_{G_T\_\mathrm{exp}} + 15\,T_{\mathrm{pair}} + T_{E.\mathrm{sign}} + T_{E.\mathrm{verify}} = 94.326$	$0.4\lvert R_U \rvert\,T_{G\_\mathrm{exp}} = 7.240$min
文献[12]中的方案	$6\,T_{G\_\mathrm{exp}} + 2\,T_{\mathrm{pair}} + 4\,T_{G\_\mathrm{mul}} + T_{E.\mathrm{sign}} + T_{E.\mathrm{verify}} = 13.004$	$\lvert R_U \rvert\,T_{\mathrm{map}} = 2.161$ms
文献[24]中的方案	$T_{G_T\_\mathrm{exp}} + T_{\mathrm{pair}} + 9\,T_{G\_\mathrm{mul}} + T_{E.\mathrm{sign}} + T_{E.\mathrm{verify}} = 12.37$	$\lvert R_U \rvert\,T_{\mathrm{map}} = 2.161$ms
本章方案	$4\,T_{G\_\mathrm{mul}} + 2\,T_{E.\mathrm{sign}} + 4\,T_{E.\mathrm{verify}} = 6.884$	$\alpha\,\lvert R_U \rvert\,T_{\mathrm{map}} \approx 0$

接着分析本章方案的通信时延，包括认证过程和撤销检查两部分。在认证过程部分中，相关工作需要用户与 FNCC 之间进行三次通信，因此通信时延为 $3T_{U-\text{FNCC}}$。本章方案则需要四次用户与区块链节点间的交互，即 $T_{\text{AP-BLN}}$。在撤销检查部分，所列相关工作中，撤销列表由 HNCC 推送至 FNCC，所以 FNCC 可以离线验证用户是否被撤销，因此可认为撤销检查通信时延为 0；而本章方案使用的布隆过滤器撤销机制存在误判率，在误判时需要去向 HNCC 获取用户的撤销信息，导致了额外的通信开销。为确保分析结果的可信性，在表 6.3 给出的通信时延中，$T_{\text{AP-BLN}}$ 是基于测试实验节点到全球分布的比特币节点的通信时延得到的，因此最终通信时延较高（450ms 左右）。但在实际应用时，用户和 AP 可以直接向最近的区块链节点请求数据，因此实际的通信时延会远低于该值。

表 6.3　本章方案与相关方案时延比较

方案	总计算时延	通信时延	认证时延
文献[10]中的方案	11.318min	$3T_{U-\text{FNCC}} = 52.968\text{ms}$	11.319min
文献[11]中的方案	7.242min	$3T_{U-\text{FNCC}} = 52.968\text{ms}$	7.243min
文献[5]中的方案	22.633min	$3T_{U-\text{FNCC}} = 52.968\text{ms}$	22.634min
文献[12]中的方案	15.161ms	$3T_{U-\text{FNCC}} = 52.968\text{ms}$	68.129ms
文献[24]中的方案	14.531ms	$3T_{U-\text{FNCC}} = 52.968\text{ms}$	67.499ms
本章方案	6.884ms	$4T_{\text{AP-BLN}} + \alpha T_{\text{AP-HNCC}} \approx 452.808\text{ms}$	459.692ms

综合以上两部分实验，可得到整体的时延，如表 6.3 所示。可以看出，本章方案的总认证时延在 460ms 左右，高于文献[12]、[24]中的方案，但远低于文献[5]、[10]、[11]中的方案，且在实际应用中存在进一步降低至接近文献[12]、[24]中的方案的可能。考虑到本章方案带来的健壮性和安全性，这一开销是合理的。

更进一步，基于 Ganache 搭建私有链并部署相关合约，测试基于智能合约的认证过程的性能。在本章方案中，接入认证由用户接入请求、AP 合约调用、AP 接入应答、用户合约调用四个步骤组成，分别测量其运行时延，结果如表 6.4 所示。在用户接入请求步骤中，用户需要进行一次点乘运算、一次哈希运算和一次签名运算，运行时延共为 1.242ms。在收到用户的接入请求后，AP 需要进行一次哈希运算，并向区块链发送交易调用 MC，共耗时 68.566ms。需要指出，MC 以 CALL 方式在本地执行，无须全网共识，因此不受分布式共识的影响。AP 接入应答步骤和用户接入请求步骤类似，除了多做一次点乘操作，共耗时 1.618ms。最后是用户合约调用步骤，该与 AP 合约调用步骤类似，耗时 68.942ms。最终，整个接入认证过程的运行时延为 140.368ms。该结果比表 6.2 所示结果高两个数量级，主要原因在于用户合约调用步骤要在 Ganache 的虚拟环境中执行包括密码算法在内的部分操作，这正是瓶颈所在。考虑到实际的以太坊虚拟机性能较高，并且随着软件技术的发展，这一部分时延将有效降低。

表 6.4　接入认证各个步骤的运行时延

步骤	用户接入请求	AP 合约调用	AP 接入应答	用户合约调用
运行时延/ms	1.242	68.566	1.618	68.942

6.7.2　撤销开销

在漫游认证阶段，AC 调用 RC 检查用户是否被撤销，RC 查询布隆过滤器并返回结果。由于智能合约容量的限制，本章方案通过分合约存储增大布隆过滤器容量。以太坊限制智能合约大小为 24KB，因此，设置 RC 布隆过滤器大小 m 为 20KB，并在 m 固定的情况下分析布隆过滤器的特性。图 6.6 展示了误判率与撤销实体数量 n 和哈希次数 k 的关系。可以看出，误判率随 n 增大而增大，且不恰当的 k 会显著提高误判率；此外，即使 n 增大到 5000 左右，选取合适的 k 能够使误判率维持在较低的值，而当 n 超过 5000 后，误判率显著增大。

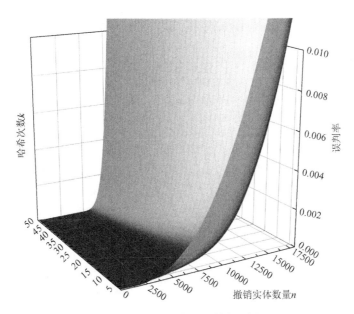

图 6.6　布隆过滤器误判率分析

进一步分析当 n 变化时 k 的最佳取值，结果如图 6.7 所示。当 n 小于 5000 时，误判率在 $k=10$ 时取到最低值，且该值较小；而当 n 大于 5000 时，误判率最低值相比 $n \leqslant 5000$ 时显著增大。因此，RC 中布隆过滤器的推荐参数设置：$m=20$KB，$k=10$，$n \leqslant 5000$。此时，撤销验证的误判率最大为 $\alpha=1.58 \times 10^{-6}$。

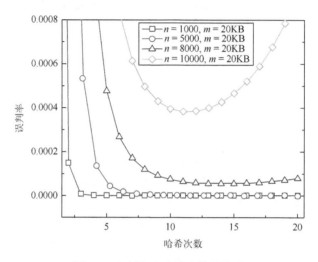

图 6.7　误判率和哈希次数的关系

在上述设置下，进一步分析本章方案的撤销开销。图 6.8（a）展示了撤销空间和撤销实体数目的关系，由图 6.8（a）可以看出，相比基于撤销列表的传统方案，布隆过滤器的引入极大减小了撤销所需的空间。当撤销实体数目为 100000 时，基于撤销列表的传统方案需要 1562.5KB 撤销空间，而引入布隆过滤器后，本章方

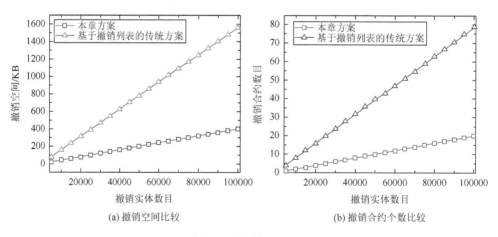

(a) 撤销空间比较　　　　　　　　　　(b) 撤销合约个数比较

图 6.8　撤销存储开销

案仅需 400KB。撤销列表的大小会影响需要在链上部署的撤销合约的数量。如图 6.8（b）所示，本章方案撤销合约数目随着撤销实体数目增多缓慢增加，平均每增加 5000 个撤销实体增加 1 个撤销合约；而基于撤销列表的传统方案，每增加 5000 个撤销实体增加 4 个撤销合约。对于存储较为昂贵的区块链来说，这一提升是十分重要的。

接下来对比不同方案在撤销验证中的撤销耗时。本章方案在撤销验证过程中只需进行 10 次哈希操作，撤销耗时可忽略不计。文献[12]中的方案和文献[24]中的方案在撤销检查中只需查询撤销列表，并进行条目比对，撤销耗时也可忽略不计。撤销验证中的撤销耗时随撤销实体数目的变化关系如图 6.9 所示。其中文献[5]中的方案的撤销耗时增长最快，因为它需要对每个条目执行两次双线性映射操作；而文献[11]中的方案的撤消耗时增长相对缓慢，因为它将撤销时间写入到用户私钥中，在认证阶段就排除了一部分过期的被撤销用户，有效减少了被撤销用户规模。当然，这三个方案虽然性能较差，但它们都提供了强大的匿名性，这是本章方案及文献[12]、[24]中的方案所不具有的安全特性，在实际部署时，应根据场景需求做出取舍。

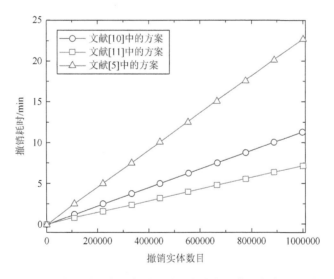

图 6.9　撤销验证中的撤销耗时随撤销实体数目的变化关系

6.7.3　系统容错率

本章方案通过引入区块链节点来增强系统的容错率。假设 NCC 节点的故障概率为 x，图 6.10（a）展示了随着节点故障概率的增加，漫游系统失效概率的变化。

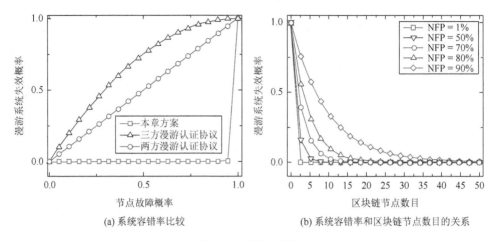

(a) 系统容错率比较　　　　　　　　(b) 系统容错率和区块链节点数目的关系

图 6.10　系统容错率

　　两方漫游认证协议依 FNCC 执行，若 FNCC 节点故障，则协议必然执行失败。因此，漫游系统失效概率与节点故障概率相等，为 x；而三方漫游认证协议需要 HNCC 与 FNCC 的共同参与，任一节点故障都会导致执行失败，则概率为 $1-(1-x)^2 = 2x-x^2$。区块链的引入提供了极强的鲁棒性。由于认证阶段只需要区块链节点通过本地 CALL 调用合约，所以任一区块链节点都可以单独完成认证；当区块链节点由网络运营商部署时，可以认为，只要系统中还有至少一个网络运营商能够提供服务，认证过程都可以正常完成；当然，此时无法继续向系统中添加新数据，只能对已存在信息进行认证。假设系统中有 100 个区块链节点（或者说是 100 个网络运营商），则漫游系统失效概率为 x^{100}。当节点故障概率（node failure probability，NFP）变化时，假设节点故障概率为 x，节点数目为 k，则漫游系统失效概率为 x^k。如图 6.10（b）所示，随着节点故障概率增大，为保证协议失败概率接近零，需要的区块链节点数目也越多。但是，即使节点故障概率高达90%，50 个区块链节点也能够保证漫游系统失效概率接近零。因此，本章方案具有较强的稳定性和容错率。

6.8　本　章　小　结

　　针对移动通信网漫游认证协议的单点瓶颈等问题，本章基于区块链设计了一个分布式漫游认证协议，允许用户和 AP 利用区块链实现安全的双向认证，无须运营商实时参与。此外，利用布隆过滤器压缩撤销列表，减小撤销列表的存储开销的同时提高了撤销验证的效率。协议支持漫游伙伴关系的动态拓展和不可伪造的正确计费，进一步提高了可用性和安全性。在支持以上安全特性的前提下，本章方案仍能保证在认证效率上不弱于已有方案，且在撤销效率上得到提升，具有进一步应用的意义和潜力。

参 考 文 献

[1]　JIANG Y X, LIN C, SHEN X M, et al. Mutual authentication and key exchange protocols for roaming services in wireless mobile networks[J]. IEEE Transactions on Wireless Communications, 2006, 5（9）: 2569-2577.

[2]　中国移动. 中国移动漫游服务[EB/OL]. [2023-6-25]. http://www.10086.cn/roaming/ah/indexc.html.

[3]　中国联通. 中国联通国际漫游、港澳台漫游服务[EB/OL]. [2023-6-25]. https://iservice.10010.com/e4/internationlRoam/index.html.

[4]　中国电信. 中国电信国际/港澳台漫游服务[EB/OL]. [2023-6-25]. https://manyou.189.cn/index.html.

[5]　YANG G M, HUANG Q, WONG D S, et al. Universal authentication protocols for anonymous wireless communications[J]. IEEE Transactions on Wireless Communications, 2010, 9（1）: 168-174.

[6]　ZHU J M, MA J F. A new authentication scheme with anonymity for wireless environments[J]. IEEE Transactions on Consumer Electronics, 2004, 50（1）: 231-235.

[7]　WU C C, LEE W B, TSAUR W J. A secure authentication scheme with anonymity for wireless communications[J]. IEEE Communications Letters, 2008, 12（10）: 722-723.

[8]　CHANG C C, TSAI H C. An anonymous and self-verified mobile authentication with authenticated key agreement for large-scale wireless networks[J]. IEEE Transactions on Wireless Communications, 2010, 9（11）: 3346-3353.

[9]　GUPTA M, CHAUDHARI N S. Anonymous two factor authentication protocol for roaming service in global mobility network with security beyond traditional limit[J]. Ad Hoc Networks, 2019, 84: 56-67.

[10]　HE D J, BU J J, CHAN S, et al. Privacy-preserving universal authentication protocol for wireless communications[J]. IEEE Transactions on Wireless Communications, 2011, 10（2）: 431-436.

[11]　LIU J K, CHU C K, CHOW S S M, et al. Time-bound anonymous authentication for roaming networks[J]. IEEE Transactions on Information Forensics and Security, 2015, 10（1）: 178-189.

[12]　JO H J, PAIK J H, LEE D H. Efficient privacy-preserving authentication in wireless mobile networks[J]. IEEE Transactions on Mobile Computing, 2014, 13（7）: 1469-1481.

[13]　LEE C C, HWANG M S, LIAO I E. Security enhancement on a new authentication scheme with anonymity for wireless environments[J]. IEEE Transactions on Industrial Electronics, 2006, 53（5）: 1683-1687.

[14]　JIANG Q, MA J F, LI G S, et al. An enhanced authentication scheme with privacy preservation for roaming service in global mobility networks[J]. Wireless Personal Communications, 2013, 68（4）: 1477-1491.

[15]　WEN F T, SUSILO W, YANG G M. A secure and effective anonymous user authentication scheme for roaming service in global mobility networks[J]. Wireless Personal Communications, 2013, 73（3）: 993-1004.

[16]　XIE Q, HU B, TAN X, et al. Robust anonymous two-factor authentication scheme for roaming service in global mobility network[J]. Wireless Personal Communications, 2014, 74（2）: 601-614.

[17]　HE D B, KUMAR N, KHAN M K, et al. Anonymous two-factor authentication for consumer roaming service in global mobility networks[J]. IEEE Transactions on Consumer Electronics, 2013, 59（4）: 811-817.

[18]　GOPE P, HWANG T. Lightweight and energy-efficient mutual authentication and key agreement scheme with user anonymity for secure communication in global mobility networks[J]. IEEE Systems Journal, 2016, 10（4）: 1370-1379.

[19]　ODELU V, BANERJEE S, DAS A K, et al. A secure anonymity preserving authentication scheme for roaming

service in global mobility networks[J]. Wireless Personal Communications，2017，96（2）：2351-2387.

[20] WU F，XU L L，KUMARI S，et al. An enhanced mutual authentication and key agreement scheme for mobile user roaming service in global mobility networks[J]. Annals of Telecommunications，2017，72（3）：131-144.

[21] WANG D，WANG P. Two birds with one stone：Two-factor authentication with security beyond conventional bound[J]. IEEE Transactions on Dependable and Secure Computing，2018，15（4）：708-722.

[22] YANG Q Y，XUE K P，XU J，et al. AnFRA：Anonymous and fast roaming authentication for space information network[J]. IEEE Transactions on Information Forensics and Security，2019，14（2）：486-497.

[23] HE D J，BU J J，CHAN S，et al. Handauth：Efficient handover authentication with conditional privacy for wireless networks[J]. IEEE Transactions on Computers，2013，62（3）：616-622.

[24] TSAI J L，LO N W. Provably secure anonymous authentication with batch verification for mobile roaming services[J]. Ad Hoc Networks，2016，44：19-31.

[25] WANG D，CHENG H B，HE D B，et al. On the challenges in designing identity-based privacy-preserving authentication schemes for mobile devices[J]. IEEE Systems Journal，2018，12（1）：916-925.

[26] BLOOM B H. Space/time trade-offs in hash coding with allowable errors[J]. Communications of the ACM，1970，13（7）：422-426.

[27] CHEN J，YAO S X，YUAN Q，et al. CertChain：Public and efficient certificate audit based on blockchain for TLS connections[C]//Proceedings of the 2018 International Conference on Computer Communications，Honolulu，2018：20602068.

[28] JOHNSON D，MENEZES A，VANSTONE S. The elliptic curve digital signature algorithm（ECDSA）[J]. International Journal of Information Security，2001，1（1）：36-63.

[29] IT90S.Bitcoin network[EB/OL].（2018-8-8）[2024-1-22]. https://github.com/lt90s/BitcoinNetwork/.

第7章 基于区块链的网络切片租用方案

本章提出一个基于区块链的网络切片管理平台，在该平台上可以对不同资源提供商提供的网络切片进行管理，并满足对切片的创建、租用、计费和审计等方面的管理需求，具体包括利用区块链技术解决多提供商管理网络切片时存在的信任问题，通过联盟区块链整合多提供商的网络资源提高切片系统的整体性能。此外，本章利用智能合约解决了资源提供商和租户之间的信任问题，采用随机选择节点调用测试接口并由其他节点监听的模式，结合区块链中的共识机制设计了验证流程保证测试结果可靠。

7.1 问 题 描 述

通信技术已成为社会数字化的催化剂，未来移动通信将继续发展，并需要满足各种通信需求。例如，一个业务客户可能需要高可靠性的网络服务，而其他业务客户可能需要高带宽的通信或极低的延迟。5G 网络需要同时提供不同的混合功能，以满足所有这些不同的需求。从功能的角度来看，最合理的方法是建立一组专用网络，每个专用网络都为一种类型的业务客户提供服务。这也是"网络切片"的目标：在一个公共平台上运行多个虚拟专用网络，允许实现每个特定业务客户所需的定制功能和网络操作。为了满足快速增长的移动数据服务需求，网络切片在逻辑上将当前的蜂窝网络分离为两个实体：网络提供商和网络切片租户。资源提供商的物理资源被抽象为多个隔离的网络切片，并租用给移动用户[1, 2]。在传统方案中，资源交易通常基于租户对资源提供商的信任，但是不能保证每个资源提供者在收到租户的资金后将提供满足租户需求的服务水平。依靠第三方网络切片代理进行交易的方式存在单点故障问题。3GPP 研究强调创建多运营商网络切片需要在运营商[3]之间建立相互信任。因此，在缺乏信任的多参与者交易/租用系统中，引入区块链[4, 5]是一个较好的解决思路。

区块链在维护资源调度和交易的公平性方面发挥着重要作用。一方面，通过将区块链技术应用于 5G 网络切片租用场景，可以实现多个资源提供商之间的网络切片协作管理，并提供去中心化的管理平台，这样可以提高管理效率，并且避免了在不同场景下需要多次向不同提供商请求服务的情况。另一方面，在资源提供商先提供服务或租户先付费之间存在矛盾，而区块链技术也可以解决资源提供商与租户之间的信任问题。在此过程中，最重要的事情是如何确保资源提供商提供的网络切片服务可以满足租户要求的服务质量。如果将智能合约技术用于网络切片租用，不仅能够实现分布式的网络切片管理，同时能够满足分布式信任管理需求。因此本章方案使用合约来验证资源提供商是否有能力提供其声称的服务，并结合区块链中的共识机制来确保验证的可靠性。

7.2　相关工作

网络切片资源分配是网络切片的重要问题。Samdanis 等[6]提出了网络切片经纪人的概念，使经纪人作为中间方连接资源提供商和租户。基于该架构，Rost 等[7]提出了一种混合管理架构，通过同时支持专用网络切片和共享网络切片，实现在不同的目标函数之间动态切换，从而达到最大的频谱效率。Ksentini 和 Nikaein[8]提出了基于 eDECOR 的管理架构，设计了一个双级别调度器，实现高效的无线资源分配。这些解决方案并没有考虑系统的经济模型，因为它们仅提供了技术方案来公开运营商提供的移动资源。实际上，网络切片经纪人首先需要考虑网络切片提供者的业务模型，并通过使用拍卖或其他交易机制来最大化其利润[9]。拍卖系统应安全且匿名，从某种意义上说，只有经纪人才能知道竞争对手的报价。此外，应尊重竞争对手提出的建议，并与网络切片提供商签署服务级别协议。在这种情况下，区块链为上述需求提供了解决方案，它可以充当经纪人系统中的分布式账本，并使用租户的唯一数字密钥来验证交易，还能够通过智能合约执行与网络切片经纪业务有关的协议[10]。在文献[11]中，提出了一种基于区块链技术的经纪人设计，该经纪人设计提供了一种确保匿名交易的机制。

上述方案在单运营商场景中表现较好，但是，随着网络切片技术的进一步发展，混合多个运营商的网络资源并进行联合网络切片管理的方式被认为能够提供更高效的网络切片方案，而这些基于中心化代理的方案无法在多个运营商和租户之间提供可靠的信任关系。此外，除了作为网络切片经纪人，区块链技术还用于网络切片资源管理方面，文献[12]提出了一种包含由区块链委托的多域边缘计算的体系结构，旨在解决多约束服务质量问题，并设计了一种动态的端到端网络切片算法，允许多租户按需进行网络基础结构设置，并提供切片隔离和安全保障。Gorla 等[13]在网络切片运营中集成了基于区块链的模型，提高了网络内资源处理操作的透明度和效率。Togou 等[14]则介绍了一种分布式的、利用了区块链的网络切片框架，该框架使服务和资源提供者能够动态租用资源，以确保其端到端服务的高性能。Abdulqadder 和 Zhou[15]应用 DAG 算法设计了一种选择网络切片的最优化方案，并提出了一系列安全措施，包括认证、切换、入侵检测等，提高了网络切片分配效率和网络安全性。

7.3　系　统　模　型

7.3.1　系统架构

本节简要描述本章中涉及的各种概念代表的具体意义，以及所提出方案的总体架构。本章方案的系统架构如图 7.1 所示，主要包括网络层（network layer）、应用层、网络切片管理（network slice management）和区块链（blockchain）。

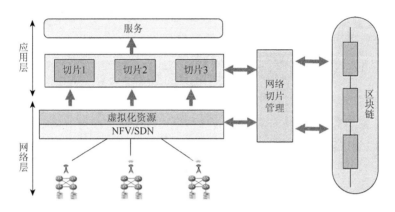

图 7.1　本章方案的系统架构

网络层包括不同资源提供商管理的各种网络资源。这些网络资源通过网络功能虚拟化转移到虚拟机上，并通过软件定义网络进行连接互通。应用层实现网络切片相关业务，即需要网络切片的租户通过区块链平台选择并租用合适的网络切片，应用在自己的业务服务中，并提供服务给相关租户。网络切片管理包括多提供商的网络切片管理和编排模块及区块链管理模块，负责从区块链上获得租户基于 SLA 的网络切片请求，并创建新的网络切片，然后将相关信息写入区块链。区块链作为网络切片信息管理交易租用的平台，主要功能通过多个智能合约实现。本章方案采用由多个资源提供商共同参与维护的联盟区块链。

本章方案在以上系统架构的基础上，主要关注区块链的设计与实现。区块链系统主要包括共识层、合约层和节点层。共识层采用高效、快速的 PBFT 共识算法。合约层包含租户合约、切片合约和目录合约，用于资源提供商和租户对网络切片信息进行管理。租户通过租户合约发布租用网络切片的请求，资源提供商通过切片合约提供网络切片信息。目录合约包括切片目录合约和资源目录合约，用于高效查询和匹配请求与资源。节点层包括租户节点和资源提供商节点。租户节点指对网络切片有租用需求的租户，不参与区块链共识维护；资源提供商节点需要维护网络切片信息，并参与区块链共识维护区块链网络。

7.3.2　信任模型和安全需求

本章方案假设租户节点和资源提供商节点之间不相互信任：一方面，租户可能欺骗资源提供商节点，在获得资源提供商提供的服务后不提供费用；另一方面，资源提供商节点可能欺骗租户的使用费用，但并不提供它所声称的服务，并且资源提供商节点之间可能共谋欺骗租户。但是区块链网络中的拜占庭节点不超过节点总数的1/3，所有诚实的租户节点和资源提供商节点都会遵循协议内容。由于合约限制了租户和资源提供商的行为，在整个方案流程中，租户节点需要在获得服务之前在合约中储存一笔资金，这笔资金保证在资源提供商向租户提供服务后由合约自动提供给资源提供商，从而防止租户的欺骗行为。

本章方案的首要目标是实现安全的网络切片租用，即保证资源提供商能够提供其声称服务能力的网络切片，以及防止租户获得网络切片服务后逃避付费。此外，为提高安全性，还需要能够抵抗共谋攻击和拒绝服务攻击。前者指本章方案采用多资源提供商共同维护的联盟区块链模型，需要保证即使资源提供商之间相互勾结也无法破坏协议或者欺骗租户；后者要求任何用户包括资源提供商和租户无法通过向区块链网络中发送大量的无意义交易阻塞网络从而影响正常租户的操作。除基本的安全行为外，为了防止交易纠纷，需要保证资源提供商不能对已经提供给租户的网络切片进行篡改或否认，且任何租户都可以检查过去的网络切片租用服务是否被篡改。协议还应具有公平性和可扩展性，即使协议在任何一步中止，本章方案仍能保证系统正常运行，不会损害租户和资源提供商的利益。为支持大规模的网络切片交易请求，以及租户节点和资源提供商节点动态地加入、退出，协议应具有可扩展性。

7.4　基于区块链的网络切片租用管理研究

本章提出的网络切片租用管理方案的整体流程如图 7.2 所示，系统运行在一个由多个节点共同维护的联盟区块链上，通过在区块链上部署智能合约，实现租户、资源提供商之间的租用交易。整个过程涉及资源提供商、租户和区块链节点这三类实体。其中资源提供商提供不同网络资源的基础设施，负责管理网络切片及提供网络切片。租户可以是任何需要网络切片服务的实体，通过区块链上的智能合约完成一系列租用付费的过程。区块链节点则是参与共识协议维护区块链网络的节点，包括主节点、测试节点、监听节点等，由不同资源提供商所控制的区块链处理模块担任。

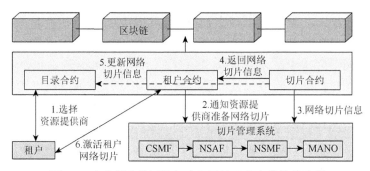

图 7.2　本章提出的网络切片租用管理方案的整体流程

资源提供商首先通过目录合约将自己的网络切片服务能力记录在区块链上供租户查询，租户选择自己需要的资源提供商后通过租户合约向资源提供商申请服务，资源提供商通过网络切片管理系统准备网络切片并通过切片合约向区块链上提供相应的网络切片信息。经过验证后，激活对租户的网络切片服务并更新相应的目录合约信息，每一次租用交易都涉及目录合约中相关数据的调整。网络切片租用管理协议具体流程如图 7.3 所示。

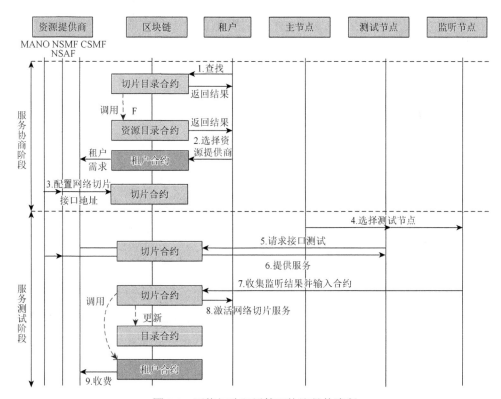

图 7.3　网络切片租用管理协议具体流程

下面将整个流程按照发生顺序划分为五个主要部分分别进行说明,包括智能合约部署、服务协商阶段、服务测试阶段、随机选择协议和共识协议。智能合约部署说明了方案中涉及三种类型的合约,包括切片合约、租户合约及目录合约。服务协商阶段和服务测试阶段组成了网络切片业务完整流程,包括租户选择提供服务的资源提供商并将网络切片服务相关信息写入到合约中,合约通过区块链节点验证资源提供商提供的接口是否可用,如果通过验证则通过接口自动提供服务给租户。随机选择协议和共识协议是保障方案安全性的基本技术模块,分别提供了测试节点的随机选择协议和结合随机选择的改进 PBFT 共识协议。

7.4.1　智能合约部署

本章方案涉及的合约包括切片合约、租户合约及目录合约。所有合约均由联盟区块链中的成员部署验证,参与联盟中的资源提供商节点可以自行部署与自身业务相关的三类合约。表 7.1 给出了智能合约的主要功能。在本章剩余部分使用 DC 表示目录合约(directory contract),使用 SC 表示切片合约(slice contract),使用 UC 表示租户合约(user contract)。

表 7.1　智能合约的主要功能

合约函数	主要功能
DC.Storage	记录资源提供商能够提供的网络切片信息或资源服务能力
DC.Update	资源提供商更新自身的服务能力
DC.Search	查询资源提供商的服务能力
SC.Slice	资源提供商部署网络切片信息
SC.Judge	记录网络切片是否通过测试
UC.Transfer	租户根据网络切片验证结果进行付费

切片合约如算法 7.1 所示,切片合约中包括资源提供商提供的网络切片的调用接口(为了说明方便,抽象为接口和 IP 地址的组合),合约中的接口可以进行测试调用,如搜索服务能否返回需要的结果、播放服务能否提供需要的带宽。如果资源提供商提供的接口通过测试,那么可以开始后续的租用过程,包括开始计时计费,以及为租户激活网络切片并提供服务。

算法 7.1 切片合约

Input： 网络切片接口列表为 $API_{s1}, IP_{s1}; API_{s2}, IP_{s2}; API_{s3}, IP_{s3}; \cdots API_{sn}, IP_{sn};$
网络切片 API_{si} 测试请求；网络切片 API_{si} 验证结果

Output： 执行结果为 success 或 fail

1   SC.Slice:
2   记录资源提供商写入的网络切片接口信息；
3   SC.Judge: **if** 接口 API_{si} 通过测试验证 **then**
4   将接口 API_{si} 连接到租户合约；
5   **invoke** UC.Transfer:
6   **向租户提供服务；**
7   **invoke** DC.Update:
8   更新目录合约相关内容；
9   **else if** 接口 API_{si} 未通过测试验证 **then**
10   **invoke** DC.Update:
11   更新目录合约相关内容；
12   协议中止；
13   **end**

租户合约如算法 7.2 所示，租户合约具有租户公布服务需求、进行付费、选择资源提供商及提供租户端接口的作用。其中会对资源提供商是否进行服务进行判断，如果判断成功，则自动转账付费或者提供付费凭证。

算法 7.2 租户合约

Input： 网络切片需求为网络服务质量需求；保证金为 deposit；
租户接口为 API_{user}；选择的资源提供商为 $oper_v$

Output： 执行结果为 success 或 fail

1   UC.Transfer:
2   **if** 网络切片通过测试并提供了网络切片服务 **then**
3   将服务费转账给该资源提供商 $oper_v$；
4   **else**
5   协议中止；
6   **end**

资源提供商的服务能力也通过目录合约公布给租户供其查询，目录合约又包括切片目录合约、资源目录合约。切片目录合约记录了该资源提供商目前已经准备好的网络切片信息，包括已租用网络切片和未租用网络切片。已租用网络切片表示经过验证并已经提供给其他租户的网络切片。未租用网络切片表示资源提供商声称自己有能力提供但没有经过测试验证的网络切片。资源目录合约记录了该资源提供商目前剩余的资源提供能力。租户通过区块链可以使用网络切片目录中的已有网络切片（包括记录在区块链上经过或未经过资源有效性测试的网络切片），如果在这些网络切片中没有满足租户需求的，也可以通过资源目录查询有服务能力的资源提供商，并要求该资源提供商生成新的资源切片。本章方案主要考虑租用的网络切片是未经过有效测试的已有网络切片及新产生的网络切片。

7.4.2　服务协商阶段

服务协商阶段具体流程如图 7.4 所示，在资源提供商处存在四种网络切片功能实体[16]：通信服务管理功能（communication service management function，CSMF），完成租户需求到 SLA 的转换；网络切片划分功能（network slice allocation function，NSAF），根据 SLA 选择合适的子切片；网络切片管理功能（network slice management function，NSMF），负责管理子切片资源；管理和编排（management and orchestration，MANO）功能，完成各个子切片及其所依赖的网络、计算、存储资源的部署。

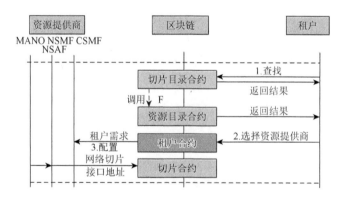

图 7.4　服务协商阶段具体流程

服务协商阶段包括三个步骤。首先，租户通过查询切片目录合约来判断资源提供商是否可以提供符合自己需求的网络切片，如果可以，则直接进入下一步骤。否则，租户会调用资源目录合约，检查是否有资源提供商具有提供相应服务的资源能力。其次，根据资源目录合约的调用结果，租户确认选定的资源提供商，在租户合约中缴纳押金，并告知资源提供商其具体网络切片的业务需求。最后，根据租户的网络切片需求，在资源提供商处网络切片的管理流程如下：CSMF 完成租户需求到 SLA 的转换。NSAF 根据 SLA 选择合适的子切片。NSMF 负责完成子切片的资源申请，并对子切片进行生命周期管理。资源提供商通过 MANO 实体完成各子切片以及其所依赖的网络、计算、存储资源的部署，并向切片合约提供相关接口信息，该接口信息在写入区块链之前需要通过测试验证。

这一阶段的执行结果是租户选择到了适合自己的资源提供商并向其申请网络切片服务，切片目录合约及资源目录合约向租户展示了不同资源提供商的服务能力，使得租户能够选择适合自己的资源提供商。资源提供商在获得租户的需求后通过网络切片管理系统部署相应网络切片，并通过合约部署相关的调用接口。

7.4.3　服务测试阶段

该阶段发生在资源提供商准备好网络切片之后，资源提供商向合约中提供的切片接口需要经过验证后才能写入区块链从而提供给租户使用。服务测试阶段具体流程如图 7.5 所示。在资源提供商节点通过交易向区块链提供测试切片接口信息之后，主节点将收集所有这些信息。参与共识的所有节点将轮流成为主节点，并在一轮共识中收集一段时间内需要验证的切片接口。为了防止资源提供商节点验证其自身提供的切片接口并由此伪造测试结果，主节点会按照 7.4.4 节的描述，通过随机选择协议从参与区块链共识的其余节点中选择一个节点作为测试节点，该选择结果可以由其他节点验证。具体来说，服务测试阶段包含五个步骤。

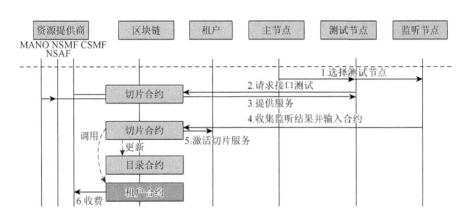

图 7.5　服务测试阶段具体流程

第一步，测试节点通过区块链管理模块发送接口测试请求，并记录在切片合约中。这个请求将被发送给相应资源提供商。第二步，资源提供商以测试节点地址作为输入提供测试服务，通过网络切片管理系统提供如图 7.6 所示的虚拟化测试设备，以满足验证要求。第三步，其余所有区块链节点共同监听该测试结果，并将结果汇总到主节点。主节点将所有通过测试的接口打包成区块写入区块链并根据测试结果调用切片合约。第四步，切片合约根据主节点输入的测试结果判断是否激活租户网络切片，合约上记录测试通过的状态和时间，并更新相关的切片目录合约和资源目录合约。第五步，租户合约根据切片合约的输出结果判断是否向资源提供商提供收费凭证以用于后续计费。该收费凭证来自之前租户存入的保证金，并通过合约自动执行，以防止恶意租户欺诈。如果网络切片服务激活失败，合约也会自动将押金返还给租户。

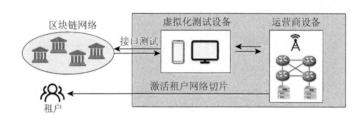

图 7.6　切片接口测试

　　该阶段的执行结果是通过区块链节点对资源提供商要写入到合约中的切片接口进行验证。该验证过程如图 7.6 所示，由于网络切片需要在具体的设备上测试，因此在资源提供商向区块链验证节点提供测试接口的同时需要提供虚拟化测试设备，在验证完成后资源提供商再切换成向租户提供服务。

7.4.4　随机选择协议

　　7.4.3 节提到了，主节点通过随机选择协议选择测试节点。假设共有 n 个区块链节点参与共识，协议首先要求每个节点都随机选择一个自己的随机数。其次，计算并发布其哈希值，以确保在后续过程中不会再篡改该随机数。再次，每个节点宣布其选择的随机数。最后，在收集了所有随机数之后，主节点将计算所有数字的哈希值，并执行模 n 运算作为选定的验证节点编号。假设所有参与共识的节点都标记为 $1\sim n$，标记为 i 的节点是这一轮共识的主节点。

　　随机选择协议如图 7.7 所示，随机选择协议包括五个步骤。第一步，所有参与共识的节点生成一个随机数 $x_1\sim x_n$。第二步，每个节点独立计算它所选择随机数的哈希值 $y_1\sim y_n$。第三步，每个节点广播自己计算的随机数的哈希值。第四步，每个节点广播之前选择的随机数。第五步，在收集剩余节点发布的随机数之后，主节点首先验证它是否与之前发布的哈希值匹配，计算验证的随机数的联合哈希 $k = \mathrm{hash}(x_1 \| x_2 \| \cdots \| x_n) \bmod n$，并且使用 k 作为选择的测试验证节点的编号。

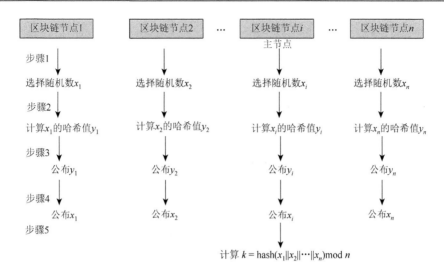

图 7.7　随机选择协议

从本质上讲，这种机制使得即使是几个诚实的节点也足以干扰共谋恶意节点的决策。第二步和第三步要求节点首先发布选择随机数的哈希值，以确保任何节点在发布哈希值后不会随意改变自己选择的随机数。因此，即使恶意节点是最后提交随机数的节点，也不能通过多次尝试改变对测试节点的选择。并且由于测试切片接口是在随机节点选择之前确定的，也可以防止主节点伪造测试结果。

7.4.5　共识协议

本章方案中的底层区块链是由资源提供商所维护的区块链节点组成的联盟区块链，因此只有联盟授权的记账节点才能汇总网络中生成的各种交易。本章选择实用拜占庭容错（PBFT）[5]作为联盟区块链中的共识，结合 7.4.4 节给出的随机选择协议提出改进的 PBFT 共识算法。假设联盟中总共有 $3f+1$ 个记账节点，可以保证在不超过 f 个无效或者恶意节点情况下的协商一致性。在每个时间段内只有一个主节点，该主节点由区块链节点轮换担任。PBFT 共识协议中的消息流如图 7.8 所示，传统 PBFT 共识协议包括请求、预准备、准备、提交和响应这五个阶段的内容。针对本章方案对随机选择测试节点的额外需求，将传统 PBFT 与随机选择协议相结合。值得注意的是，由于引入了随机选择协议，在联盟区块链初始化的过程中，第一次共识过程只涉及随机节点的选择，不涉及具体交易内容的共识。之后每一轮协议的共识过程中所随机选择出的测试节点均用于之后一轮协议的测试。

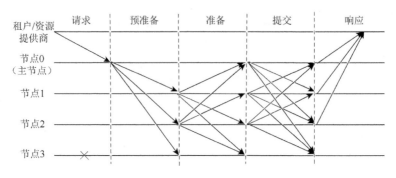

图 7.8　PBFT 共识协议中的消息流

在请求阶段，租户节点和提供网络切片服务的资源提供商节点向区块链节点广播交易内容。接下来进入预准备阶段，主节点收集在一定时间内区块链网络中的交易请求，先对交易进行排序并为交易分配序列号，然后将交易序列号及交易内容构造为预准备消息广播给其他联盟节点。之后，在准备阶段，在接收到来自主节点的消息后，每个联盟节点首先验证签名、时间戳、序列号等是否有效。如果有效，则记账节点将广播包含身份验证结果签名的准备消息。同时在这一阶段中完成选择随机数、计算其哈希值的操作，并将该哈希值随消息一同发送给其他节点，启动提交阶段。主节点和其他联盟成员如果收到来自 $2f+1$ 个不同节点验证通过的准备消息，则表明准备阶段已经完成。然后节点可以将提交消息广播给其他节点，同时需要附上前一阶段发送的哈希值对应的原始随机数。如果记账节点接收到包括其自身在内 $2f+1$ 以上个不同的提交消息，则认为提交阶段已完成，并且所有联盟节点已达成共识，即可以将这些交易更新在最新的区块中。并且每一个节点都可以通过判断其他节点选择的随机数是否与准备阶段发送的哈希值相匹配来进行验证，从而计算下一轮共识所选择的随机测试节点编号。

随后主节点向其余节点广播下一轮协议所选择的随机测试节点编号，如果节点发现与自身计算结果不同，则向网络中提交更换主节点的请求（通过 VIEW-CHANGE 消息）[17]，该请求与标准 PBFT 更换主节点的过程相同，如果有超过 $2f+1$ 个节点广播 VIEW-CHANGE 消息则触发主节点更换的过程，然后再重新开始预准备阶段。

7.4.6　基于租户节点验证的方案

除了基于区块链节点验证网络切片，租户还可以自行验证。基于租户节点的验证方案如图 7.9 所示，在资源提供商发布切片接口到智能合约的过程中，对接口的测试通过租户节点自行进行，其中测试节点由租户节点负责担任，并由租户节点验证后直接将自己的验证结果作为输入来调用智能合约。区块链会记录租户节点的测试请求信息，之后如果出现问题，租户节点要负相应的责任。

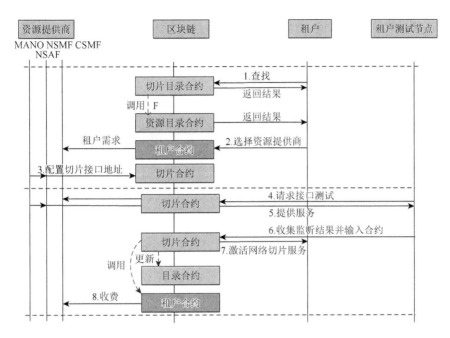

图 7.9　基于租户节点的验证方案

基于租户节点的验证方案主要包括以下步骤。首先，租户节点发送接口测试请求写入区块链合约中，并发送给资源提供商。资源提供商以该租户节点的地址作为输入调用接口提供测试服务，并通过网络切片管理系统提供虚拟化测试设备满足验证需求。当租户节点获得测试结果后，可以根据测试结果调用切片合约。切片合约根据租户节点输入的测试结果判断是否激活租户网络切片，合约上记录测试通过的状态和时间，并更新相关的切片目录合约和资源目录合约。最后，租户合约根据切片合约的输出结果判断是否向资源提供商提供服务凭证。

该方案直接将需求网络切片服务的租户节点作为验证节点进行测试验证，好处在于租户不会在切片服务未通过测试的情况下将通过测试的结果输入切片合约，因为这样租户自己不仅得不到相应服务，合约仍会从租户所支付的保证金中扣除相应的费用。从流程的角度看，该方案相较于之前通过随机选择协议选择测试节点的方案效率更高。但是该方案并不采用这种由租户自行验证的方式，其安全风险会在 7.5 节中具体分析。

7.5　安全性分析

在本节中，基于 7.3.2 节中描述的信任模型和安全需求来分析方案的安全性。从以下分析中可以得出结论，虽然基于随机选择协议的方案在流程上比基于租户节点的验证方案复杂，但是在安全性上会优于基于租户节点的验证方案。

7.5.1　网络切片租用安全

由于资源提供商与租户之间不存在信任关系，因此在租用交易过程中，当可能存在恶意节点时，需要确保双方的安全。一方面，资源提供商有可能欺骗租户不提供服务而收款。在本章提出的方案中，资源提供商提供的切片接口在放入区块链之前需经过测试和验证，以确保安全性。此测试方法基于对切片测试接口的测试调用。测试步骤要求资源提供商为测试节点提供虚拟化测试设备以进行验证。另一方面，存在租户获得网络切片服务但不付费的可能性。本章所提方案要求租户在协议开始时向合约提供足够的保证金。之后，由合约确定是否激活了租户的网络切片服务。如果合约判断网络切片服务已被成功激活，它将自动将足够的费用转给资源提供商，并将剩余的押金退还给租户。

7.5.2　抵抗共谋攻击

在本章提出的方案中，验证节点需要对资源提供商提供的切片接口进行测试调用。其余节点将进行监听，并且在每一轮共识中的主节点将汇总测试结果并提供给切片合约以执行后续步骤。7.4.4 节描述了如何通过随机选择协议选择验证节点。为了防止资源提供商测试自己的网络切片，从而伪造测试结果，随机选择协议必须是可公开重复的。这样其他节点可以确认主节点未主观选择测试节点。因此，主节点需要在选择测试节点之前发布需要验证的网络切片，并确保每次选择都是随机的。所选节点的编号是基于其他节点随机选择的随机数生成的，最终的选择结果与每个节点有关，因此资源提供商无法通过共谋欺骗租户（除非恶意节点和故障节点的数量足够多，以至于影响到区块链共识）。同时要求所有节点在发布自己选择的随机数之前发布随机数的哈希值，以防止节点在获得其他节点选择的随机数后修改自己选择的数据。因此，恶意节点无法通过等待来预测其下次成为验证节点的时间；还可以确保主节点无法通过脱机计算或多次尝试选择特定的节点。由于所有信息都是公开的，因此最终的选择结果也是可验证的和安全的。

7.5.3　抵抗女巫攻击和 DoS 攻击

任何节点都可以发送网络切片租用请求。如果节点能够在请求网络切片服务后中止该请求，那么就有可能存在女巫节点[18]，通过伪造大量账户请求并中断服务来浪费区块链网络及资源提供商的资源，从而实现 DoS 攻击甚至 DDoS 攻击。但是在本章提出的方案中不会发生这种情况。这是因为，任何节点在发送网络切片租用请求的同时也需要提交一笔足够支付网络切片服务的保证金，资源提供商不会为保证金不足的租户提供服务。一旦节点请求某一网络切片服务，后续过程不能再被该节点控制中止，除非测试相关资源提供商提供的网络切片不符合预期，否则该请求一定会被执行并由合约支付相关费用，从而防止网络中存在女巫节点恶意浪费资源的可能性。

但是在基于租户节点的验证方案中，无法保证本章提出的方案不会受到 DoS 攻击。因为在这一过程中，租户能够通过向合约输入测试不通过的信息中止协议从而逃避付费。租户节点可能多次发起测试请求，通过控制测试验证结果，从而多次申请测试网络切片实施 DoS 攻击。

7.5.4　可审计性

可审计性意味着任何第三方都可以审核区块链上的数据。本方案在执行租用交易之后，实现了不可否认性。这是因为一旦任何参与者发送或接收交易，该交易将通过智能合约存储在区块链中，并且不会被篡改。不管是通过随机选择方式选择出的测试节点还是通过租户节点验证的，所有相关消息都会存储在区块链上，因此任何参与者都不能否认自己的行为。

7.5.5　公平性

在通过随机选择协议进行网络切片验证的方案中，租户和资源提供商只要按照协议流程执行，其利益均不会受到损失，因为公平性通过智能合约及随机选择协议得到保证。但是在基于租户节点的验证方案中，无法保证该协议的公平性，因为在测试验证网络切片的过程中需要资源提供商向租户提供符合要求的网络切片。在这一过程中，无法防止租户借用测试流程完成相关业务后，通过向合约输入测试不通过的信息中止协议从而避免付费，从而在享受服务的同时逃避付费。

7.5.6　可扩展性

本章所提出的网络切片租用平台基于区块链技术实现管理，联盟区块链系统允许联盟成员的加入或退出。基于区块链的系统中不存在单点瓶颈问题，租户可以自由选择交易的资源提供商，并且可以支持大规模租户的交易请求。区块链上的合约可以通过联盟成员实时部署增加，以确保合约容量不会影响租户参与数量，并支持处理大规模交易请求。

7.6　性　能　分　析

考虑到不同租户对网络切片带宽有不同的需求，假设在真实的场景中不同租户的带宽需求主要在 1M~100Mbit/s 变化，服从图 7.10（a）所示的正态分布。若资源提供商 A 具有用于某视频服务的专用网络切片，由于它正在为多个并发租户提供服务，因此已经过载。考虑两种情况：①在传统场景中由于缺乏不同资源提供商之间的统一网络切片租用平台，因此租户在短时间内只能通过资源提供商 A 使用其受限的网络切片以完成相应服务请求；②在本方案中，租户能够通过智能合约选择有足够网络资源的资源提供商来获得相应的网络切片服务。

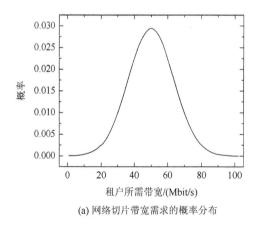
(a) 网络切片带宽需求的概率分布

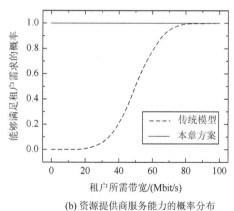
(b) 资源提供商服务能力的概率分布

图 7.10　网络切片带宽需求与资源提供商服务能力的概率分布

图 7.10（b）给出了资源提供商能够满足租户需求的概率分布情况。可以看到，本章方案由于通过智能合约实现了统一的网络切片管理平台，租户能够任意选择需要的资源提供商，因此能满足所有租户的需求。

7.6.1　区块容量

表 7.2 给出了本章方案所涉及合约中主要参数的数据存储大小，主要包括租户或者资源提供商的 ID、时间戳 ts、签名 Signature 及 Data。合约中的 Data 的字段长度限制为128byte，该字段在调用不同合约时内容不同，例如，在目录合约中是资源提供能力数据，在切片合约中是切片的具体部署信息，在租户合约中则是租户侧的相关信息。在具体应用过程中该部分大小可以根据具体需要进行修改。由此计算得出合约中需要存储的数据大小约为196byte。如果考虑一个有效存储容量为 4MB 的区块，则可以包含超过 20000 个交易。

表 7.2　合约中主要参数的数据存储大小

参数	ID	ts	Signature	Data
长度/byte	32	4	32	128

7.6.2　测试结果

考虑到基于租户节点的验证方案在安全性上的不足，在实际部署中只对基于随机选择协议的方案进行测试。合约部署在 Fabric 平台上，所有测试均在虚拟机上运行，实验平台为 VMware Workstation 16 pro 16.1.1 build-17801498，虚拟机系统为 Ubuntu 16.4 LTS，主机操作系统为 Windows 10，配备 6 核 3.0 GHz Intel Core i5 和 8 GB DDR4 RAM。图 7.11 是测试网络架构示意图，采用 5 个节点作为平台中的排序节点。

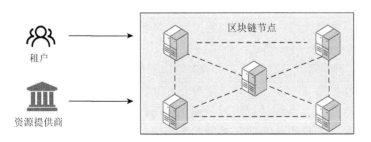

图 7.11　测试网络架构示意图

首先测试本地计算机上智能合约代码的运行时间。合约主要功能的单次时间开销如表 7.3 所示，该表给出了执行合约主要功能所需要的单次时间开销。目录合约的存储和更新操作，以及切片合约的切片信息写入操作，实际上都是对各节点本地数据库的更新，通过 stub.PutState() 函数实现，节点之间的转账操作也通过 stub.PutState() 函数对两个节点的账户状态进行更新。而对目录合约和切片验证结果的查询则需要通过 stub.GetState() 函数获得。在本章方案中，虽然涉及多个测试节点对网络切片验证结果的汇总，但是这一步骤被放在共识过程中，协商过程不涉及合约状态变化，而是仅由主节点汇总验证结果对合约状态进行调用更新，因此不会带来更多的合约操作开销。

表 7.3　合约主要功能的单次时间开销

功能	时间开销/ms
DC.Storage	75.188
DC.Update	68.509
DC.Search	58.071
SC.Slice	70.440
SC.Judge	60.438
UC.Transfer	70.329

　　参与租户节点的数量也会对合约处理时间产生影响。图 7.12（a）给出了 SC.Slice、SC.Judge、UC.Transfer 三种合约操作的时间开销受租户节点数量的影响。可以看出，随着租户节点数量的增多，不同操作之间的时间开销区别也越明显。SC.Slice 操作的时间开销稍微高于 SC.Judge 操作，这也说明读取数据操作 stub.GetState() 的时间开销会低于写入数据操作 stub.PutState() 的。而 UC.Transfer 操作的时间开销最高，这是因为节点之间的转账操作会涉及两个节点的状态变化，因此会调用两次 stub.PutState() 操作。虽然租户节点数量的增加会带来更多的时间开销，但是从整体上看，所有操作的时间开销都在可以接受的范围内。

　　最后通过 Fabric 性能测试工具 Tape，测试了合约不同操作随着网络中验证节点数量变化的吞吐量变化情况。图 7.12（b）给出了 SC.Slice、SC.Judge、UC.Transfer 三种不同操作受系统中验证节点数量变化对系统吞吐量的影响。这里每次测试都是基于 40000 次的多线程并行测试所得出的平均结果，从图中可以看出，系统吞吐量受不同操作类型影响的变化不大，主要影响来自于系统中的验证节点数量。分析发现，这是因为虽然 Tape 工具测量是以多线程方式执行的，但是受到主机 CPU 性能的限制，多节点不能分别完全发挥自己的计算能力，这将在今后的工作中通过多机模拟操作进行改进并测试。

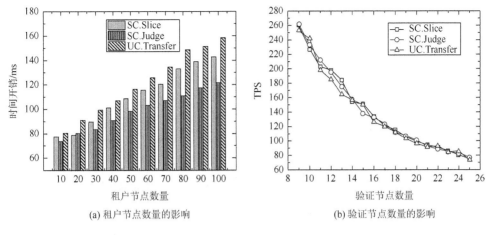

(a) 租户节点数量的影响　　　　　　　　(b) 验证节点数量的影响

图 7.12　合约处理时间

7.6.3　共识开销

为测试本章方案中添加随机选择的改进 PBFT 共识协议，模拟测试在不同的节点传输时延下的共识时间，结果见图 7.13。通过比较看出，加入随机选择后的改进 PBFT 算法相比于传统 PBFT 共识协议，引入的共识时间并不大，在误差允许的范围内可以忽略不计。这是因为改进算法在传统 PBFT 共识协议上只增加了每个租户和主节点的哈希操作及少量数据，对于 $O(n^2)$ 量级时间开销的共识协议来说，节点传输时延才是影响共识时间的主要因素。并且可以看到，随着共识节点数量的增加，共识时间的增长也呈现出 $O(n^2)$ 量级的趋势，这也说明该共识不适合用于共识节点数量过多的场景。

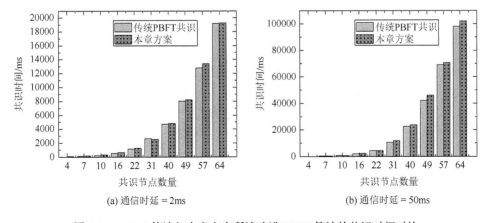

(a) 通信时延 = 2ms　　　　　　　　　(b) 通信时延 = 50ms

图 7.13　PBFT 算法与本章方案所述改进 PBFT 算法的共识时间对比

7.7　本 章 小 结

本章利用区块链实现了一个网络切片管理平台，在这个平台上可以对不同资源提供商提供的网络切片进行管理，并满足对网络切片的创建、租用、计费和审计等方面的管理需求。本章利用区块链技术解决了多资源提供商管理网络切片时存在的信任问题，通过联盟区块链将多资源提供商联系了起来。资源通过合约解决了资源提供商和租户之间的信任问题。本章采用随机选择节点调用测试接口并由其他节点监听的模式，结合区块链中的共识机制设计验证流程保证了测试结果的可靠性。

参 考 文 献

[1]　TUN Y K，TRAN N H，NGO D T，et al. Wireless network slicing：Generalized kelly mechanism-based resource allocation[J]. IEEE Journal on Selected Areas in Communications，2019，37（8）：1794-1807.

[2]　WU Y L，DAI H N，WANG H Z，et al. A survey of intelligent network slicing management for industrial IoT：Integrated approaches for smart transportation，smart energy，and smart factory[J]. IEEE Communications Surveys and Tutorials，2022，24（2）：1175-1211.

[3]　3GPP PORTAL. Telecommunication management；Study on management and orchestration of network slicing for next generation network[EB/OL].（2018-1-4）[2024-1-22]. http://www.3gpp.org/ftp/Specs/htmlinfo/28801.htm.

[4]　LIN S Y，ZHANG L，LI J，et al. A survey of application research based on blockchain smart contract[J]. Wireless Networks，2022，28（2）：635-690.

[5]　WOOD G. Ethereum：A secure decentralised generalised transaction ledger[J]. Ethereum Project Yellow Paper，2014，151（2014）：1-32.

[6]　SAMDANIS K，COSTA-PEREZ X，SCIANCALEPORE V. From network sharing to multi-tenancy：The 5G network slice broker[J]. IEEE Communications Magazine，2016，54（7）：32-39.

[7]　ROST P，MANNWEILER C，MICHALOPOULOS D S，et al. Network slicing to enable scalability and flexibility in 5G mobile networks[J]. IEEE Communications Magazine，2017，55（5）：72-79.

[8]　KSENTINI A，NIKAEIN N. Toward enforcing network slicing on RAN：Flexibility and resources abstraction[J]. IEEE Communications Magazine，2017，55（6）：102-108.

[9]　LIANG L，WU Y F，FENG G，et al. Online auction-based resource allocation for service-oriented network slicing[J]. IEEE Transactions on Vehicular Technology，2019，68（8）：8063-8074.

[10]　PRAVEEN G，CHAMOLA V，HASSIJA V，et al. Blockchain for 5G：A prelude to future telecommunication[J]. IEEE Network，2020，34（6）：106-113.

[11]　NOUR B，KSENTINI A，HERBAUT N，et al. A blockchain-based network slice broker for 5G services[J]. IEEE Networking Letters，2019，1（3）：99-102.

[12]　RATHI V K，CHAUDHARY V，RAJPUT N K，et al. A blockchain-enabled multi domain edge computing orchestrator[J]. IEEE Internet of Things Magazine，2020，3（2）：30-36.

[13]　GORLA P，CHAMOLA V，HASSIJA V，et al. Network slicing for 5G with UE state based allocation and blockchain approach[J]. IEEE Network，2021，35（3）：184-190.

[14]　TOGOU M A，BI T，DEV K，et al. Dbns：A distributed blockchain-enabled network slicing framework for 5G networks[J]. IEEE Communications Magazine，2020，58（11）：90-96.

[15]　ABDULQADDER I H, ZHOU S J. SliceBlock：Context-aware authentication handover and secure network slicing using DAG-blockchain in edge-assisted SDN/NFV-6G environment[J]. IEEE Internet of Things Journal，2022，9（18）：18079-18097.

[16]　3GPP PORTAL. System architecture for the 5G system[EB/OL].（2023-12-19）[2024-1-22]. https://portal.3gpp.org/desktopmodules/Specifications/SpecificationDetails.aspx?specificationId=3144.

[17]　CASTRO M，LISKOV B. Practical byzantine fault tolerance[J]. OSDI，1999，99：173-186.

[18]　DOUCEUR J R. The sybil attack[C]//Proceedings of the International Workshop on Peer-to-Peer Systems，Cambridge，2002：251-260.

第 8 章　基于区块链的大规模健康数据隐私保护方案

本章介绍一个基于区块链的大规模健康数据隐私保护方案。传统的智能医疗将个人医疗健康数据上传到云服务器中,云服务器可能泄露或篡改用户隐私数据,且无法灵活共享数据。本章方案通过构建相互合作的用户链与医生链,实现安全、高效的医疗数据共享与诊断。在用户侧引入星际文件系统(inter planetary file system,IPFS)存储加密的用户数据,在用户链记录数据摘要,保障数据完整性;同时提出了细粒度数据访问控制机制,保障数据共享安全可控。在医生侧通过医生链存储医生产生诊断信息的摘要,实现对诊断过程的可信审计,降低医疗纠纷的可能性。最后,安全性分析表明本章方案可以实现良好的医疗健康数据隐私保护、医疗操作可审计和授权医生的动态撤销;性能仿真表明本章方案相比于传统方案实现了更低的计算和通信开销。

8.1　问　题　描　述

物联网(internet of things,IoT)将大量智能设备连接到互联网上收集和交换数据,帮助人们监测变化并做出响应,提高生产生活效率[1, 2],已经在车载网络[3]、智能电网[4]、智能家居[5]、智能医疗等诸多领域获得广泛应用。基于物联网技术的智能医疗系统显著提高了效率和准确性,能够打破地理限制,实现远程监控[6],进行疾病风险评估[7],构建疾病预测系统[8]。在智能医疗系统中,可穿戴传感器等物联网设备不断采集用户的心跳、血压、体温等生理数据,发送到用户的本地网关进行初步的数据处理,然后发送给医疗健康服务提供商进行诊断和反馈,这样用户可以进一步更好地了解自己的健康状况。然而,这些个人智能健康设备的特点是小型化和超低功耗,导致计算和存储容量有限,一般需要将个人健康数据和电子健康记录(electronic health record,EHR)外包给云服务器。

与传统医疗系统相比,云辅助医疗系统提高了效率,降低了成本。但是,这种集中式的医疗系统还存在很多弊端。一方面,大型智能健康设备对云服务器的计算和存储能力要求很高。由于云存储和计算是集中式的,一旦云服务器出现故障或受到攻击,所有用户都将受到影响。此外,健康数据高度敏感,应该得到很好的保护,云服务器可能泄露用户隐私以获取商业利益[9]。当发生医疗纠纷时,用户可能因为对第三方的不信任,怀疑存储在云服务器中的原始医疗数据已被修改。另一方面，在不同的访问控制策略平台之间，很难共享云服务器中存储的数据。

区块链提供了安全的分布式记账技术，已广泛应用于比特币[10]和以太币[11]等加密货币交易。同时，它也成为各种物联网场景进行更多创新的关键技术。区块链中的所有节点构建了一个对等网络，相互协作共同提供服务。区块链由一系列区块组成，每个区块主要包含其上一个区块的哈希、时间戳、Nonce 和一些交易。用户产生的数据将在全网广播，一些节点收集、验证交易并打包到区块中。向区块链添加区块的方法由特定的共识机制决定，且一旦区块被添加到区块链中，在特定安全假设下可保证其无法被篡改。

8.2　相　关　工　作

8.2.1　传统的智能医疗系统

为保护存储在云服务器中的个人健康数据，研究者引入属性基加密（ABE）来实现细粒度的访问控制。2013 年，Li 等[12]提出了一种新的以病人为中心的细粒度可扩展数据访问控制框架，该框架利用 ABE 技术对用户的 EHR 数据进行加密。为了解决传统密文策略-基于属性的加密（ciphertext-policy attribution-based encryption，CP-ABE）中的访问策略泄露问题，Zhang 等[13]提出在访问策略中隐藏特定和敏感的属性值，并进一步提出对重复 EHR 数据的清洗方案[14]，降低存储成本。Hua等[15]提出的 CINEMA 是一种有效的、隐私保护的在线医疗诊断框架，基于快速安全排列和比较技术，用户可以在云服务器上实现查询操作，而无须解密其私有数据。然而，CINEMA 要求云服务器具有高计算和存储性能，以使数百万用户能够同时在线查询。尽管这些方案提供了安全存储和细粒度的云访问控制，但仍然存在内部恶意攻击和云服务器崩溃等问题。因此，本章引入了一个基于分布式区块链的系统代替云服务器来进行数据存储和隐私保护。

8.2.2　区块链的各种应用场景

区块链最初被应用于比特币，用于构建可信的分布式账本。此后，许多研究致力于解决区块链本身的关键问题，如提升性能[16, 17]、抵抗双重支付攻击[18, 19]和构建高效的分布式共识机制[20, 21]等。也有研究致力于开发基于区块链的实际应用，除了作为加密货币系统的基础设施[11]，它还可以集成到许多物联网场景中。例如，Yang 等[21]提出了一个基于区块链的分布式信用管理系统，用于更新和发布车辆网络中所有车辆的信用信息，能够有效地评估车辆在非信任环境中的可信度。

Kang 等[22]利用智能合约存储和共享车辆数据，实现了高效的自动化数据管理。在智能电网中，为了实现最优调度和保护用户的隐私信息，Guan 等[23]提出了一种基于区块链的隐私保护和高效数据聚合方案，将用户划分为不同的组，并为每个组选择一个用户作为矿工来聚合组中的数据并将其添加到组的私有区块链中。虽然，这些方案可以在特定的网络场景中解决它们所关注的问题，但它们不能直接用于智能医疗系统。在智能医疗系统中，为了保护隐私，不仅要保护用户的物联网数据，还要保护医生的诊断。为了保证用户的安全，还需要对诊断用户的医生进行资格审查。

8.2.3 基于区块链的智能医疗

近年来，许多研究表明，区块链是实现个人健康信息安全和隐私保护的重要解决方案[24]。一些研究工作[25-27]论证了基于区块链的智能医疗系统的优势，并提出了系统架构，但缺少具体的实施细节。文献[28]提出了一种对基于区块链的电子健康系统有效性和安全性进行综合评估的模型。文献[29]、[30]探讨了如何对采集到的用户数据进行细粒度访问控制问题。Al Omar 等[31]提出了一种以用户为中心的医疗数据隐私保护方案，称为 MediBchain。在 MediBchain 中，用户加密敏感的健康数据并将其存储在许可的区块链上，只有密码正确的用户才能从 MediBchain 中获取数据。然而，用户在共享其健康数据时必须共享密码，虽然实现了粗粒度的访问控制，但容易导致密钥泄露。Yue 等[32]提出了更灵活的访问控制方案，但需要借助一个可信云维护区块链，破坏了区块链的分布式信任。为了减少用户存储开销和提高区块链吞吐量，在文献[32]中，医疗记录被存储在外部数据库中，指向外部数据库中医疗记录和读取权限的指针存储在以太坊区块链上的智能合约中。Dagher 等[33]提出使用区块存储病历的哈希值，同时通过 HTTPS 在私有交易中发送实际的查询链接信息；但是，这种方法容易受到 DoS 攻击。同样基于存储摘要的思想，Shen 等[34]设计了一种链式摘要结构，能够高效检查共享的医疗物联网数据流的完整性。然而，这些工作没有考虑进一步的诊断和交互过程。

8.3 Healthchain 系统模型

8.3.1 系统架构

Healthchain 系统由五类实体、两个区块链组成。实体包括物联网设备、用户节点、医生节点、记账节点和存储节点；区块链包括一个用户链和一个医生链。

物联网设备和用户节点是用户链的参与实体，医生节点和记账节点是医生链的参与实体，存储节点负责存储来自用户节点或医生节点的原始数据，而区块链上仅存储数据的摘要信息。

物联网设备是可穿戴传感器等，可监视用户的健康参数，会定期将收集到的各种与健康相关的数据发送给对应的用户节点，用户节点对数据进行进一步处理并将其发送至存储节点。用户节点分为轻量级用户节点和核心用户节点。其中，轻量级用户节点只能生成和发布交易，不参与区块链的维护；核心用户节点是具有强大计算和存储功能的用户节点，可以存储完整的用户链并参与链的维护，可以生成、发布、验证和协助轻量级用户节点查询交易。

医生节点可以是医院的医生，或是智能医疗服务公司的人工智能健康分析仪等，他们可以根据用户的物联网数据提供连续诊断。系统中的所有医院和公司组成一个联盟，所有医生节点的行为都受到联盟规则的限制。经过授权的医生节点可以读取用户链上的信息并提供诊断结果，再进一步通过记账节点将结果上传至医生链。记账节点由联盟部署，可以验证来自医生节点的交易（即诊断结果）是否有效。存储节点合作共同以分布式方式存储完整的加密用户物联网数据和加密医生的诊断，基于星际文件系统（IPFS）部署。

用户链和医生链以区块链的形式提供了系统的基础平台。用户链是一个公有链，用于发布用户的数据。任何人都可以随时加入用户链来读取交易、发送交易和维护区块。医生链是一个联盟链，用于发布医生的诊断结果，只有联盟授权的医生节点才能生成诊断交易。但是，任何人都可以读取到医生链上发布的数据。整个方案的主要数据流：物联网设备周期性地向用户节点发送健康数据；用户节点对物联网数据进行加密，并将其发送至存储节点；用户节点将加密数据的哈希值作为交易添加到用户链中；医生节点对用户数据进行解密，实时在线诊断；医生节点将加密的诊断发送给存储节点，并生成用于诊断的交易，该交易包括加密诊断的地址；最后，用户节点阅读医生链上的信息以了解自己的健康状况。

8.3.2　信任模型和安全需求

Healthchain 假设物联网设备和用户节点之间存在安全通道。医生节点严格执行规范，如实诊断。用户和医生的私钥是安全的。数据加密并存储在分布式 IPFS 节点中。系统中存在主动攻击者和被动攻击者，被动攻击者窃听通信信道以获取所有传输的数据，主动攻击者试图篡改或删除来自用户或医生的消息。此外，攻击者无法控制超过 51% 的用户链记账节点，且无法控制超过 1/3 的医生链记账节点。

Healthchain 的目标是实现智能医疗系统的隐私保护，具有支持大规模物联网设备、高效性、隐私保护、责任审查和按需撤销五个特性。具体来说，截至 2022 年，物联网市场已经到达 144 亿活跃连接。预计到 2025 年，将有大约 270 亿台联网物联网设备[35]。对于智能医疗，越来越多的物联网设备继续产生健康数据，这给系统设计带来了挑战。因此，系统需要能够处理海量物联网设备产生的海量数据，进一步支持设备的动态加入和退出。为保障可用性，系统需要及时、安全地存储和分析大量的健康数据，能够及时上传用户的健康数据，并使用特定的访问策略进行读取。同样，医生的诊断也需要及时准确上传，并提供给用户。

每个用户的健康数据只能由其本人和其授权的专业医护人员（医生、人工智能健康分析仪等）获取。同时，医生的诊断可以被诊断用户和授权的专业医护人员访问。任何对手都无法获取用户的私人信息。为了防止医疗纠纷，医生需要对自己的诊断负责，不能篡改或否认。任何人都可以检查过去的诊断是否被篡改。用户可以随时撤销医生访问其物联网数据的权限，被撤销权限的医生不能读取数据。

8.4　一种基于区块链的大规模数据隐私保护方案设计

Healthchain 是一种基于区块链的健康数据隐私保护方案。Healthchain 系统模型如图 8.1 所示。用户定期上传物联网设备收集的健康数据，并将其作为交易发布在用户链上。医生或人工智能健康分析仪根据健康数据进行诊断，并将诊断结果发布在医生链上，用户可在医生链上请求到自己的诊断结果。为实现隐私保护，所有数据均在加密后上传；同时，为降低区块链存储开销，原始数据存储在链下存储节点中，链上仅存储数据摘要。

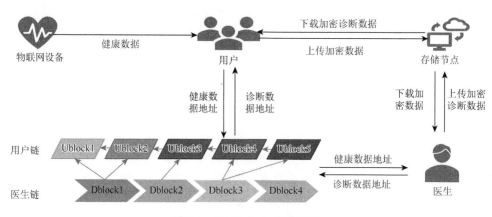

图 8.1　Healthchain 系统模型

随着物联网设备的爆炸式增长，将会出现大规模的健康数据，而且这些健康数据还会继续增加。在区块链上记录用户的完整数据是不合适的，因为区块链上每个节点的资源需求都会非常高，这样区块链将过于复杂，无法维护、搜索和验证。为此，存储节点基于星际文件系统（IPFS）进行数据存储。IPFS 是一个内容可寻址的分布式文件系统，用于存储具有高度完整性和弹性的数据，可以有效地分发大量数据[36]，且可以通过哈希地址检索文件。在 Healthchain 中，用户的完整健康数据存储在 IPFS 存储节点中。区块链中只存储用于验证数据完整性并映射到 IPFS 存储中完整数据的哈希值。这样，Healthchain 支持大规模数据，具有良好的可扩展性。

除了海量数据的存储压力，数据安全和用户隐私问题也是一个主要挑战。区块链的开放性和透明性使得用户的隐私容易受到侵害，且授权的专业医疗健康服务提供商需要访问用户的健康数据。因此，需要对用户的健康数据进行加密，并对加密后的数据进行细粒度的访问控制，保证只有经过授权的专业医疗机构才能读取特定用户的健康数据。为了保证数据的安全可控共享，健康链提供了支持密钥更新、撤销和动态授权的细粒度访问控制机制。

Healthchain 由两个子区块链组成，分别命名为用户链和医生链。用户链存储用户健康数据，并提供密钥管理功能。为此，用户链上的交易分为两类：数据交易和密钥交易。数据交易主要包含加密数据的哈希地址，可用于在 IPFS 节点上处理加密的物联网数据。密钥交易主要包含两个对称密钥：一个是数据密钥，用于加密或解密健康数据；另一个是诊断密钥，用于加密或解密诊断结果。这两个对称密钥均由用户生成，并使用授权医生节点的公钥加密，这样，授权医生节点可以获得两个对称密钥，以解密健康数据和加密诊断结果。

医生链中存储诊断结果，称作诊断交易，该交易使用用户提供的诊断密钥加密，以确保只有对应的用户可以访问诊断结果。为了生成诊断交易，授权医生节点首先在用户链中搜索负责用户的数据或密钥交易。对密钥交易，更新存储的密钥以加密/解密物联网数据或诊断结果；对数据交易，根据其中包含的哈希地址，在 IPFS 中获取完整数据，利用数据密钥解密。之后，医生节点根据健康数据为用户生成相应的诊断结果，使用用户提供的诊断密钥加密该结果将其存储到 IPFS 中，并利用哈希地址生成诊断交易，通过记账节点上传至医生链。

图 8.2 给出了 Healthchain 的五层系统架构，自下而上分别为数据层、网络层、共识层、激励层和应用层。数据层位于最底层，包含 UBlock 和 DBlock 两类区块结构，以及一些密码算法。网络层负责网络通信。共识层搭载共识协议，用户链和医生链分别采用工作量证明（PoW）和实用拜占庭容错（PBFT）两类共识算法。激励层搭载了发行机制和分配机制，激励系统实体诚实运行预定协议。应用层提供对用户的使用接口，包含物联网数据存储、疾病诊断、密钥管理、健康监控等各类功能。下面将详细介绍每一层的具体构造。

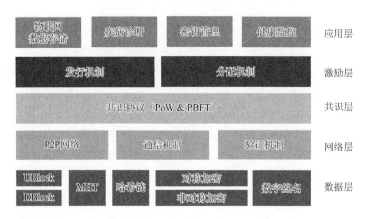

图 8.2　Healthchain 的五层系统架构

8.4.1　数据层

数据层位于最底层，包含了 UBlock 和 DBlock 两类数据结构，以及一些密码算法。UBlock 和 DBlock 分别是用户链和医生链的区块结构。

用户链结构如图 8.3 所示，每个 UBlock 分为区块头和区块体两部分。区块头包含了索引（Index）、上一区块哈希（Prehash）、随机值（Nonce）、区块生成时间（Gtime）及默克尔哈希树根（Userroot）。区块体中存储了用户链的两类交易，即数据交易 $\mathrm{tx}_{\mathrm{data}}$ 和密钥交易 $\mathrm{tx}_{\mathrm{key}}$。用户生成 $\mathrm{tx}_{\mathrm{data}}$ 以加密的物联网数据形式传输给授权医生，并生成 $\mathrm{tx}_{\mathrm{key}}$ 以灵活地调整对医生的授权，如添加或撤销授权医生。此外，如果物联网密钥或诊断密钥遭到破坏，那么用户可以随时通过生成和传输新的密钥交易 $\mathrm{tx}_{\mathrm{key}}$ 来对其进行更新。最新的 $\mathrm{tx}_{\mathrm{key}}$ 包含更新的物联网密钥和诊断密钥，并分别使用所有当前授权的医生的公钥进行加密。

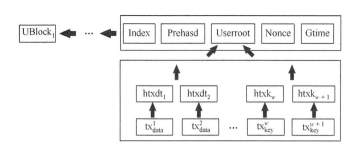

图 8.3　用户链结构

数据交易 $\mathrm{tx}_{\mathrm{data}} = \{\mathrm{ID}_{U_i}, \mathrm{ts}, \mathrm{HEData}, S_i, \mathrm{htxdt}_i\}$，包含发布交易的用户身份 ID_{U_i}、

时间戳 ts、健康数据在 IPFS 的哈希地址 HEData、用户使用私钥 sk_{U_i} 对交易生成的签名 $S_i = \mathrm{Sign}(\mathrm{sk}_{U_i}, H(\mathrm{ID}_{U_i}, \mathrm{ts}, \mathrm{HEData}))$、交易哈希 $\mathrm{htxdt}_i = H(\mathrm{ID}_{U_i}, \mathrm{ts}_1, \mathrm{HEData}, S_i)$。密钥交易 $\mathrm{tx}_{\mathrm{key}} = \{\mathrm{ID}_{U_i}, \mathrm{ID}_{D_j}, \mathrm{ts}, \mathrm{Env}_{ij}, \mathrm{Env}_{U_i}, \mathrm{Sig}_i, \mathrm{htxk}_i\}$，包含发布交易的用户身份 ID_{U_i}、授权医生节点的身份 ID_{D_j}、时间戳 ts、加密的更新密钥 $(\mathrm{Env}_{ij}, \mathrm{Env}_{U_i})$、用户使用私钥 sk_{U_i} 对交易签名得到的签名 Sig_i、交易哈希 $\mathrm{htxk}_i = H(\mathrm{ID}_{U_i}, \mathrm{ts}, \mathrm{Env}_{ij}, \mathrm{Env}_{U_i}, \mathrm{Sig}_i)$。

加密的更新密钥包含两种类型的数字信封：$\mathrm{Env}_{ij} = \{\mathrm{ID}_{D_j}, \mathrm{htxdt}_i, \mathrm{Enc}\{\mathrm{pk}_{D_j}, (\mathrm{dtk}_i, \mathrm{dgk}_{ij})\}\}$ 用于授权医生，$\mathrm{Env}_{U_i} = \mathrm{Enc}\{\mathrm{pk}_{U_i}, (\mathrm{dtk}_i, \mathrm{dgk}_{ij})\}$ 用于用户为自己备份密钥。Env_{ij} 用于向医生节点 ID_{D_i} 授权对健康数据 htxdt_i 的访问和诊断权限，授权方式为使用医生的公钥 pk_{D_j} 加密数据密钥 dtk_i 和诊断密钥 dgk_{ij}，医生使用私钥即可解密得到两个密钥。Env_{U_i} 包含使用用户公钥 pk_{U_i} 加密的数据密钥 dtk_i 和诊断密钥 dgk_{ij}，这样，用户可不在本地存储密钥，而仅在需要时在区块链上请求相应的数字信封，减轻存储负担。为提高密钥管理效率，用户可以在密钥交易中包含多个医生身份和数字信封，以同时授权多个医生节点；而当用户需要撤销医生时，只需要生成新的密钥交易，重新授权剩余医生即可。

医生链由 DBlock 组成，与 UBlock 相似，其结构如图 8.4 所示，每个 DBlock 可以分为区块头和区块体两部分。区块头包含索引（Index）、上一区块哈希（Prehash）、默克尔哈希树根（Diagroot）、随机值（Nonce）和时间戳（Gtime）。区块体由诊断交易构成。诊断交易 $\mathrm{tx}_{\mathrm{diag}} = \{\mathrm{ID}_{D_j}, \mathrm{ts}, \mathrm{htxdt}_i, \mathrm{HEDiag}, S_j, \mathrm{htxdg}_j\}$，包含发布诊断交易的医生身份 ID_{D_j}、时间戳 ts、该诊断对应的数据交易 htxdt_i、诊断结果在 IPFS 上的哈希地址 HEDiag、医生使用私钥签名交易得到的签名

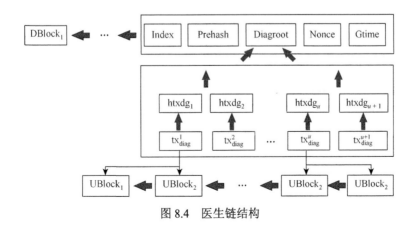

图 8.4　医生链结构

$S_j = \text{Sign}(\text{sk}_{D_j}, H(\text{ID}_{D_j}, \text{ts}, \text{htxdt}_i, \text{HEDiag}))$ 、该交易的哈希值 $\text{htxdg}_j = H(\text{ID}_{D_j}, \text{ts}_3,$ $\text{htxI}_i, \text{HEdm}, S_j)$ 。需要指出，诊断交易中包含了该诊断对应的健康数据，如果医生基于多个 tx_{IoT} 生成诊断，则诊断交易将包含多个对应的 htxI_i；这一结构也将用户链和医生链连接在一起，可以进一步减小发生医疗纠纷的可能性。

8.4.2 网络层

Healthchain 网络中有物联网设备、用户节点、医生节点、存储节点、记账节点等参与节点。每个物联网设备都有一个且只有一个用户节点作为其管理节点。物联网设备定期将收集到的数据发送到其用户节点中，用户节点对数据进行汇总和加密，将完整的加密数据发送到 IPFS 存储节点中，并使用哈希地址构造数据交易，将其广播到网络中其他用户节点中。当核心用户节点接收到交易时，会验证交易中签名和交易结构等信息是否正确；若验证成功，则将交易添加到用户链的最新区块中。

医生节点在用户链查询所负责用户的交易，根据健康数据生成诊断结果，之后加密诊断结果并将其发送到 IPFS 存储节点中，根据返回的哈希地址生成诊断交易，将诊断交易发送给领导者。领导者首先验证交易签名是否正确、交易是否由合法的医生节点生成、交易的结构是否正确、时间戳是否在指定范围内等，如果验证成功，那么将交易添加到区块中。在完成对当前时间段的交易打包后，将新区块广播到其他记账节点中，完成共识使区块生效。

8.4.3 共识层

区块链是点对点网络，每个节点在特定时间可能会收到不同的交易，需要基于共识机制确定将哪些数据以何种顺序添加到区块链上。在 Healthchain 中，用户链是运行工作量证明共识的公有链，医生链是运行实用拜占庭容错共识的联盟链。

用户链运行工作量证明共识，用户链的共识算法见算法 8.1，其核心思想是，节点需要寻找一个随机值 Nonce，使得 $H(\text{Nonce} || \text{Prehash} || \text{Userroot}) < \text{Target}$。其中，Target 越小，找到有效 Nonce 的难度越大，生成新区块的速度就越慢。若将生成周期设置为 1min，可按照 New target = Old target * (Actural time of last 2016 blocks / 2016 minutes) 的方法动态调整 Target 的取值。成功向用户链添加新区块的节点可以获得一定数目的健康积分，该积分代表了用户在 Healthchain 社区中的贡献，在激励层中可利用该积分设置奖惩机制。

算法 8.1 用户链的共识算法

输入：上一区块哈希 Prehash，默克尔哈希树根 Userroot，难度 Target；

输出：Nonce；

2　初始化 Nonce = 0，$H_{temp} = \infty$，par = 0

5　**While** $H_{temp} \geqslant$ Target and par = 0 **do**

6　　Nonce++；

7　　$H_{temp} = H$(Nonce || Prehash || Userroot)；

8　　**if** 收到新生成的区块 **then**

9　　　par = 1；

10　　**end**

11　　**if** $H_{temp} \geqslant$ Target and par = 0 **then**

12　　　**return** Nonce；

13　　**else**

14　　　**Continue**；

15　　**end**

16　**end**

医生链运行实用拜占庭容错（PBFT）[37]共识算法，PBFT 协议实例中的消息流如图 8.5 所示。假设联盟中总共有 $3f+1$ 个记账节点，在每个时间段内只有一位领导者，该领导者由记账节点轮换担任。

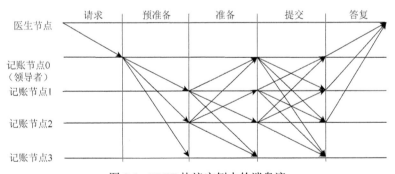

图 8.5　PBFT 协议实例中的消息流

领导者收到医生节点发送的交易后，对交易进行排序并为交易分配序列号，将交易和序列号存储在日志中，并将带有交易和序列号的预准备消息广播给其他记账节点。在接收到来自领导者的交易后，记账节点验证签名、时间戳、序列号等是否有效。如果有效，则广播包含身份验证结果签名的准备消息。如果记账节点在特定时间范围内接收到来自超过 $2f$ 个节点的准备消息，那么表明准备阶段已经完成，记账节点生成提交消息并向其他记账节点广播。如果记账节点接收到包括其自身在内的超过 $2f+1$ 个提交消息，则认为提交阶段成功结束，这意味着所有记账节点已达成共识并将交易记录到新的 DBlock 中。如果共识失败，则更换领导者，重新开始预准备阶段。

8.4.4　激励层

Healthchain 系统中设置了健康积分，并基于健康积分设置激励机制，以促进更多的用户和医生继续参与维护和使用 Healthchain。在用户链上，当用户节点作为核心用户节点成功产生新区块后，可以获得一定的健康积分；接下来，用户可以通过健康积分请求医生链提供的智能医疗服务。若用户节点不具有足够的条件作为核心用户节点，也可以通过其他方式向核心用户节点购买健康积分。另外，医生也可以通过为用户提供诊断服务获取健康积分。医生可以选择向联盟提现积分，也可以直接向用户出售积分。

8.4.5　应用层

最顶层的应用层为用户和医生提供不同的服务，主要包括健康数据安全存储服务、密钥管理服务和疾病诊断服务等。

健康数据安全存储服务。 用户节点从物联网设备接收到最新的健康数据后，需要将数据加密上传至 IPFS，得到哈希地址，再生成数据交易发送到用户链上，实现数据的安全存储。生成 tx_{data} 的过程如算法 8.2 所示，包括加密数据、上传至 IPFS、生成时间戳、生成签名、生成交易哈希等步骤。

算法 8.2　生成 tx_{data} 的过程

输入：U_i 的数据密钥 dtk_i，健康数据 data；

输出：数据交易 tx_{data}；

2　加密健康数据 $\text{EData}_i = \text{Enc}(\text{dtk}_i, \text{data})$；

3　发送 EData_i 至 IPFS 节点，得到其哈希地址 HEData_i；

4　生成时间戳 ts；

5　生成签名 $S_i = \text{Sign}(\text{sk}_{U_i}, H(\text{ID}_{U_i}, \text{ts}, \text{HEData}_i))$；

6　生成交易哈希 $\text{htxdt}_i = H(\text{ID}_{U_i}, \text{ts}, \text{HEData}_i, S_i)$；

7　生成交易 $\text{tx}_{\text{data}} = \{\text{ID}_{U_i}, \text{ts}, \text{HEData}_i, S_i, \text{htxdt}_i\}$；

密钥管理服务。 为保证数据的安全可控共享，需要通过密钥管理实现对加密数据的访问控制。并且考虑到用户更换医生等需求，需要允许用户动态添加或撤销医生。具体过程为，当用户与新医生建立联系时，用户将生成包含当前物联网

密钥和发布给其他医生的诊断密钥的密钥交易。当用户需要撤销或更换医生时，需要生成一个新的数据密钥，并发布一个新的密钥交易，将新密钥授权给新的医生集合，密钥管理如算法 8.3 所示。即使不更改医生集合，用户也需要定期更新数据密钥以防止离线字典攻击。

算法 8.3　密钥管理

Input: 用户 U_i 的公钥 pk_{U_i} ，当前授权医生 $D_1,\cdots,D_j$ 的公钥 $\mathrm{pk}_{D_1},\cdots,\mathrm{pk}_{D_j}$ ，

当前密钥对应的数据交易 htxdt$_i$；

Output：密钥交易 tx$_{\mathrm{key}}$；

2　生成新的物联网密钥 dtk$_j$；

3　**foreach** 授权医生 D_j **do**

4　　　生成诊断密钥 dgk$_{ij}$；

5　　　生成数字信封 $\mathrm{Env}_{U_i}=\{\mathrm{ID}_{D_j},\mathrm{htxdt}_i,\mathrm{Enc}\{\mathrm{pk}_{D_j},(\mathrm{dtk}_i,\mathrm{dgk}_{ij})\}\}$；

6　**end**

7　生成时间戳 ts；

8　生成数字信封 $\mathrm{Env}_{U_i}=\mathrm{Enc}\{\mathrm{pk}_{U_i},(\mathrm{dtk}_i,\mathrm{dgk}_{i1},\cdots,\mathrm{dgk}_{ij})\}$；

9　生成签名 $\mathrm{Sig}_i=\mathrm{Sign}\{\mathrm{sk}_{U_i},H(\mathrm{ID}_{U_i},\mathrm{ts},\mathrm{Env}_{i1},\cdots,\mathrm{Env}_{ij},\mathrm{Env}_{U_i})\}$；

10　生成交易的哈希 $\mathrm{htxk}_i=H(\mathrm{ID}_{U_i},\mathrm{ts},\mathrm{Env}_{i1},\cdots,\mathrm{Env}_{ij},\mathrm{Env}_{U_i},\mathrm{Sig}_i)$；

11　生成交易 $\mathrm{tx}_{\mathrm{key}}=\{\mathrm{ID}_{U_i},\mathrm{ts}_2,\mathrm{Env}_{i1},\cdots,\mathrm{Env}_{ij},\mathrm{Env}_{U_i},\mathrm{Sig}_i,\mathrm{htxk}_i\}$；

　　疾病诊断服务。医生节点监测用户链上是否存在所负责用户上传的健康数据，若存在，则医生节点首先检查用户是否支付了足够的健康积分。之后，对密钥交易，更新本地保存的用户密钥；对数据交易，根据其中的哈希地址向 IPFS 存储节点请求完整数据，使用用户密钥解密，并进行诊断以获取诊断结果。接下来，医生根据算法 8.4 生成诊断交易，将诊断交易发送给记账节点以上传至医生链。

算法 8.4　疾病诊断

　　输入：健康数据 htxdt$_i$，医生身份 ID_{D_j}，诊断结果 Diag，诊断密钥 dgk$_{ij}$；

　　输出：诊断交易 tx$_{\mathrm{diag}}$；

1　加密后的诊断 $\mathrm{EDiag}_j=\mathrm{Enc}(\mathrm{dgk}_{ij},\mathrm{Diag})$；

2　发送 Edm$_j$ 至 IPFS 存储节点并得到 HEDiag$_j$；

3　生成时间戳 ts；

4　生成诊断的签名 $S_i=\mathrm{Sign}(\mathrm{sk}_{D_j},H(\mathrm{ID}_{D_j},\mathrm{ts},\mathrm{htxdt}_i,\mathrm{HEDiag}_j))$；

5　生成交易的哈希 $\mathrm{htxdg}_j=H(\mathrm{ID}_{D_j},\mathrm{ts},\mathrm{HEDiag}_j,S_j)$；

6　生成交易 $\mathrm{tx}_{\mathrm{diag}}=\{\mathrm{ID}_{D_j},\mathrm{ts},\mathrm{HEDiag}_j,S_j,\mathrm{htxdg}_j\}$；

8.5 性 能 分 析

8.5.1 安全性分析

本节根据 8.3.2 节中列举的设计目标来分析 Healthchain 的安全性，包括隐私保护、可审计性和可撤销性三个方面。

隐私保护。用户的健康数据和医生的诊断结果是敏感数据，需要保证攻击者无法访问到这些数据。如 8.4.1 节所述，用户链仅存储了加密的物联网数据 HEData 的哈希地址，根据该地址，攻击者只能从 IPFS 中获取到加密后的健康数据 $Edata = Enc(dtk_i, Data)$，其中 dtk_i 是用户密钥，仅通过密钥交易发送给了授权医生。由于在密钥交易中，dtk_i 使用医生公钥 pk_{D_j} 或用户公钥 pk_{U_i} 加密，攻击者无法从中获取 dtk_i，因此也无法获取到健康数据。同样地，医生链上仅存储了加密的诊断结果的哈希地址 HEdiag，而攻击者只能从 IPFS 中获取到加密诊断结果 $EDiag = Enc(dgk_{ij}, Diag)$，其中诊断密钥 dgk_{ij} 使用医生公钥 pk_{D_j} 或用户公钥 pk_{U_i} 加密，因此攻击者无法获取 dgk_{ij}，也就无法获取到诊断结果。

可审计性。可审计性要求当产生纠纷或其他审计需求时，审计者应该能够确认用户提供的原始数据及医生提供的诊断结果的真实性。一方面，用户应对其上传的健康数据负责，确保后续诊断能够在真实的数据之上产生。因为用户交易中包含用户签名，所以在私钥 sk_{U_i} 安全的前提下，用户数据具有不可否认性，一旦检测到恶意数据，就可以根据交易中包含的签名找到相应的用户。另一方面，为了避免医疗纠纷，医生应对诊断结果负责。由于诊断交易中包含由医生签名和诊断依赖的健康数据 $htxdt_i$，没有人可以冒充医生来生成错误诊断结果；医生也无法否认历史诊断结果，也无法对失误的诊断推脱责任。

可撤销性。考虑到实际需求，用户和医生之间的关系应能够动态变化。例如，当用户对某个医生感到不信任时，系统应允许用户撤销该医生。为了撤销医生，用户需生成一个新的数据密钥 $dtk_{i'}$，使用当前所有授权医生的公钥加密 $dtk_{i'}$，生成新的密钥交易 tx_{key}。随后的健康数据使用新的 $dtk_{i'}$ 加密，因此，被撤销的医生无法再获取到用户的健康数据。

8.5.2 性能评估

本节通过仿真测试评估 Healthchain 的有效性和可行性。评估从区块容量、交易处理时间、计算开销和通信开销三个方面进行。在仿真实验中，假设每个用户平均有 5 位授权医生，使用智能手机模拟轻量级用户节点，该智能手机具有 64 位 8 核 CPU 处理器，最高 2.45GHz，运行在 Android 7.1.1 平台上，对交易的处理使用 Java 实现。医生节点运行在具有 Intel（R）Core（TM）i7-4790、3.60GHz 处理器的 64 位 Windows 7 操作系统上。用户链和医生链均使用 Python 实现，两个区块链的矿工节点（即核心用户节点和记账节点）运行在具有 Intel（R）Core（TM）i7-4700、2.40GHz 处理器的 64 位 Windows 10 操作系统上。

在用户链中，轻量级用户节点将物联网设备数据发送到存储节点中、生成发布和查询交易。而核心用户节点打包交易，执行共识协议并添加区块到区块链上。核心用户节点和记账节点运行在 Intel（R）Core（TM）i7-4700HQ CPU @ 2.40GHz、64 位 Windows 10 操作系统上，区块链及共识机制使用 Python 仿真，利用 Python 的微框架 Flask 为仿真区块链节点添加 API 接口，使得应用程序可以利用这些 API 开发具体的应用，由此可以轻易地借助 HTTP 请求通过网络和区块链交互；HTTP 客户端使用 Postman 实现。图 8.6 是医生链测试网络示意图。其中，记账节点 1 为当前 PBFT 主节点，接收来自医生节点的诊断交易。

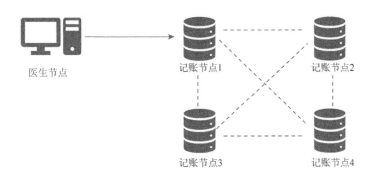

图 8.6　医生链测试网络示意图

1. 区块容量

在区块头中，Prehash、Index 和默克尔哈希树根的字段长度均为 32byte，Gtime 和 Nonce 均为 4byte，区块头的主要参数长度如表 8.1 所示。此外，方案中所涉及的对称加密操作基于 AES 128 实现，公钥加密和签名基于 RSA 1024 实现，哈希基于 SHA 256 实现。基于上述设置，交易中的主要参数长度见表 8.2。

表 8.1　区块头的主要参数长度

参数	Prehash	Index	Gtime	Nonce	默克尔哈希树根
长度/byte	32	32	4	4	32

表 8.2　交易中的主要参数长度

参数	ID	ts	Signature	Hash	Asymmetric Encryption
长度/byte	32	4	32	32	128

　　基于上述参数长度，Healthchain 中的数据交易、密钥交易和诊断交易的长度分别为 132byte、1188byte 和 164byte。综上所述，一个 1MB 的 UBlock 可以包含 5349 个数据交易或 837 个诊断交易，一个 1MB 的 DBlock 可以包含 4599 个诊断交易。假设每分钟生成一个区块，吞吐量可以达到每秒 89 个数据交易或 13 个密钥交易、76 个诊断交易。

　　2. 交易处理时间

　　本节测量用户节点和医生节点分别在 Android 设备和 PC 上的各种交易处理时间。交易处理所涉及的几种主要密码学操作的处理时间如表 8.3 所示，生成三类交易的时间分别为 3.735ms、4.809ms 和 0.021ms。

表 8.3　交易处理时间

操作	用户处理时间/ms	医生处理时间/ms
SHA-256	0.012	7.6×10^{-6}
AES encryption	0.134	7.3×10^{-5}
RSA encryption	0.209	4.3×10^{-4}
RSA signature	3.556	0.021

　　3. 计算开销和通信开销

　　接下来比较本章所述的 Healthchain 方案与传统方案的计算开销和通信开销。在传统方案中，发送方使用对称密钥加密数据，然后将加密数据与使用接收者的公钥加密的对称密钥一起发送。但是，考虑到用户可能比更新密钥更频繁地更新物联网数据，在 Healthchain 中，用户可以根据需要更新密钥交易，而不是每次更新物联网交易时都更新密钥。假设用户每 10min 产生 1 个数据交易，并每 43200min（约 1 个月）产生 1 个密钥交易。图 8.7（a）给出了 Healthchain 方案和传统方案之间用户交易生成的计算开销的比较结果，图 8.7（b）给出了通信开销的比较结果。

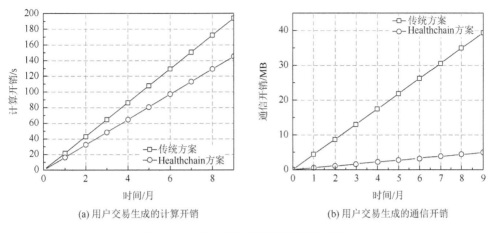

(a) 用户交易生成的计算开销　　　　　　　(b) 用户交易生成的通信开销

图 8.7　交易处理的计算开销和通信开销

从图 8.7 可得，计算开销和通信开销都随着系统使用时间的增加而增加。如图 8.7（a）所示，当系统持续运行 6 个月时，用户只需花费约 96s 即可在 Healthchain 中生成用户交易，而传统方案则需要约 130s。与传统方案相比，Healthchain 方案减少了用户生成交易的计算开销。如图 8.7（b）所示，当系统持续运行 6 个月时，Healthchain 中用户生成的交易规模为 3MB，而传统方案则为 26MB。因此，Healthchain 方案可以减少用户交易生成的通信开销，也降低了系统存储开销。

8.6　本 章 小 结

本章提出了 Healthchain 系统，通过引入区块链存储健康数据，解决传统的基于云服务器的电子医疗架构中存在的隐私泄露、数据篡改、数据共享不便等问题。Healthchain 系统由用户侧的用户链和医生侧的医生链相互配合组成。在用户侧，为保障数据存储和共享的安全可控，Healthchain 提供了数据和密钥解耦的细粒度数据访问控制方案，允许用户动态更新密钥和访问权限。为降低存储开销，Healthchain 采用了基于 IPFS 的链上链下混合存储架构，在保障数据可靠存储的同时，尽可能降低区块链带来的存储开销。在医生侧，医生基于用户链获取用户健康数据，并将诊断结果上传至医生链，保障诊断过程的可审计性，降低了医疗纠纷的可能性。最后，安全性分析表明 Healthchain 可以实现良好的医疗健康数据隐私保护、医疗操作可审计和授权医生的动态撤销，性能仿真证明了医疗链在使用过程中具有较好的性能。

参 考 文 献

[1]　HUO R，ZENG S Q，WANG Z H，et al. A comprehensive survey on blockchain in industrial internet of things：

Motivations，research progresses，and future challenges[J]. IEEE Communications Surveys and Tutorials，2022，24（1）：88-122.

[2] MEHMOOD Y，AHMAD F，YAQOOB I，et al. Internet-of-things-based smart cities：Recent advances and challenges[J]. IEEE Communications Magazine，2017，55（9）：16-24.

[3] ZHU L H，ZHANG C，XU C，et al. PRIF：A privacy-preserving interest-based forwarding scheme for social internet of vehicles[J]. IEEE Internet of Things Journal，2018，5（4）：2457-2466.

[4] LI S H，XUE K P，YANG Q Y，et al. PPMA：Privacy-preserving multi-subset aggregation in smart grid[J]. IEEE Transactions on Industrial Informatics，2018，14（2）：462-471.

[5] SONG T Y，LI R N，MEI B，et al. A privacy preserving communication protocol for IoT applications in smart homes[C]//2016 International Conference on Identification，Information and Knowledge in the Internet of Things，Beijing，2016：519-524.

[6] REDONDI A，CHIRICO M，BORSANI L，et al. An integrated system based on wireless sensor networks for patient monitoring，localization and tracking[J]. Ad Hoc Networks，2013，11（1）：39-53.

[7] ZHANG C，ZHU L H，XU C，et al. PPDP：An efficient and privacy-preserving disease prediction scheme in cloud-based e-Healthcare system[J]. Future Generation Computer Systems，2018，79：16-25.

[8] GUAN Z T，LV Z F，DU X J, et al. Achieving data utility-privacy tradeoff in internet of medical things：A machine learning approach[J]. Future Generation Computer Systems，2019，98：60-68.

[9] ZHANG C，ZHU L H，XU C，et al. LPTD：Achieving lightweight and privacy-preserving truth discovery in CIoT[J]. Future Generation Computer Systems，2019，90：175-184.

[10] NAKAMOTO S. Bitcoin：A peer-to-peer electronic cash system[EB/OL]. （2008-10-31）[2023-6-25]. https://bitcoin.org/bitcoin.pdf.

[11] WOOD G. Ethereum：A secure decentralised generalised transaction ledger[J]. Ethereum Project Yellow Paper，2017，（2014）：1-32.

[12] LI M，YU S C，ZHENG Y，et al. Scalable and secure sharing of personal health records in cloud computing using attribute-based encryption[J]. IEEE Transactions on Parallel and Distributed Systems，2013，24（1）：131-143.

[13] ZHANG Y H，ZHENG D，DENG R H. Security and privacy in smart health：Efficient policy-hiding attribute-based access control[J]. IEEE Internet of Things Journal，2018，5（3）：2130-2145.

[14] ZHANG Y，XU C X，LI H W，et al. HealthDep：An efficient and secure deduplication scheme for cloud-assisted eHealth systems[J]. IEEE Transactions on Industrial Informatics，2018，14（9）：4101-4112.

[15] HUA J F，ZHU H，WANG F W，et al. CINEMA：Efficient and privacy-preserving online medical primary diagnosis with skyline query[J]. IEEE Internet of Things Journal，2019，6（2）：1450-1461.

[16] NIKITIN K，KOKORIS-KOGIAS E，JOVANOVIC P，et al. CHAINIAC：Proactive software-update transparency via collectively signed skipchains and verified builds[C]//Proceedings of the 26th USENIX Conference on Security Symposium，Vancouver，2017：1271-1287.

[17] KOKORIS-KOGIAS E，JOVANOVIC P，GAILLY N，et al. Enhancing Bitcoin security and performance with strong consistency via collective signing[C]//Proceedings of the 25th USENIX Conference on Security Symposium，Austin，2016：279-296.

[18] KARAME G O，ANDROULAKI E，CAPKUN S. Double-spending fast payments in Bitcoin[C]//Proceedings of the 2012 ACM Conference on Computer and Communications Security，Raleigh，2012：906-917.

[19] RUFFING T，KATE A，SCHRÖDER D. Liar，liar，coins on fire!：Penalizing equivocation by loss of bitcoins[C]//Proceedings of the 22nd ACM SIGSAC Conference on Computer and Communications Security，Denver，2015：

219-230.

[20]　CHEN J，YAO S X，YUAN Q，et al. CertChain：Public and efficient certificate audit based on blockchain for TLS connections[C]//Proceedings of the 37th IEEE International Conference on Computer Communications，Honolulu，2018：2060-2068.

[21]　YANG Z，YANG K，LEI L，et al. Blockchain-based decentralized trust management in vehicular networks[J]. IEEE Internet of Things Journal，2019，6（2）：1495-1505.

[22]　KANG J W，YU R，HUANG X M，et al. Blockchain for secure and efficient data sharing in vehicular edge computing and networks[J]. IEEE Internet of Things Journal，2019，6（3）：4660-4670.

[23]　GUAN Z T，SI G L，ZHANG X S，et al. Privacy-preserving and efficient aggregation based on blockchain for power grid communications in smart communities[J]. IEEE Communications Magazine，2018，56（7）：82-88.

[24]　YAQOOB I，SALAH K，JAYARAMAN R，et al. Blockchain for healthcare data management：Opportunities，challenges，and future recommendations[J]. Neural Computing and Applications，2022，34（14）：11475-11490.

[25]　SHAE Z，TSAI J J P. On the design of a blockchain platform for clinical trial and precision medicine[C]// Proceedings of the 37th IEEE International Conference on Distributed Computing Systems，Atlanta，2017：1972-1980.

[26]　AGBO C C，MAHMOUD Q H，EKLUND J M. Blockchain technology in healthcare：A systematic review[J]. Healthcare，2019，7（2）：56.

[27]　ATTARAN M. Blockchain technology in healthcare：Challenges and opportunities[J]. International Journal of Healthcare Management，2022，15（1）：70-83.

[28]　QAHTAN S，SHARIF K Y，ZAIDAN A A，et al. Novel multi security and privacy benchmarking framework for blockchain-based IoT healthcare industry 4.0 systems[J]. IEEE Transactions on Industrial Informatics，2022，18（9）：6415-6423.

[29]　NOVO O. Blockchain meets IoT：An architecture for scalable access management in IoT[J]. IEEE Internet of Things Journal，2018，5（2）：1184-1195.

[30]　OUADDAH A，ABOUELKALAM A，AITOUAHMAN A. FairAccess：A new blockchain-based access control framework for the internet of things[J]. Security and Communication Networks，2016，9（18）：5943-5964.

[31]　AL OMAR A，RAHMAN M S，BASU A，et al. Medibchain：A blockchain based privacy preserving platform for healthcare data[C]//Proceedings of 2017 International Conference on Security，Privacy and Anonymity in Computation，Communication and Storage，Guangzhou，2017：534-543.

[32]　YUE X，WANG H J，JIN D W，et al. Healthcare data gateways：Found healthcare intelligence on blockchain with novel privacy risk control[J]. Journal of Medical Systems，2016，40（10）：218.

[33]　DAGHER G G，MOHLER J，MILOJKOVIC M，et al. Ancile：Privacy-preserving framework for access control and interoperability of electronic health records using blockchain technology[J]. Sustainable Cities and Society，2018，39：283-297.

[34]　SHEN B Q，GUO J Z，YANG Y L. MedChain：Efficient healthcare data sharing via blockchain[J]. Applied Sciences，2019，9（6）：1207.

[35]　SINHA S. State of IoT 2023：Number of connected IoT devices growing 16% to 16.7 billion globally[EB/OL]. （2023-5-24）[2024-1-22].https：//iot-analytics.com/number-connected-iot-devices/.

[36]　NIZAMUDDIN N，HASAN H R，SALAH K. IPFS-blockchain-based authenticity of online publications[C]// International Conference on Blockchain，Seattle，2018：199-212.

[37]　CASTRO M，LISKOV B. Practical byzantine fault tolerance[C]//Proceedings of the 3rd Symposium on Operating Systems Design and Implementation，New Orleans，1999：173-186.

第9章 基于区块链的用户签约数据访问控制方案

在移动通信网络中，当用户漫游接入异地网络时，拜访域网络运营商需要向其归属域网络运营商管理的认证服务器请求用户签约数据。但是，集中式身份验证面临单点故障问题，归属域网络运营商的实时参与导致了额外的通信开销和延迟，拜访域网络运营商与归属域网络运营商之间信任关系的建立成本较高。针对这些问题，本章基于智能合约提出了一种安全高效的漫游用户签约数据的访问控制方案，并进一步设计了一种灵活的用户身份验证方案。基于所提出的基于可派生令牌的访问控制方案，同时利用区块链来存储和管理用户签约数据，可以在没有任何可信第三方的情况下分散访问控制。此外，通过智能合约实现访问权限的自动验证，消除了归属域网络运营商实时参与的限制。此外，为了进一步提高安全性并降低链上存储开销，本章提出了利用阈值秘密共享的数据加密和存储方案。安全性和性能分析表明，所提出的漫游服务用户订阅数据访问控制方案提供了高级别的安全性，同时具有可接受的时间开销和存储开销。

9.1 问 题 描 述

在现有的电信网络中，以 5G 的服务化接口为例，归属域网络运营商通过统一数据管理（unified data management，UDM）功能在本地数据库中存储用户设备（UE）的签约数据，涉及 UE 不同类型的网络服务业务，包括网络套餐、法律监听等方面的要求。在漫游过程中，拜访域网络运营商需要向用户归属域网络运营商查询相关签约信息，才能提供无缝服务。当这种对于签约数据的请求通过安全边缘保护代理（security edge protection proxy，SEPP）发送给归属域网络运营商时，UDM 功能可以判断 SEPP 对应的运营商是否和自己签订了漫游协议，并根据 UE 的当前附着位置信息判断 UE 是否正在通过该运营商访问网络。在判断对方满足要求的情况下，UDM 功能返回相关签约数据。

然而，这种固化的访问控制模型无法为电信网络中的签约数据访问控制提供足够的安全保证。在签约数据的共享场景中，用户的归属域网络运营商是数据的所有者和管理者。判断某漫游服务网络网元，如接入和移动管理功能、会话管理功能，是否有权限访问用户的签约数据，不仅要看该网络的运营商是否和归属域网络运营商签订了漫游协议，还要根据其网络是否在为 UE 提供漫游服务，来判断是否存在获得特定签约数据的权限。通常，用户的归属域网络运营商通过集中式管理的认证服务器来执行对用户签约数据的访问控制。但是集中式认证不仅具有单点故障问题，而且还要求归属域网络运营商的实时参与，以及拜访域网络运营商与归属域网络运营商之间建立了信任关系，这在多运营商场景下很难完全保证。因此，本章提出了一种通过区块链技术对用户签约数据进行分布式访问控制的方案。通过使用区块链来存储和管理用户的签约数据，解决了通过运营商集中式服务器管理存在的单点故障问题。另外，通过使用智能合约实现对权限控制的自动判断，解除了归属域网络运营商需要实时参与的限制，且保证访问控制需要通过用户漫游行为才能触发。为进一步提高安全性和减轻区块链的存储压力，本章提出了一种基于门限秘密共享的数据存储增强方案。

9.2　用户签约数据访问控制的发展

访问控制系统多用于控制关键或宝贵资源（如数据、服务、计算系统、存储空间等）的访问，以保护计算机安全性。主体对资源的访问权利通常通过访问控制策略来表达，访问控制策略中定义了如何对访问信息的行为进行验证、授权和记录。现有的访问控制模型通常存在由中央授权实体引起的多机构安全信任和单点故障问题。因此，将现有的访问控制模型与区块链技术相结合，能够解决集中化系统所带来的安全风险。

根据使用的不同访问控制模型，可以将现有的主要访问控制方案分为：基于角色的访问控制、基于属性的访问控制和基于权能的访问控制。

9.2.1　基于角色的访问控制

角色通常用来区分用户是否有资格访问某些服务，这种机制被建模为基于角色的访问控制（RBAC）框架[1-3]。RBAC 描述了用户和服务之间的访问控制关系：用户与角色相关联，角色与服务相关联，角色和一组权限关联在一起，用户根据系统所赋予的角色获取相应的权限。为了以安全的方式验证用户角色，Lee 等[4]提出了一种具有身份验证机制的基于区块链的 RBAC，该身份验证机制可以提供基于角色的访问控制，同时通过使用散列函数来提供保证匿名的身份验证。在 IoT 场景下，Thakare 等[5]为大型医疗方案设计并提出了一种新颖的访问控制模型，即 PARBAC（priority-attribute-based RBAC），该模型具有有效的基于优先级的身份验证机制，以解决 Azure IoT 框架中的基于角色的访问控制存在的安全性问题。

9.2.2 基于属性的访问控制

基于属性的访问控制（ABAC）[6-8]是一种属性定义权限的授权策略，通过评估属性来确定访问权限。ABAC 将主体和客体的属性作为基本决策元素，使用请求者拥有的属性集来决定是否赋予其访问权限，并可以解决节点的动态访问问题。Bhatt 等[9]为了防御组织环境中的网络攻击，提出了一种基于属性的访问控制方法，来满足 IoT 设备的访问控制和授权要求，同样在利用区块链进行数据存储的场景下，也存在利用属性加密进行访问控制的设计。Islam 和 Madria[10]在基于超级账本的许可区块链中设计了基于属性的访问控制策略，并利用智能合约和分布式共识在 IoT 中进行了分布式访问控制。Alansari 等[11]提出了一种允许联盟组织以保护隐私的方式对其数据实施基于属性的访问控制策略的系统，当用户的身份属性与策略匹配时，区块链系统将向该用户授予对数据的访问权限。Gao 等[12]提出了一种新的基于区块链的可信赖的安全密文策略和属性隐藏访问控制方案，称为TrustAccess，以在确保策略和属性的私密性的同时实现可信赖的访问。基于属性的加密技术还用于保障基于区块链的 IoT 生态系统[13, 14]中共享数据的隐私性和机密性。

9.2.3 基于权能的访问控制

在基于权能的访问控制（capability-based access control，CapBAC）系统[15, 16]中，如果用户要对某一资源进行访问，必须拥有相应的权能。CapBAC 拥有比RBAC 和 ABAC 等访问控制更好的扩展性，并可以实现细粒度的访问控制模型，以及权能的委托授权[17, 18]。CapBAC 具有良好的动态性，更适合应用于分布式的设计。文献[19]通过应用以太坊区块链提出了一种基于权能的访问控制方案，使用以太坊上的智能合约提供了更细粒度的访问控制和更灵活的令牌管理。FairAccess[20]使用区块链来确保组织之间交易的有效性，并通过比特币交易脚本语言实现权能的授予和转移。Maesa 等[21]提出了一种基于比特币框架的方法，用于发布表示访问资源权限的策略，并允许该权限在用户之间转移。

9.3 系 统 模 型

9.3.1 系统架构

签约数据访问控制架构如图 9.1 所示，包括归属域网络运营商、拜访域网络运营商和用户三类实体。归属域网络运营商指用户注册的运营商，它存储用户的签约信息。拜访域网络运营商是指与用户归属域网络运营商签订漫游协议的运营商。一个用户可能会接入几个不同的漫游网络，这些拜访域网络运营商为了提供给用户相应的网络服务，需要在用户加入网络后获取其签约数据。用户与其归属域网络运营商签约，然后漫游到其他网络。用户的签约数据由归属域网络运营商管理，并通过访问控制进行判断以提供给拜访域网络运营商。除三类实体外，该系统还包括数据库和区块链两个重要模块。数据库在链下管理，并用于存储用户的签约数据信息。存储路径将记录在区块链上，只提供给获得访问权限的运营商。该系统中的区块链是一个由多个运营商共同维护的联盟区块链。首先，区块链用于存储在链下数据库中用户签约数据的存储路径。其次，通过在区块链上部署智能合约，实现对用户签约数据的访问控制管理。

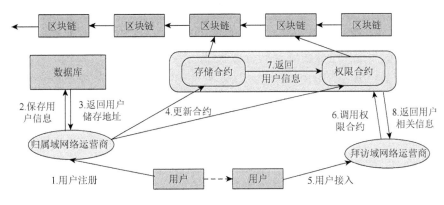

图 9.1　签约数据访问控制架构

区块链系统中包括权限合约和存储合约。其中存储合约用于存储不同用户签约数据的相关信息，并根据查询需要返回。而权限合约用于实现以下功能：判断数据请求者是否是合法的拜访域网络运营商，判断用户是否已经接入到漫游域网络中，以及根据查询需要向存储合约请求相关数据。在本章提出的方案中不限制使用的共识机制，这是因为任何适合应用于联盟区块链的共识机制都满足要求，如权威证明（PoA）[22, 23]、实用拜占庭容错（PBFT）算法[24, 25]、Raft[26]、委托权益证明（DPoS）[27]。为了叙述方便，下面以 PoA 共识协议为例介绍本章方案。

本章方案的核心思想在于利用权限合约实现两层判断：对拜访域网络运营商身份的判断，对用户是否接入拜访域网络的判断。同时，为了数据的安全和保密，对区块链上关于用户的信息进行两层加密：第一层通过漫游域的公钥加密，确保只有建立漫游伙伴关系的运营商才能够解密；第二层的对称加密使得运营商只有在用户提供相关安全令牌后才能获得对称密钥并解密，确保用户数据只有在用户接入漫游网络后才能由该拜访域网络运营商获得。

9.3.2 信任模型和安全需求

本章方案假设用户与其归属域网络运营商之间存在安全通信通道。用户和运营商之间是半信任的，并且严格执行协议过程，但是可能会尝试从其他用户/运营商那里获取数据信息。用户和运营商的私钥及本章方案中涉及的对称密钥在存储中是安全的。用户签约数据通过链下数据库或分布式文件系统（如星际文件系统[28]）来存储，并使用加密算法保障数据的机密性和完整性。任何人都可以访问该数据库，但是只有相关操作员才能修改其中的信息。系统中有主动攻击者和被动攻击者。被动攻击者窃听通信通道以获得一些传输中的数据，而主动攻击者试图破坏协议流程或篡改/删除用户存储的合约数据信息。在门限秘密共享方案中，假设不会有超过阈值的区块链或者运营商节点共谋。

本章方案利用区块链技术在移动接入场景中实现高效的接入访问控制，满足数据存储安全、防篡改攻击、认证安全、数据分发安全和密钥安全五个设计目标。其中，数据存储安全指确保不符合要求的其他运营商无法访问用户的签约数据。防篡改攻击要求已执行的任何智能合约操作都是不可逆转和不可更改的。认证安全要求协议必须保证拜访域网络运营商在访问控制过程中的身份认证安全。在判断运营商的访问控制权限时，首先要求拜访域网络运营商和用户的归属域网络运营商处于漫游合作关系；只有用户接入漫游网络后，拜访域网络运营商才有权申请用户的签约数据。数据分发安全指在归属域网络运营商离线的情况下保证用户的签约数据只分发给满足访问控制要求的运营商。密钥安全指密钥需要满足前向安全性和后向安全性，也就是说，即使当前密钥暴露，之前或之后的密钥仍然是保密的。

9.4 基于区块链的用户签约数据访问控制方案设计

本章方案基于两类智能合约实现用户签约数据的安全存储和分发，以及访问控制判断，包括权限合约和存储合约。权限合约用于在用户的签约数据上部署访问控制条件，存储合约用于存储和分发用户的签约数据信息。两个合约的主要函数及其功能见表 9.1。本章剩余部分使用 AC 表示权限合约，使用 SC 表示存储合约。在联盟区块链中，所有合约由联盟成员部署，联盟成员由运营商节点担任，因此各运营商节点负责部署与自身用户相关的 AC 及 SC。

表 9.1　两个合约的主要函数及其功能

主要函数	功能
AC.InitProvider	记录漫游伙伴信息
AC.InitUser	记录用户访问控制信息
AC.Judge	访问控制权限判断
SC.Record	记录用户的签约数据信息
SC.Search	返回用户的签约数据信息

本章方案中归属域网络运营商将用户的签约数据信息以密文形式存储于链下的数据库中，释放归属域网络运营商在之后过程中实时参与的压力。该数据库不通过区块链技术进行部署，不过区块链中会记录关于签约数据存储的路径信息和解密密钥。

本章方案整体流程如图 9.2 所示，首先，归属域网络运营商与用户签订入网协议，并且将用户的签约数据的索引信息通过 SC 存储在区块链上。为了减轻区块链的存储压力，归属域网络运营商将用户的签约数据信息以密文形式存储在链下数据库中。区块链上只存储用户签约数据的存储地址和解密密钥。为了防止恶意节点获取用户的签约数据，使用 AC 对来自拜访域网络运营商的数据请求进行权限验证。当用户连接到漫游网络后，拜访域网络运营商可以使用用户提供的凭证来请求 AC，以从区块链中获取用户的签约数据信息。AC 还将判断该运营商是否与用户归属域网络运营商具有漫游伙伴关系。并且为了防止用户数据泄露，还对通过 SC 保存在区块链上的数据进行了加密。此外，本章方案还通过智能合约支持用户的支付操作。

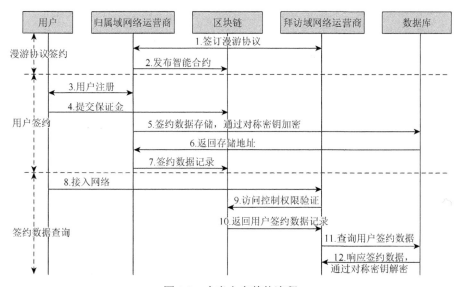

图 9.2　本章方案整体流程

本章方案的整个过程包括三个部分：漫游协议签约、用户签约和签约数据查询。首先，运营商之间签订了漫游协议，并通过 AC 记录漫游伙伴关系。之后，运营商在本地收集用户签约数据，将其加密存储在链下数据库中，并通过 SC 将存储地址和受保护的加密密钥保存在区块链上。最后，当用户连接到漫游网络时，拜访域网络运营商向 AC 发送数据访问请求，AC 将自动判断是否将用户的签约数据提供给运营商。本章方案实现了对用户数据的访问控制，而且还保证了访问控制权限的实时分配授权，同时实现了无须数据所有者参与的访问控制。

9.4.1 漫游协议签约

在漫游协议签约阶段，运营商之间签订漫游协议，每个运营商将与其签订了漫游协议的其他运营商的公钥信息和区块链中的账户信息存储在智能合约中，以便在后续过程中使用。

漫游协议的签订如图 9.3 所示，该过程包含两个步骤：签订漫游协议和发布智能合约。首先，在与区块链进行交互之前，用户的归属域网络运营商从与其签订漫游协议的所有其他运营商处获得公钥和地址。之后，归属域网络运营商通过将交易发送到 AC 中，记录所有与它建立了漫游伙伴关系的运营商的相关信息。以拜访域网络运营商 v 为例，AC 会记录其公钥 pk_v 和区块链账户 acc_v 信息。其中 pk_v 对应的私钥保存在拜访域网络运营商 v 的安全网元中。

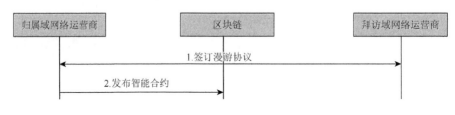

图 9.3　漫游协议的签订

9.4.2 用户签约

在这一阶段，用户在归属域网络运营商处签约网络接入协议，然后归属域网络运营商将用户签约数据保存在链下数据库中并将索引信息发布到区块链中。这一阶段的前提是在归属域网络运营商和用户之间有一个安全的通信通道（如通过对方公钥或者协商的会话密钥加密）。

用户签约阶段协议见算法 9.1 和图 9.4，为便于说明，使用了一个用户和一个拜访域网络运营商的简单场景。实际上，该算法可以同时接受多个输入。用户签约协议包含用户注册、提交保证金、签约数据存储（通过对称密钥加密）、返回存储地址和签约数据记录 5 个步骤。

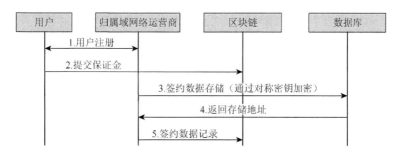

图 9.4　用户签约数据的存储

步骤 1：用户注册。用户与归属域网络运营商签订服务协议，并向归属域网络运营商提供相关信息。归属域网络运营商获得关于用户的服务水平、身份有效性信息、实名信息等签约数据。以用户 UE 为例，用户和归属域网络运营商分别选择随机数 non_{UE} 和 non_{H}，通过安全通道交换随机数。通过这种方式，用户可以通过计算得到一个安全令牌 token = $\{non_{UE} \| non_{H}\}$。本过程保证安全令牌由用户和归属域网络运营商联合创建，共同持有。

算法 9.1　用户签约处理

Input: 拜访域网络运营商地址为 acc_v，id 为 ID_v，用户 id 为 ID_{UE}；
　　　　数据存储地址为 add_{UE}，加密密钥为 K_{UE}；
　　　　随机数为 non_{UE} 和 non_{H}；

Output: 存储结果为 success 或 failure；

//计算相关参数

1　　$h_v = \text{hash}^2\{non_{UE} \| non_{H} \| ID_v\}$

2　　$K = \text{hash}\{non_{UE} \| non_{H}\}$

3　　$M_v = E_K\{E_{pk_v}\{add_{UE} \| K_{UE}\}\}$

//将参数记录在合约中

4　　**Invoke**　AC.InitProvider(acc_v)　//记录 map[acc_v] = ID_v；

5　　**Invoke**　AC.InitUser(h_v)　　　//记录 map[ID_{UE}] = h_v；

6　　**Invoke**　SC.Record(M_v)　　　//记录 map[ID_v] = M_v；

步骤 2：提交保证金。用户向合约提交保证金，用于后续的漫游计费。

步骤 3：签约数据存储（通过对称密钥加密）。归属域网络运营商将经过对称加密的签约数据存储到链下数据库中，并在本地安全地存储相应的解密密钥 K_{UE}。这里 K_{UE} 为加密和解密时通用的对称密钥。

步骤 4：返回存储地址。数据库向归属域网络运营商返回数据的存储地址 add_{UE}。针对不同业务的签约数据，如认证和移动管理相关、会话管理相关、策略控制相关的签约数据可以以同一路径或不同路径存储。若以不同路径存储，则本步骤返回这些路径列表。

步骤 5：签约数据记录。归属域网络运营商根据签约数据的存储结果及安全令牌，调用合约记录数据。归属域网络运营商将为每一个拜访域网络运营商 v 生成 $h_v = \text{hash}^2 \{\text{non}_{UE} \| \text{non}_H \| \text{ID}_v\}$ 并作为输入值调用 AC。其中，ID_v 表示拜访域网络运营商的身份标识，可以由拜访域网络运营商的账户地址 acc_v 代替，h_v 用于后续数据请求阶段的合约判断。然后生成对称密钥 $K = \text{hash}\{\text{non}_{UE} \| \text{non}_H\}$，并在 SC 中存储用户的数据信息 $M_v = E_K\{E_{\text{pk}_v}\{\text{add}_{UE} \| K_{UE}\}\}$。其中，归属域网络运营商将 M_v 中用户签约数据的存储路径 add_{UE} 和加密密钥 K_{UE} 进行双重加密。其中，第一重加密是非对称加密，加密密钥是拜访域网络运营商公钥 pk_v；第二重加密是对称的，加密密钥是本步骤中生成的对称密钥 K。之后由区块链节点完成对交易的校验，维护 AC 和 SC 的最新状态。

用户签约阶段的执行结果是，用户与归属域网络运营商进行了服务签约并通过归属域网络运营商将用户的相关信息存储在链下数据库中，区块链上存储关于用户信息的存储地址和加密密钥。用户与归属域网络运营商通过安全通道协商的安全令牌 token 会在用户接入其他运营商网络后被提供给所在的拜访域网络运营商。同时，本方案对区块链上存储的数据进行两层加密，包括基于 token 派生的对称密钥加密和通过拜访域网络运营商的公钥加密，这是为了防止未经授权的运营商和用户本人在区块链上获取到相关数据。h_v 的设置是为了在后续拜访域网络运营商请求用户数据时能够通过智能合约对其进行权限判断。如果任何用户的签约数据发生更改，用户的归属域网络运营商需要将数据重新存储到数据库中，然后与用户重新协商安全令牌，并更新 AC 和 SC 中的数据信息。

9.4.3 签约数据查询

签约数据的访问控制如图 9.5 所示，该阶段发生在任意用户访问漫游网络时，拜访域中的核心网元需要获取被服务用户的签约数据以提供相应服务。拜访域网络运营商向区块链提交访问请求。然后，智能合约自动判断拜访域网络运营商的访问权限并做出回应。访问控制判断见算法 9.2，具体包括访问控制权限验证、返回用户签约数据记录、查询用户签约数据和响应签约数据（通过对称密钥解密）4 个步骤。

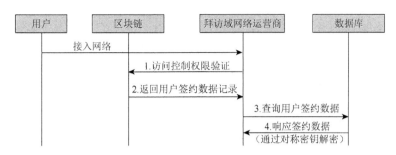

图 9.5　签约数据的访问控制

步骤 1：访问控制权限验证。用户访问漫游网络后，生成令牌 $\text{token}_v = \{\text{token} \| \text{ID}_v\}$ 并通过安全通道发送给拜访域网络运营商。然后，拜访域网络运营商可以根据 token_v 恢复出 token 并自行生成加密所用的对称密钥 $K = \text{hash}\{\text{token}\}$。拜访域网络运营商向 AC 发送一个访问请求，包括需要查询的签约数据项目、$T_v = \text{hash}\{\text{token}_v\}$、用户的身份标识。

步骤 2：返回用户签约数据记录。AC 判断用户注册阶段存储的 h_v 和 $\text{hash}\{T_v\}$ 是否相同，如果不相同则程序终止。

算法 9.2　访问控制判断

输入：数据申请人的账户地址为 acc_v，id 为 ID_v；
　　　　用户 id 为 ID_{UE}，安全令牌为 token_v

输出：用户的加密数据为 M_v

1　　$T_v = \text{hash}\{\text{token}_v\}$

3　　$\text{AC.Judge}(T_v, \text{ID}_v)$；

4　　如果 $\text{hash}(T_v)$ 等于 h_v 且 acc_v 是合法的拜访域网络运营商的账户地址：

5　　　　SC.Search；

7　　　　$\text{SC.Search}(\text{ID}_v)$；

8　　如果 $\text{map}[\text{acc}_v]$ 等于 ID_v：

9　　　　$M_v = \text{map}[\text{ID}_v]$；

步骤 3：查询用户签约数据。拜访域网络运营商调用 SC 查询用户签约数据。

步骤 4：响应签约数据（通过对称密钥解密）。如果拜访域网络运营商通过了 AC 的认证，则 SC 将被调用并返回 M_v 给该运营商。拜访域网络运营商获得 M_v 后，可以通过其私钥 sk_v 和对称密钥 K（通过 token_v 自行生成）进行 $\text{add}_{\text{UE}} \| K_{\text{UE}} = D_K\{D_{\text{sk}_v}\{M_v\}\}$ 的解密过程，得到 add_{UE} 和 K_{UE}。付款来自用户之前缴纳的保证金，

并通过合约自动执行，防止恶意用户欺诈。最后，拜访域网络运营商就可以使用信息 add_{UE} 在数据库中查询用户的加密签约数据，并通过密钥 K_{UE} 解密出用户签约数据。

通过本阶段的操作，利用区块链实现了对用户签约数据在不同运营商请求下的访问控制，并且通过加密的方式保证了未经授权的实体无法获得用户数据的相关信息。即使在线数据库被攻击，或其他手段导致其权限控制系统失效，从中获取的消息在没有达到既定访问条件的情况下，也仍然是无法解密的密文格式，并且通过安全令牌使得漫游域网络只有在漫游真实发生的情况下才能获得相关的数据。上述三个阶段综合起来便是方案的主要流程，该方案不仅实现了用户数据的访问控制，保证了访问控制权限的实时分配授权，并且无须在数据拥有者参与的情况下实现该访问控制。

9.4.4　用户数据更新

在网络场景下，用户的入网需求可能发生变化，因此也会在归属域网络运营商处更新其入网协议。假设用户 UE 需要与归属域网络运营商更新服务协议，用户和归属域网络运营商需要重新选择随机数 non_{UE}^{new} 和 non_{H}^{new}，通过安全通道交换随机数，计算新的令牌 $token^{new} = \{non_{UE}^{new} \| non_{H}^{new}\}$。之后，归属域网络运营商将关于用户的服务水平、身份有效性信息、实名信息等更新后的签约数据经过对称加密后存储到链下数据库中，并在本地安全地存储相应的解密密钥 K_{UE}^{new}，同时获得更新后的数据存储地址 add_{UE}^{new}。接下来，归属域网络运营商将根据签约数据更新后的存储结果及安全令牌，向区块链调用智能合约更新相关数据。归属域网络运营商将为每一个拜访域网络运营商 v 更新 $h_{v}^{new} = hash^{2}\{non_{UE}^{new} \| non_{H}^{new} \| ID_{v}\}$ 并作为输入值调用 AC。然后生成新的对称密钥 $K = hash\{non_{UE}^{new} \| non_{H}^{new}\}$，并在 SC 中同时更新用户的数据信息 $M_{v}^{new} = E_{K}\{E_{pk_{v}}\{add_{UE}^{new} \| K_{UE}^{new}\}\}$。

通过上述更新流程后用户的安全令牌也进行了更新，后续拜访域网络运营商如果需要重新获得用户的签约数据则需要根据 9.4.3 节所述流程重新通过智能合约申请用户数据，通过旧令牌和旧密钥无法获得用户更新后的签约数据。

9.5　基于门限秘密共享的签约数据存储方案

在 9.4 节描述的方案中，存储在数据库中的用户签约数据的索引信息直接存储在区块链上，存在以下风险：即使没有智能合约访问控制判断，联盟成员仍可以通过同步区块链数据，在区块链上获得加密后的信息，导致一定的隐私风险。

此外，对于用户归属域网络运营商的每一个签约的拜访域网络运营商，将用其公钥加密的用户信息的副本存储在区块链上，导致较大的存储压力。因此，本节提出基于门限秘密共享的签约数据存储方案，作为对上述方案的增强和补充，基于门限秘密共享的签约数据存储方案如图 9.6 所示。完整协议仍然分为漫游协议签约、用户签约和签约数据查询三个阶段。

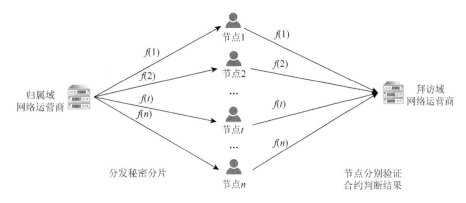

图 9.6　基于门限秘密共享的签约数据存储方案

9.5.1　漫游协议签约

在运营商之间签署漫游协议的过程中，类似于 9.4.1 节所述流程，不同的运营商通过交易将与之签署漫游协议的运营商的相关信息发布到 AC 中。为了便于描述，给联盟中每个运营商分配了唯一的编号，用 i 表示。

9.5.2　用户签约

用户签约过程与 9.4.2 节所述协议的主要区别在于签约数据的加密和存储过程。对于每个拜访域网络运营商，归属域网络运营商需要调用 AC 上传 $h_v = \text{hash}^2\{\text{non}_{\text{UE}} \| \text{non}_{\text{H}} \| \text{ID}_v\}$，其中 ID_v 代表拜访域网络运营商的身份。对于每个用户，规定阈值 t_{UE}，使得拜访域网络运营商在至少获得 t_{UE} 个运营商确认后才能获得签约数据。归属域网络运营商为用户生成对称密钥 $K = \text{hash}\{\text{non}_{\text{UE}} \| \text{non}_{\text{H}}\}$，签约数据的存储路径和加密密钥按以下方式加密：$M_v = E_K\{\text{add}_{\text{UE}} \| K_{\text{UE}}\}$。之后，归属域网络运营商在 SC 中记录 $\text{hash}\{M_v\}$，用于完整性验证。

为了实现基于门限秘密共享的签约数据存储方案，可以采用 Shamir 门限秘密共享算法[29]。在获得用户的签约数据后，归属域网络运营商选择 $t_{\text{UE}} - 1$ 次多项式 $f(x)$，对应的密文为 M_v。对于每个编号为 i 的区块链节点，归属域网络运营商

为其计算安全分片 $f(i)$，并将 $f(i)$ 和 hash$\{M_v\}$ 安全地发送给编号为 i 的运营商控制的区块链节点。其中，若归属域网络运营商自己维护的区块链节点也为联盟区块链的成员之一，则该节点直接保存 M_v。由于每个区块链节点保存的 $f(i)$ 是不同的，仅在链上存储 hash$\{M_v\}$，所以 $f(i)$ 由区块链节点本地存储。

9.5.3　签约数据查询

用户连接到漫游网络后，拜访域网络运营商需要查询用户的签约数据。与 9.4.3 节所述流程的区别在于权限认证步骤。拜访域网络运营商收到有关用户的安全令牌并向 AC 发送查询请求后，AC 首先确定该拜访域网络运营商是否为合法的漫游伙伴。如果通过判断，那么需要通过判断 hash$^2\{\text{token}_v\}$ 和 h_v 是否相同来检查拜访域网络运营商提供的安全令牌是否有效。为了实现分片数据的分发，在每一轮共识过程中，获得记账权的主节点收集所有事务后，打包并将通过执行 AC 获得的判断结果分发给每个区块链节点。每个区块链节点 i 在本地执行 AC 的判断，以验证主节点发送的结果是否合理。然后确定是否应通过拜访域网络运营商 v 的公钥 pk$_v$ 在本地加密 $f(i)$，并传递给该运营商 v。v 将在这个过程中获得若干个加密后关于 M_v 的分片，若分片数目少于 t_{UE}，则终止协议。否则，v 使用本地私钥 sk$_v$，逐个解密分片，并执行秘密恢复过程。之后运营商 v 通过 SC 中的 hash$\{M_v\}$ 判断所恢复 M_v 的正确性。之后，可以执行解密过程： add$_{\text{UE}} \parallel K_{\text{UE}} = D_K\{M_v\}$，通过解密信息从链下数据库中获得所需的用户数据。

基于门限的存储方案更适用于拜访域网络运营商也是联盟区块链成员节点的情况，且能在线下数据库的权限控制能力不十分可信的情况下，有效地通过智能合约进行访问控制判断，而不仅仅依赖密码方法本身进行保密，阻止拜访域网络运营商在智能合约不允许其访问时恶意获取数据的威胁。相对于在区块链中存储不同运营商公钥加密的副本，基于门限的存储方案，使得只有在区块链达成共识的情况下，访问者才能得到相应数据，在提高安全性的同时，简化了合约中需要存储的内容。在存在多个签订漫游协议的运营商的情况下，在 SC 中只需要存储一份密文副本，有效地减轻了区块链的存储负担。

9.5.4　用户数据更新

更新用户签约数据后，对于每个签署漫游协议的拜访域网络运营商，归属域网络运营商都会调用 AC 更新合约状态并添加输入值 $h_v = \text{hash}^2\{\text{non}_{\text{UE}}^{\text{new}} \parallel \text{non}_{\text{H}}^{\text{new}} \parallel \text{ID}_v\}$，其中 ID$_v$ 代表拜访域网络运营商的身份。用户的归属域网络运营商将同样为用户

生成对称密钥 $K = \text{hash}\{\text{non}_{\text{UE}}^{\text{new}} \,\|\, \text{non}_{\text{H}}^{\text{new}}\}$ ，并通过该密钥加密用户签约数据的存储路径和加密密钥 $M_v^{\text{new}} = E_K\{\text{add}_{\text{UE}}^{\text{new}} \,\|\, K_{\text{UE}}^{\text{new}}\}$ 。然后归属域网络运营商会在 SC 中更新 $\text{hash}\{M_v^{\text{new}}\}$ ，用于完整性验证。

由于本章方案中采用了 Shamir 门限秘密共享算法，在获得用户的签约数据后，对于每个编号为 i 的区块链节点，归属域网络运营商为其更新安全分片 $f(i)$ ，并将更新后的 $f(i)$ 和 $\text{hash}\{M_v^{\text{new}}\}$ 安全地传递到由每个编号为 i 的运营商控制的区块链节点从而完成更新过程。

9.6　安全性分析

在本节中，结合 9.3 节描述的信任模型和安全需求，对方案进行安全性分析，并讨论本章提出的方案如何才能确保签约数据的安全存储和分发。为了便于描述，在其余部分中，将 9.4 节描述的方案称为原始方案，将 9.5 节描述的方案称为改进方案。

9.6.1　数据存储安全

用户签约数据存储在链下数据库中，因为经过对称密钥 K_{UE} 加密，且该密钥只由用户的归属域网络运营商拥有，因此除非获得该对称密钥，任何人包括用户本身无法获得关于用户的签约数据。通过 AC 对请求用户数据的拜访域网络运营商进行访问控制判断，只有用户接入合法漫游域网络并提供给该运营商相关接入凭证后，该运营商才能向合约申请获得有关用户签约数据的索引信息，包括存储在数据库中的存储地址和加密密钥。但是由于区块链上的所有信息都是透明可见的，因此对于一个区块链的全节点来说，存在不经过区块链节点的访问控制判断就获得区块链上的相关信息的风险。但是由于该索引信息由用户归属域网络运营商经过两层加密后放在区块链上，所以对于用户来说，没有拜访域网络运营商的私钥无法解密。对于其他运营商来说，用户未接入其网络时无法获得用户的接入凭证，也无法生成解密密钥，因此也无法解密。同时，针对该问题提出的基于门限的签约数据存储方案中，用户的签约数据经过加密后不直接存储在区块链上，而是经过分片处理分别由不同的区块链节点存储，区块链上只存储相关数据的哈希用于完整性判断。这样一来用户的签约数据只有通过区块链上的共识验证后才能被获得，从而避免了区块链上信息泄露的风险。

9.6.2　防篡改攻击

在本章提出的方案中，可能存在攻击者想要篡改用户的签约数据的问题。链下数据库中的数据经过运营商加密，并由数据库本身的访问控制机制保证其不会被篡改，该部分不在本章方案的考虑范围内。而区块链上存储的用户签约数据的索引信息由区块链本身的共识机制保证不会被篡改。这一安全建立在区块链本身的安全假设基础上，比如，在基于工作量证明的公有链中假设攻击者的计算力不超过全网节点总计算力的 50%，在基于 PBFT 共识算法的联盟区块链中，要求拜占庭节点的数量不超过参与共识节点总数的 1/3；在基于 PoA 共识算法的联盟区块链中，通过选举权威验证节点来保证协议安全，验证者必须在网络上正式验证过身份并且受其他节点监督。

9.6.3 认证安全

由于本章提出的方案为每个拜访域网络运营商 v 设置了一个值 $T_v = \text{hash}\{\text{token}_v\}$，并在 AC 中存储了 $h_v = \text{hash}\{T_v\}$，所以只有在发送给合约的请求交易中正确提供了该值，该运营商 v 才能获取用户的签约数据信息，通过哈希函数单向性保证 T_v 不会被泄露。安全令牌 token_v 只能在用户访问漫游域网络后才提供给运营商 v，因此，只有在用户漫游到外部网络后才能够触发访问控制判断。在 AC 中，值 h_v 对应于每个运营商 v 的区块链账户，并且彼此独立。因此，其他运营商无法通过重放其他运营商的请求信息来获取用户的签约数据信息。此外，一旦用户离开漫游网络，如果用户的签约数据未更新，那么无须更新用户提供给拜访域网络运营商的安全令牌。如果归属域网络运营商更新了任何用户的签约数据（如 9.5.4 节所述），拜访域网络运营商不仅会更新链下数据库中的用户签约数据，还会与用户重新协商新的安全令牌并更新相关的智能合约信息。这样，在更新后用户尚未访问的任何漫游网络都无法获取用户更新后的安全令牌，并且无法生成向 AC 请求用户签约数据所需的相关凭证。

9.6.4 数据分发安全

在原始方案中，通过智能合约执行对拜访域网络运营商的访问控制判断。只有通过认证的拜访域网络运营商才能通过智能签约自动获得用户签约数据的索引信息。基于 Shamir 门限秘密共享的改进方案在原始方案的基础上满足了安全性和可恢复性，这是因为通过分片恢复原始秘密的方法使用 t_{UE} 个分片数据并通过拉格朗日插值确定了 $t_{UE} - 1$ 阶方程，而该等式的常数项便是秘密信息。如果分片数目少于 t_{UE}，那么无法正确恢复方程式，也无法从用户数据中获取任何信息。基于安全假设，不会有超过 t_{UE} 个运营商节点通过共谋获得用户签约数据。只有拜访域网络运营商通过验证获得 t_{UE} 个子秘密数据分片，才可以还原原始加密数据。

9.6.5　密钥安全

在用户和归属域网络运营商之间的每次签约或者更新中，归属域网络运营商与用户通过安全通道彼此交换随机数并生成安全令牌 token = {non$_{UE}$ || non$_{H}$}，并根据该安全令牌生成加密密钥 K = hash{token}。令牌经过加密后传输，攻击者不可以直接获得 token，攻击者只能获取加密后的 token，没有密钥的任何攻击者都不能解密获得 token。因此，没有攻击者可以直接截取和解密消息以获得 token。此外，对于每个用户的签约数据，token 是通过随机生成的随机数计算获得的，并且随着用户签约数据的更新也会同时更新 token。这意味着所有加密密钥都是独立的，即使攻击者获得了某个用户的加密密钥之一，他也无法获得解密该用户数据更新前后的加密密钥。综上所述，本章所提出的方案可以满足密钥的安全性。

9.7　仿　真　评　估

9.7.1　运行开销

仿真测试在运行 PoA 共识的以太坊平台上进行，合约基于 Solidity 开发。用户和运营商对区块链的具体操作基于 Javascript（node.js）。用户和运营商与以太坊通信的方式基于 web3.js。所有测试均在运行 Windows 10 的台式机上进行，该台式机配备 6 核 CPU、3.0GHz Intel Core i5 和 8GB DDR4 RAM。

智能合约的部署执行分为两部分，包括矿工在本地执行合约代码和将执行结果通过交易写入区块链中经过共识确认后更新合约状态。为了测试这两部分开销，首先在基于 Ganache[30]构建的以太坊私有链上进行代码本地运行时间测试，进一步将合约部署到基于 PoA 的以太坊测试链 Kovan[31]上测试其确认时间开销。合约主要功能的单次时间开销见表 9.2，可以看出，与交易确认时间相比代码的时间开销可以忽略不计，也表明在一定程度上可以接受或者忽略合约代码的本地执行时间开销。

表 9.2　合约主要功能的单次时间开销

功能	时间开销/ms	确认时间开销/s
AC.InitProvidier	172.951	2
AC.InitUser	154.405	4
SC.Record	214.697	5
AC.Judge	167.305	3
SC.Search	177.187	5

　　Shamir 门限秘密共享方案使用 Javascript（node.js）实现和测试。相对于原始方案，改进方案在原始方案的区块链操作之外需要进行额外的本地操作。首先在记录用户数据的过程中，运营商除了需要向区块链中写入关于用户信息的散列，还要将用户的数据经过分片操作发送给不同的运营商，这一过程在原始步骤的基础上带来了额外的时间开销。其次，在用户的拜访域网络运营商向合约请求数据的过程中，该拜访域网络运营商除了需要等待合约的判断结果，还需要在本地对不同切片进行组合恢复出原有数据，这同样带来了额外的时间开销。不失一般性，假设不同实体之间的通信延迟为 10ms。

　　在用户注册阶段，如图 9.7（a）所示，原始方案的时间开销随着运营商数量的增加而增加，这是因为区块链需要分别记录每个运营商的加密分片数据。因此，原始方案中的时间开销比数据分片带来的时间开销更多。从图 9.7（b）中可以看出，随着运营商数量的增加，由于使用 Shamir 秘密共享方案，改进方案中的用户数据存储和获取步骤将带来更高的时间开销。因为每个运营商的访问控制判断是在本地的，所以这部分不会带来额外的时间开销。改进方案带来了更加分布式的数据存储解决方案，并降低了区块链存储成本。

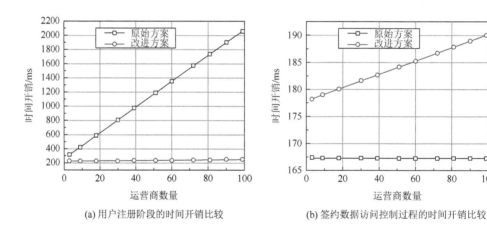

(a) 用户注册阶段的时间开销比较　　　　　　(b) 签约数据访问控制过程的时间开销比较

图 9.7　协议运行时间开销

9.7.2　计算开销

　　这里将相关的三方漫游认证协议方案[32-35]与本章提出的方案的时间开销进行比较。时间开销是指节点认证过程中执行方案流程时的耗时，主要是执行密码学操作所消耗的时间。为了公平地进行比较，基于 Javascript 实现并测试每种涉及的密码学操作的平均计算开销，测试结果见表 9.3。不同运算操作符号代表的操作：

T_{sym}，AES 对称加密；T_{asym}，RSA 非对称加密；T_{share}，Shamir 门限秘密共享方案中的分片操作；T_{recover}，hamir 门限秘密共享方案中的秘密恢复操作；T_{h}，SHA-256 哈希计算；T_{m}，模块化计算。

表 9.3 相关密码学操作的平均计算开销

运算操作符号	T_{sym}	T_{asym}	T_{share}	T_{recover}	T_{h}	T_{m}
计算开销/ms	0.371	2.835	2.902	0.906	0.371	522

基于以上为计算开销分析的准备工作，表 9.4 展示了相关方案涉及的总操作及总计算开销。从表中可以看出，虽然基于门限秘密共享的改进方案相比于原始方案带来了更多的计算开销，但是两个方案相比于其他常见方案在计算开销上都占优势，也就说明本章提出的方案不会为用户及运营商带来很大的密码学计算负担。

表 9.4 相关方案计算开销比较

方案	用户操作	拜访域网络运营商操作	归属域网络运营商操作	开销/ms
文献[32]中的方案	$8T_{\text{h}} + 2T_{\text{sym}} + 2T_{\text{asym}}$	$2T_{\text{h}} + T_{\text{sym}}$	$4T_{\text{h}} + T_{\text{sym}} + T_{\text{asym}}$	15.183
文献[33]中的方案	$10T_{\text{h}} + T_{\text{sym}}$	$T_{\text{h}} + 4T_{\text{asym}}$	$4T_{\text{h}} + 2T_{\text{sym}} + 4T_{\text{asym}}$	29.358
文献[34]中的方案	$9T_{\text{h}} + 2T_{\text{asym}}$	$2T_{\text{h}} + 2T_{\text{asym}}$	$6T_{\text{h}}$	17.647
文献[35]中的方案	$2T_{\text{h}}$	$T_{\text{h}} + T_{\text{sym}}$	$2T_{\text{h}} + 2T_{\text{sym}} + T_{\text{m}}$	543.65
原始方案	T_{asym}	$2T_{\text{h}} + 2T_{\text{sym}} + 2T_{\text{asym}}$	T_{h}	7.525
改进方案	T_{asym}	$3T_{\text{h}} + T_{\text{asym}} + T_{\text{share}}$	$T_{\text{h}} + T_{\text{recover}}$	10.962

9.7.3 存储开销

原始方案将用户的签约数据存储在链下的数据库中，加密后将用户的索引地址和加密密钥信息存储在区块链上。测试中依次使用对称加密和非对称加密对将要存储在区块链上的数据进行操作，并选择密钥长度为 128bit 的对称加密算法 AES 和密钥长度为 256bit 的非对称加密算法 RSA，具体使用过程中算法可以根据需要更换。假设数据库中用户签约数据的索引由 64bit 字符串表示。

改进方案仅将用户签约数据的散列值存储在区块链上以进行完整性验证。这里选择 SHA-256 算法，处理后得到的哈希值长度也是 256bit。虽然在方案的设计中，两种方案在区块链上用户签约数据的存储大小是相同的。但在原始方案中，每个用户的签约数据需要针对不同的拜访域网络运营商分别加密。在改进方案中，用户的签约数据只需要存储一次散列值，这导致了两种方案在区块链上存储容量的差异。图 9.8 展示了在两种方案下，随着用户数量和运营商数量的变化，区块链上存储开销的变化。从图中可以看出，与原始方案相比，改进方案大大降低了区块链上的存储压力。

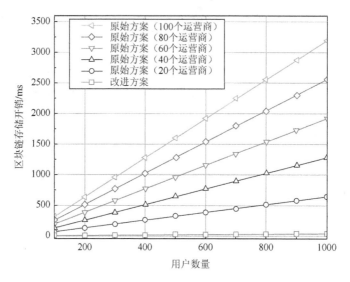

图 9.8　区块链上的存储开销

9.8　本　章　小　结

本章基于智能合约实现对用户签约数据的访问控制。所提方案涉及两个方面：一是判断在权限合约中记录的运营商之间的漫游伙伴关系；二是以用户随身携带的安全令牌作为漫游接入的判断依据。最终使得在用户的归属域网络运营商不参与的情况下，区块链能够有效实现签约数据访问权限的动态管理。用户的安全令牌在使用过程中，能够基于拜访域网络运营商标识进行派生，保证传递给每一个拜访域网络运营商的安全令牌是互不相同的，也无法被其他运营商利用，从而保证了安全层面的隔离性。同时，用户只需要保存派生前的原始信息，保证了便利性和可用性。最后提出的基于门限的存储改进方案，是在针对秘密信息提取的智能合约上，为秘密信息的安全获取提供的保障，保证只有通过区块链的共识，数据才能被取回。这一改进能适用于运营商本身就作为联盟区块链节点的架构，同时减轻区块链的存储负担。

参 考 文 献

[1]　SANDHU R S. Role-Based Access Control[M]//Amsterdam: Elsevier, 1998: 237-286.

[2]　MUNDBROD N, REICHERT M. Object-specific role-based access control[J]. International Journal of Cooperative Information Systems, 2019, 28（1）: 1950003.

[3]　FRAGKOS G, JOHNSON J, TSIROPOULOU E E. Dynamic role-based access control policy for smart grid applications: An offline deep reinforcement learning approach[J]. IEEE Transactions on Human-Machine Systems, 2022, 52（4）: 761-773.

[4]　LEE Y, LEE K M. Blockchain-based RBAC for user authentication with anonymity[C]//Proceedings of the 2019 Conference on Research in Adaptive and Convergent Systems, Chongqing, 2019: 289-294.

[5]　THAKARE A, LEE E, KUMAR A, et al. PARBAC: Priority-attribute-based RBAC model for azure IOT cloud[J]. IEEE Internet of Things Journal, 2020, 7（4）: 2890-2900.

[6]　YUAN E, TONG J. Attributed based access control（ABAC）for web services[C]//Proceedings of the 2005 IEEE International Conference on Web Services, Orlando, 2005: 561-569.

[7]　ZHANG Y H, ZHENG D, DENG R H. Security and privacy in smart health: Efficient policy-hiding attribute-based access control[J]. IEEE Internet of Things Journal, 2018, 5（3）: 2130-2145.

[8]　GUO H, MEAMARI E, SHEN C C. Multi-authority attribute-based access control with smart contract[C]//Proceedings of the 2019 International Conference on Blockchain Technology, Honolulu, 2019: 6-11.

[9]　BHATT P, BHATT S, KO M. Poster: IoT SENTINEL-An ABAC approach against cyber-warfare in organizations[C]//Proceedings of the 25th ACM Symposium on Access Control Models and Technologies, Barcelona, 2020: 223-225.

[10]　ISLAM M A, MADRIA S. A permissioned blockchain based access control system for IoT[C]//Proceedings of the 2019 IEEE International Conference on Blockchain, Atlanta, 2019: 469-476.

[11]　ALANSARI S, PACI F, SASSONE V. A distributed access control system for cloud federations[C]//Proceedings of 37th IEEE International Conference on Distributed Computing Systems, Atlanta, 2017: 2131-2136.

[12]　GAO S, PIAO G R, ZHU J M, et al. TrustAccess: A trustworthy secure ciphertext-policy and attribute hiding access control scheme based on blockchain[J]. IEEE Transactions on Vehicular Technology, 2020, 69（6）: 5784-5798.

[13]　RAHULAMATHAVAN Y, PHAN R C W, RAJARAJAN M, et al. Privacy-preserving blockchain based IoT ecosystem using attribute-based encryption[C]//Proceedings of the 2017 IEEE International Conference on Advanced Networks and Telecommunications Systems, Bhubaneswar, 2017: 1-6.

[14]　YU J G, LIU S H, XU M H, et al. An efficient revocable and searchable MA-ABE scheme with blockchain assistance for C-IoT[J]. IEEE Internet of Things Journal, 2023, 10（3）: 2754-2766.

[15]　MAHALLE P N, ANGGOROJATI B, PRASAD N R, et al. Identity authentication and capability based access control（IACAC）for the internet of things[J]. Journal of Cyber Security and Mobility, 2013, 1（4）: 309-348.

[16]　FOTIOU N, SIRIS V A, POLYZOS G C, et al. Capabilities-based access control for IoT devices using Verifiable Credentials[C]//2022 IEEE Security and Privacy Workshops, Francisco, 2022: 222-228.

[17]　GUSMEROLI S, PICCIONE S, ROTONDI D. A capability-based security approach to manage access control in the internet of things[J]. Mathematical and Computer Modelling, Elsevier, 2013, 58（5-6）: 1189-1205.

[18]　ZHENG X, SUN Y, LIN Z W, et al. A secure dynamic authorization model based on improved CapBAC[C]//

Proceedings of the 2019 International Conference on Information Technology and Computer Application, Guangzhou, 2019: 114-117.

[19] NAKAMURA Y, ZHANG Y Y, SASABE M, et al. Capability-based access control for the internet of things: An ethereum blockchain-based scheme[C]//Proceedings of the 2019 IEEE Global Communications Conference, Waikoloa, 2019: 1-6.

[20] OUADDAH A, ABOUELKALAM A, AITOUAHMAN A. FairAccess: A new blockchain-based access control framework for the internet of things[J]. Security and Communication Networks, 2016, 9 (18): 5943-5964.

[21] MAESA D D F, MORI P, RICCI L. Blockchain based access control[C]//Proceedings of the 2017 IFIP International Conference on Distributed Applications and Interoperable Systems, Neuchâtel, 2017: 206-220.

[22] BENTOV I, LEE C, MIZRAHI A, et al. Proof of activity: Extending bitcoin's proof of work via proof of stake[J]. ACM SIGMETRICS Performance Evaluation Review, 2014, 42 (3): 34-37.

[23] WEBER I, LU Q H, TRAN A B, et al. A platform architecture for multi-tenant blockchain-based systems[C]// Proceedings of the 2019 IEEE International Conference on Software Architecture, Hamburg, 2019: 101-110.

[24] CASTRO M, LISKOV B. Practical byzantine fault tolerance[C]//Proceedings of the Third Symposium on Operating System Design and Implementation, New Orleans, 1999: 173-186

[25] CASTRO M, LISKOV B. Practical Byzantine fault tolerance and proactive recovery[J]. ACM Transactions on Computer Systems, 2002, 20 (4): 398-461.

[26] ONGARO D, OUSTERHOUT J K. In search of an understandable consensus algorithm[C]//Proceedings of the 2014 USENIX Annual Technical Conference, Philadelphia, 2014: 305-320.

[27] ABRA. What is BITSHARES? BTS beginner's guide[EB/OL]. (2014-7-19) [2024-1-22]. https: //www.abra.com/ cryptocurrency/bitshares/.

[28] NIZAMUDDIN N, HASAN H R, SALAH K. IPFS-blockchain-based authenticity of online publications[C]// Proceedings of the 2018 International Conference on Blockchain, Seattle, 2018: 199-212.

[29] SHAMIR A. How to share a secret[J]. Communications of the ACM, 1979, 22 (11): 612-613.

[30] TRUFFLE Suite. What is ganache?[EB/OL]. (2023-12-10) [2024-1-22]. https: //trufflesuite.com/docs/ganache/.

[31] KOVAN TESTNET. Kovan testnet proposal[EB/OL]. (2017-1-3) [2024-1-22]. https: //kovan-testnet.github.io/ website/proposal/.

[32] KIM J S, KWAK J. Improved secure anonymous authentication scheme for roaming service in global mobility networks[J]. International Journal of Security and Its Applications, 2012, 6 (3): 45-54.

[33] HE D J, MA M D, ZHANG Y, et al. A strong user authentication scheme with smart cards for wireless communications [J]. Computer Communications, 2011, 34 (3): 367-374.

[34] KUO W C, WEI H J, CHENG J C. An efficient and secure anonymous mobility network authentication scheme[J]. Journal of Information Security and Applications, 2014, 19 (1): 18-24.

[35] MADHUSUDHAN R, SHASHIDHARA R. Mobile user authentication protocol with privacy preserving for roaming service in GLOMONET[J]. Peer-to-Peer Networking and Applications, 2020, 13 (1): 82-103.

第 10 章 基于区块链的微电网管理

10.1 引　　言

针对发电系统趋于分布式的发展趋势，研究者提出了微电网架构，用于实现分布式的数据存储和电力调度。微电网的重要特征是系统中不存在诸如电力控制中心等实体的可信第三方，因此，传统的集中式电网管理架构在微电网中并不适用，其主要挑战是如何在没有任何可信中心的前提下实现安全的数据聚合和电力调度。本章利用区块链技术，提出了基于同态加密和实用拜占庭容错（PBFT）共识的安全数据聚合方法，并利用粒子群优化（particle swarm optimization，PSO）算法和智能合约实现了自动化电力调度。安全性和性能分析证明了所述方案的有效性和高效性。

10.2　问 题 描 述

电力系统中通常会部署一个控制中心负责电力管理[1]。近年来，由于电力需求的飞速增长和新能源发电的迅速发展，传统的专为集中式电力系统设计的电力调度架构已开始显得力不从心[2]：新能源发电站在地理上的分散性增加了通信开销，节点数量的增加导致了大量的计算开销；此外，在集中式模式下，控制中心的可靠性、灵活性和安全性也很脆弱；且由于缺乏合理的技术手段和激励机制，在分布式环境下进行数据共享是较为困难的[3]。面对集中式控制结构的缺陷，研究者将分布式控制引入了电力系统，并提出了微电网的概念[4]。微电网是指由特定范围内的发电、用电和调度系统组成的局域性电网，既可以接入主电网运行，也可以独立于主电网自主运行[5]。分布式控制意味着系统中的小微发电站和用户可以一起运行特定算法，在没有控制中心的情况下完成电力调度和管理。根据辖域范围和响应时间，调度体系结构分为三层：一级响应、二级响应和三级响应。一级响应是指微电网中的本地分布式调度，具有最快的响应速度；二级响应由几个相邻的微电网组成，负责微电网之间的数据和电力共享；三级响应指主网控制，负责监控和维护整个电力系统。通过设置微电网并划分调度层次，计算开销和通信开销将大大降低。

但是，新的架构带来了新问题。为了实现上述目的，需要一种可靠的分布式数据聚合方案、一种分布式调度算法及一个用于调度和审计的公共数据库。首先，需要一种可靠的分布式数据聚合方案来向用户收费并提供个性化服务[6,7]，以及通过细粒度的实时用电数据预测未来用电量，从而实现精准、高效调度[8]。在数据聚合的过程中，需要确保单个用户的用电数据不被泄露[9]，以保护聚合数据的真实性和正确性，同时防止攻击者注入虚假数据[10]。其次，需要一种可以自动运行的分布式调度算法来进行电力调度。电力调度是指对电力系统的发配电方案进行决策的过程。由于电能难以存储，因此有必要通过有效的电力调度来保持供需平衡，从而减少资源浪费。智能电网和微电网应该能够获得细粒度的实时用电数据，以便做出更准确的调度决策[11]。最后，需要一个公共数据库来进行调度和审计。相关数据需要公开存储以便进行分布式调度和后续审查。

利用区块链技术[12-14]，可以基于其可信存储、可靠执行、分布式共识等安全特性，在无中心的微电网中建立起牢固的信任关系，使相互不信任的微电网参与者（包括发电站、聚合器、用户等）之间协作完成能源管理过程。本章提出了一种基于区块链的微电网管理架构。首先基于 Paillier 同态加密[15]和实用拜占庭容错（PBFT）共识算法[16]提出了一种微电网中可信的分布式数据聚合方法，可以实现带有隐私保护、数据完整性保护和细粒度控制的微电网数据聚合；在此基础上，利用智能合约和粒子群优化（PSO）算法[17]进行分布式电力调度，PSO 算法以分布式方式实现，以适应智能合约算力受限的特征。

10.3　微电网管理的发展

由于新能源发电技术的飞速发展，电力系统中出现了越来越多的在地理位置上彼此分散的小型新能源发电机，逐渐趋于分布式的电力系统使得在传统电力系统中运行良好的集中式电力调度模式开始显出种种弊端。因此，新的电力系统迫切需要新的调度管理模式，微电网架构就是为此提出的。微电网指特定区域中的发电机、用户和调度系统的集合；它既可以独立运行，也可以并入主电网一起运行。将规模较大的主电网划分为许多小型的微电网，调度和管理的难度将大大降低。分布式发电系统提高了电力分配的灵活性，并使得电力系统更加健壮和稳定，特别是在某些物理性灾难发生时（如输电网被破坏）。微电网电力调度系统需要根据系统中的负载需求、天气状况、电价、燃气价格等信息，以及主电网和用户侧的特定要求来控制发配电，以满足微电网系统的安全性、稳定性、经济运行和优化管理的目标。上述整个控制过程被称为电力调度。在传统电力系统中，电力调度过程由权威调度中心运行，该中心可以获取所有相关信息（如用电数据、电力需求）。但是，这种集中式调度架构不能完全满足微电网局部调度、迅速反应、电源的灵活接入和退出等需求。因此，本章提出的方案采用分布式架构，并引入了智能合约确保调度过程的正确执行。

为了保护用户的隐私并确保数据的有效性，数据聚合是一个非常重要的解决方案，即汇总用户数据并只将总结果发送至数据中心，从而保护单个用户的实际用电量隐私。最常见的方法是使用同态加密算法。Li 等[6]提出了一种分布式网络内聚合方法，基于生成树聚合数据。Lu 等[7]使用超递增序列有效聚合了多维数据。文献[18]中进一步改进了 Lu 等的方案，以支持恶意网关和数据中心下的多子集数据聚合和安全性。Xue 等[19]提出了一种无须可信授权的高效数据聚合方案，该方案不仅保证了用户的隐私和聚合效率，还支持灵活的动态用户管理。然而，上述工作无法同时提供用户隐私保护、数据完整性验证、公共共享和数据永久存储等关键特性。也有一些方案将区块链引入了数据聚合场景，如文献[20]和[21]中将区块链与同态加密结合提出了数据聚合方案；但是，他们的研究场景不涉及微电网中的恶意聚合网关问题，因此也无法抵抗相应攻击。针对该问题，文献[22]引入了 Raft 共识以保障聚合结果的正确性。而文献[23]则基于区块链设计了激励机制以鼓励聚合器提供正确数据，并惩罚提供错误数据的用户。此外，通信过程中的身份认证也是影响聚合结果正确性的重要因素，文献[24]提出了基于区块链的智能电网身份认证协议，提供密钥协商和数据完整性保障等安全特性。

对于微电网调度，现有工作集中在调度算法的优化上，而很少考虑如何安全地执行自动化调度。Bagherian 和 Tafreshi[25]利用粒子群优化算法进行了微电网电力调度，以最大化电力系统的利润。Kakigano 等[26]将模糊控制方法引入了电力调度中。Khorsandi 等[27]提出了一种采用传统下垂控制方法的分布式控制方案，能够实现精确的电流共享和电压调节。Che 等[5]提出了一种用于相邻微电网之间进行电力交换的三级分层协调策略。尽管这些工作已经对调度算法进行了充分的研究和分析，但是如何使这些算法自动化和安全地执行仍然是一个问题。一些工作引入了区块链设计智能电网管理方案，如文献[28]~[30]。但是这些工作大多旨在构建基于区块链的分布式能源交易平台，而非提供电力调度管理方式。虽然文献[31]使用智能合约进行了微电网控制，但是并没有直接实现复杂的电力调度过程，而仅仅使用智能合约选择了参与电压调节的电源子集。

10.4 系 统 模 型

10.4.1 系统架构

本章提出的方案中主要存在三种实体：主电网、微电网和终端实体（如用户和发电站）。划分微电网模式的电力系统架构如图 10.1 所示，以上实体形成了一个三级调度结构：微电网内部调度、微电网间调度和主电网调度。在内部微电网和主电网调度中都存在两种选择：集中式调度和分布式调度。出于成本和效率的考虑，应该在微电网中进行分布式调度，在主电网中进行集中式调度。

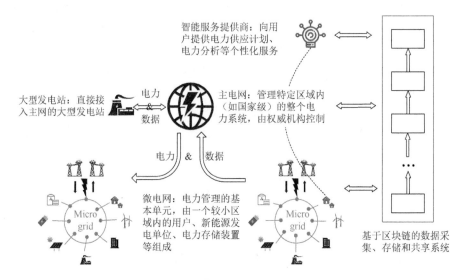

图 10.1　划分微电网模式的电力系统架构

　　保留主电网的集中式调度结构是因为：微电网数量众多且种类繁多，并且电力系统始终需要权威机构进行宏观调控，一味追求完全分布式的电力系统并不满足现实要求。然而在微电网中，考虑到调度成本、系统安全性、灵活性和信任关系等问题，分布式结构则更加适合。首先，在每个微电网系统内部建立单独的调度中心将导致调度成本的巨大增加，因为建造、管理和维护许多小型调度中心要比维护一个大型调度中心更为昂贵。其次，除非投入大量额外的保护费用，微电网调度中心的系统安全（包括小型调度中心的数据安全性和系统可靠性）将远远低于目前大型调度中心的水平。集中式调度结构也无法为微电网提供足够的灵活性（如灵活地建立和撤销微电网系统或更改微电网系统的辖域范围），集中式调度中心需要在建设初期就确定微电网的大致规模，并配备相应的基础设施，这使得微电网无法灵活地建立、更改和撤回。此外，集中式调度会使得微电网中无法建立适当的信任关系。信任关系包括三个方面：微电网内部实体和微电网调度中心之间、微电网和微电网之间、微电网和主电网之间。本地调度中心的小规模和较低安全性会在许多方面引发严重的信任危机，如发电站对调度结果和数据真实性的质疑。因此，集中式调度不适用于微电网内部，分布式架构是更好的选择。

　　本章针对单个微电网的内部调度，设计了如图 10.2 所示的管理架构。每个微电网由一个电力联盟，以及控制层、数据层、聚合层、用户层组成。电力联盟由计算能力较强的实体组成，如建筑管理员、小型发电站等。联盟中的实体作为调度员负责维护调度合约，并作为记账员将数据上传至区块链。控制层负责进行电力调度，由以太坊智能合约组成；智能合约由调度员部署和维护，他们周期性地从数据层读取用户数据，并执行调度程序以获得发电和配电结果。数据层建立在区块链上，由记账员维护，提供永久数据存储和公共数据共享能力。整个电力系统中的每个微电网都有自己的控制层、聚合层和用户层，但所有微电网可以共享同一个数据层，以实现便捷的数据共享。需要指出，控制层与数据层均部署在区块链上，区分二者是为了强调数据本身与数据的利用。所有用户都位于用户层。终端用户的用电数据需要上传到数据层中，用于电力分析调度等服务。在数据上传过程中，需要保护每个用户的具体数据，以保护用户的个人隐私。

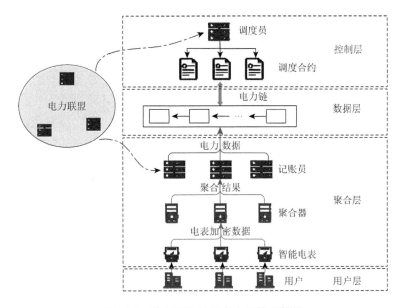

图 10.2　基于区块链的微电网管理架构

　　聚合层的目的是将特定区域用户用电量的聚合结果安全地上传到数据层中，同时保护个人用户数据的隐私。聚合层主要由以下实体组成：智能电表、聚合器和记账员。记账员是数据聚合中位于最高层的实体，并且负责最终执行数据的存储和处理。他解密聚合后的数据，按时间和地理位置存储并上传数据。用户、发电厂和调度员都与记账员进行交互，以获取用电量和电力需求等相关信息。电力联盟中的每个实体均可作为记账员，记账员集合记作 $B = \{B_1, B_2, \cdots, B_l\}$，其中 l 是系统中记账员的总数。聚合器作为数据聚合系统的中间层，负责将底层的智能电表和上层的记账员连接起来。它在较小的范围内执行数据聚合，即聚合智能电表发送的密文，然后将聚合结果发送给记账员。聚合器分属不同的记账员管理，位于记账员 B_i 之下的聚合器集合记作 $A_i = \{A_{i1}, A_{i2}, \cdots, A_{im}\}$，其中 m 是每个记账员下聚合器的数量。智能电表安装在用户端以读取用电量并将其发送至上层实体。它每隔一定的时间间隔（如 30min）读取一次用电数据，然后使用 Paillier 同态加密算法将数据加密，并将加密结果发送至上层的聚合器。位于聚合器 A_{ij} 之下的智能电表集合记作 $S_{ij} = \{S_{ij1}, S_{ij2}, \cdots, S_{ijn}\}$，其中 n 是每个聚合器管理的智能电表总数。

10.4.2 信任模型和安全需求

在数据聚合阶段，需要同时考虑内部攻击者和外部攻击者。内部攻击者主要指聚合器和记账员，它们能够删除、添加或篡改智能电表提交的数据而不会被发现。大多数相关工作都假设聚合器是诚实且好奇的，因此只需阻止它们读取智能电表的真实数据，而无须考虑它们会对数据进行篡改。但是，考虑到电力数据在智能电网和微电网中的重要性，聚合过程中的错误可能会导致对电力系统的错误预测，从而导致调度失败和经济损失。外部攻击者指的是除智能电表、聚合器和记账员之外的所有其他实体，它们可以监听信道或冒充内部实体发送虚假消息。外部攻击者通常对用户隐私感到好奇，有时甚至期望破坏系统的正常运行。在电力调度阶段，假设大多数参与者是正常和诚实的，但允许少数参与者是恶意的，恶意参与者会故意提供虚假结果以达到获取不当利益或破坏系统正常运行的目的。在电力调度阶段，需要在微电网内实现分布式自动化调度。分布式自动化调度指微电网中的一部分实体在没有控制中心的情况下一起完成调度过程，由于调度算法是基于用户数据进行的，因此首先需要一种安全的数据聚合算法，然后在此基础上设计所需的调度算法。

基于上述需求，本章方案提出了用户隐私保护、防止聚合器篡改数据和基于智能合约的自动化分布式电力调度三点设计目标。在数据聚合阶段需要保护用户的精确用电数据，因为从中可以推断出很多隐私信息。在聚合过程中，用户端（智能电表）和数据中心之间存在聚合节点，聚合节点负责聚合加密后的用户数据并将聚合结果发送至数据中心，恶意的聚合节点能够篡改、删除或注入数据，干扰聚合结果。因此，需要在聚合过程中防止数据被篡改（通常称为数据完整性保留）。最后，需要基于聚合结果进行电力调度，即通过优化得到最佳电力分配方案。为保障调度结果的可信性，该过程应是分布式和自动化执行的。分布式意味着系统中的一部分实体可以一起运行调度算法，而无须借助一个可信第三方作为权威数据中心；自动化意味着可以在特定时间内自动触发并运行调度算法，该过程不受人为干预。

10.5　基于区块链的微电网电力管理系统

本章方案将整个电力管理过程分为两个关键步骤：数据聚合和电力调度。在数据聚合阶段，通过同态加密实现隐私保护，基于实用拜占庭容错（PBFT）共识算法抵抗恶意聚合器，并通过区块链实现可靠存储；在电力调度阶段，利用智能合约和粒子群优化（PSO）算法实现分布式和自动化的电力调度。

为了实现安全的数据聚合，首先，智能电表读取单个用户的用电数据和日期等相关信息，使用同态加密算法对用电数据进行加密并对其签名，将密文发送至所属的聚合器。之后，聚合器收集负责范围内的智能电表上传的数据并对其签名进行验证，在特定区域内向其他聚合器广播电表数据和聚合结果，以执行共识算法。该区域中的其他聚合器将验证消息的签名和聚合结果，若聚合结果正确，则对其签名以防止聚合器篡改数据，从而保证数据的完整性。当聚合器收集到足够的其他聚合器的签名（如该区域中聚合器总数的 1/3）时，聚合结果将成为一条有效记录，并被发送给相应的记账员。记账员负责整合所有聚合器提交的有效记录并执行 PBFT 共识将其上传到区块链中。

对于微电网电力调度，基于 PSO 算法和智能合约来实现分布式自动化调度。利用智能合约实现基于 PSO 的调度算法，保障调度过程的安全、可靠执行。但是，智能合约算力有限，难以直接运行相对复杂的优化算法，因此，将 PSO 算法分解为一个更新合约和多个粒子合约，将整个计算过程划分为多个并行执行的小型任务，保障运行过程的稳定性。合约的输入是在上一阶段收集到的用户数据及环境条件等其他相关信息，输出是由调度程序计算出的电力分配结果。任何用户可以在每个特定的时间间隔触发该合约以启动调度过程。

10.5.1　系统初始化

1. 微电网与电力联盟初始化

划分微电网的方式取决于地理位置和电力供需关系。微电网通常由一些相邻的住宅楼、办公楼和新能源发电站组成。微电网的划分可由上级管理者指定，也可由实体协商。当电力供需关系发生变化时，例如，当某个微电网供大于求而相邻微电网相反时，两个微电网可以互换部分用户或发电站，使两者达到供需平衡。微电网范围确定后，需要构建电力联盟。电力联盟成员通常由电力系统或区域管理者（如物业、发电站等）协商确定。之后，电力联盟中的任一成员在电力链上创建微电网合约（microgrid contract），记录联盟成员、微电网范围等相关信息，同时上传实体的身份信息（即标识符、公钥）以支持后续的身份认证。最后，所有联盟成员在微电网合约中锁定一笔保证金，用于在发现成员恶意行为时进行惩罚。

2. 智能电表/聚合器注册

当微电网和电力联盟初始化完成后，需要划分数据聚合架构，例如，将一栋大楼中的智能电表分配给大楼物业所提供的聚合器，将一组聚合器划分给一个记账员。假设微电网中有 l 个记账员，则将聚合器分为 l 个组，每个组分配给一个记账员。为防止串通，可以定期更新聚合器和记账员之间的分配。完成聚合器分配后，每个聚合器将其公钥和标识符上传到微电网合约中；在数据聚合过程中，终端用户可以从合约中获取所需的信息（如用于加密数据的记账员公钥）。划分完成后需要进行密钥注册。每个记账员 B_i 生成一对 Paillier 同态密钥对 $(sk_i = (\lambda, \mu)$, $pk_i = (n, g))$，并将公钥 pk_i 上传至微电网合约；每个聚合器需要生成一个三元组 $(prk_{ij}, puk_{ij}, Id_{ij})$，其中 (prk_{ij}, puk_{ij}) 是一对用于数字签名和身份认证的密钥对，Id_{ij} 是一个随机生成的唯一身份标识符。之后，聚合器将 (puk_{ij}, Id_{ij}) 上传至微电网合约；每个用户需要生成一个三元组 $(prk_{ijk}, puk_{ijk}, Id_{ijk})$，其中密钥对用于数字签名和身份认证，$Id_{ijk}$ 为唯一身份标识符，并将 (puk_{jik}, Id_{ijk}) 上传至微电网合约。至此，三类实体均完成密钥注册。

10.5.2　安全数据聚合

数据聚合过程分为三个阶段，包括数据读取与加密、数据聚合与共识、数据解密与上传，分别由智能电表、聚合器和记账员完成，具体细节如下。

1. 数据读取与加密

每个电表 S_{ijk} ($1 \leq k \leq n$) 定期读取用电数据 pd_{ijk} 并使用记账员 B_i 的 Paillier 公钥 $pk_{B_i} = (n, g)$ 将其加密，记加密后的数据为 cpd_{ijk}，则加密过程为 $cpd_{ijk} = E(pk_{B_i}, pk_{ijk}) = g^{pd_{ijk}} \cdot r^n$。接下来，$S_{ijk}$ 生成原始数据消息（raw data message，RDmsg），包括加密用电数据、电表身份标识、日期、时间戳等，即 $RDmsg_{ijk} = \{cpd_{ijk} Id_{ijk} date_{ijk} \| ts_{ijk}\}$，其中 Id_{ijk} 是电表 S_{ijk} 的身份标识符，$date_{ijk}$ 为日期信息，ts_{ijk} 为时间戳。下一步，电表 S_{ijk} 使用自己的私钥 prk_{ijk} 对 $RDmsg_{ijk}$ 签名，得到签名 $RDsig_{ijk}$。最后，S_{ijk} 将原始数据消息和签名一起发送给聚合器 A_{ij}。

2. 数据聚合与共识

聚合器 A_{ij} 负责收集所管辖智能电表（即 $S_{ij1}, S_{ij2}, \cdots, S_{ijn}$）上传的加密用电数据（$\text{RDmsg}_{ij1}, \text{RDmsg}_{ij2}, \cdots, \text{RDmsg}_{ijn}$），验证对应的签名（$\text{RDsig}_{ij1}$，　$\text{RDsig}_{ij2}, \cdots,$ RDsig_{ijn}），将签名错误或不符合规范的数据剔除，得到有效数据集合 VS_{ij}。之后，A_{ij} 按照 Paillier 同态加密算法将有效数据的密文进行聚合，即 $\text{cAggRS}_{ij} = \oplus_k \text{cpd}_{ijk}$，$\text{RDmsg}_{ijk} \in \text{VS}_{ij}$。之后，$A_{ij}$ 生成待提交消息（message to be confirmed，TBCmsg），形式为 $\text{TBCmsg}_{ij} = \text{VS}_{ij} \| \text{cAggRS}_{ij} \| \text{Id}_{ij} \| \text{date}_{ij} \| \text{ts}_{ij}$。接下来，$A_{ij}$ 使用私钥 prk_{ij} 对待提交消息 TBCmsg_{ij} 签名，生成签名 TBCsig_{ij}。之后进入 PBFT 共识过程，以验证聚合结果的正确性，抵抗恶意聚合器的干扰。安全数据聚合方案中的共识流程如图 10.3 所示，包括 3 个阶段：预准备、准备和提交。

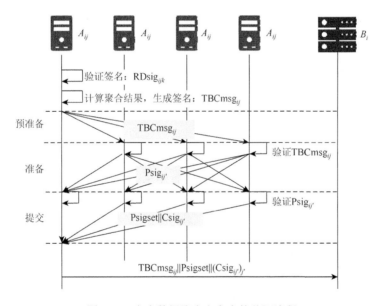

图 10.3　安全数据聚合方案中的共识流程

预准备阶段用于启动 PBFT 共识。在该阶段，主节点 A_{ij} 生成预准备消息并将其广播至共识组中的其他聚合器。每个记账员所管辖的聚合器集合即一个共识组；若聚合器集合较大，则会导致共识瓶颈，可进一步将聚合器集合划分为多个共识组，以减小共识开销。预准备消息包含三个内容：①有效数据集合 VS_{ij}，即经过验证后剩余的合法电表数据；②聚合结果 TBCmsg_{ij}；③聚合器对聚合结果的签名 TBCsig_{ij}。

准备阶段用于验证聚合结果的正确性。每个聚合器 $A_{ij'}$ 在收到预准备消息后，首先验证签名 TBCsig$_{ij}$，以确认该消息由共识组内的合法聚合器提供。之后验证 VS$_{ij}$ 中数据条目所对应的签名 RDsig$_{ijk}$，以确认数据均由合法的智能电表提供（而非由攻击者注入）。若验证无误，则重新计算聚合结果，即 cAggRS$'$ $= \oplus_k$ cpd$_{ijk}$（RDmsg$_{ijk} \in$ VS$_{ij}$），并比对结果是否与 cAggRS 相等。若相等，则对 TBCmsg$_{ij}$ 签名，生成准备签名（prepare signature，Psig），将其在共识组内广播以启动提交阶段。

在提交阶段，当聚合器 A$_{ij'}$ 收到其他聚合器发送的 Psig 后，A$_{ij'}$ 验证该签名的有效性。假设共识组中聚合器数量为 $m = 3f + 1$，则当 A$_{ij'}$ 收到不少于 $2f + 1$ 个 Psig 后，即可认为共识组内对待提交消息达成共识。此时，A$_{ij'}$ 将收到的 Psig 打包成一个集合，记作 Psigset，并对 Psigset 签名，得到提交签名（commit signature，Csig），记作 Csig$_{ij'}$。此时可得到提交消息，其形式为 Psigset $\|$ Csig$_{ij'}$，A$_{ij'}$ 将该消息发送给主节点 A$_{ij}$，以完成提交阶段。当 A$_{ij}$ 收到不少于 $2f + 1$ 个提交消息（包括其自身产生的消息）后，标志着共识组对待确认消息达成了 PBFT 共识。在达成共识后，A$_{ij}$ 将聚合结果和共识结果发送给记账员 B$_i$，记作 AGGmsg$_{ij}$ = cAggRS$_{ij}$ $\|$ Id$_{ij}$ $\|$ date$_{ij}$ $\|$ ts$_{ij}$ $\|$ Psigset $\|$ (Csig$_{ij'}$)$_{j'}$。

3. 数据解密与上传

记账员需要将从聚合器收到的记录打包到区块中，并将其上传到区块链中。记账员 B$_i$ 将收到其所管辖的每个聚合器提交的聚合器消息 AGGmsg$_{ij}$ $(1 \leqslant j \leqslant m)$。之后，B$_i$ 首先根据其中的共识信息验证聚合结果的正确性。如果正确，则 B$_i$ 可以使用自己的 Paillier 私钥 sk$_i$ 解密 cAggRS$_{ij}$ 并获取聚合器 A$_{ij}$ 所管辖智能电表数据的聚合结果 AggRS$_{ij} = \sum_{k=1}^{n}$pd$_{ijk}$。之后，所有记账员将解密后的结果和共识信息的摘要上传至区块链。

10.5.3 基于智能合约和 PSO 算法的微电网电力调度

由于电力存储成本较高，所以需要根据用电数据预测实时用电需求，并调整发电和电力调度策略；另外，不同的发电方式在不同时间或环境状态下的发电效率也不相同，例如，在晴朗天气，光伏电源更具有优势，而在大风天气则以风力发电优先。而电力调度的最终目标是使整个系统在满足用电需求的前提下达到最小成本。然而，系统整体目标与个人目标并不完全一致，如对于每个发电站来说，自己的发电量越多、其他电站的发电量越少，则往往能够获取更高利益，因此，不公平的电力调度结果会导致不公平的收益。因此，本章方案利用区块链智能合约进行自动化电力调度，保障调度结果的公平性。本节分别介绍基于 PSO 算法的微电网调度算法及基于智能合约的微电网调度算法。

1. 用于 PSO 算法的微电网调度算法

当前有几种不同的优化算法可用于电力调度，如粒子群优化（PSO）算法、磷虾群（krill herd，KH）算法、细菌觅食优化（bacteria foraging optimization，BFO）算法和差分进化（differential evolution，DE）算法。其中 PSO 算法在微电网中引入较早且被广泛接受，并且通过将其计算过程离散化，能够在算力有限的智能合约中实现，因此本章方案选择 PSO 算法用于微电网电力调度。PSO 算法是一种进化算法，起源于对鸟群摄食行为的研究。算法设置一组具有速度和位置两个属性的无质量粒子来模拟鸟群中的鸟类，其中速度表示粒子移动的速度，位置表示坐标。在优化过程中，粒子在多维搜索空间中移动，每个粒子根据自己的经验和相邻粒子的共享经验调整自己的位置，利用自己和相邻粒子所经过的最佳位置来寻找最优解。算法主要流程如下。

（1）系统初始化。基于 PSO 算法进行电力调度的过程如图 10.4 所示。在系统初始化过程中，需要设置粒子数 pnum 和最大迭代次数 T 等系统参数，以及输入用电数据和天气状况等原始数据。

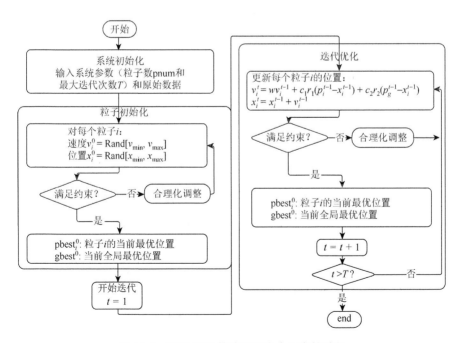

图 10.4 基于 PSO 算法进行电力调度的过程

（2）粒子初始化。根据粒子数 pnum，随机生成所需粒子，每个粒子随机产生一个在限制条件允许范围内的初始速度 v_i^0 和初始位置 x_i^0（$1 \leqslant i \leqslant$ pnum）。根据初始值，计算每个粒子的初始局部最优解 $\text{pbest}_i^0 = v_i^0$，并得到当前全局最优解 $\text{gbest}^0 = \text{pbest}_{i\min}^0$，其中 $i\min$ 是所有粒子中局部最优解为最优值的粒子。

（3）迭代优化。迭代求解最优解。在每次迭代中，每个粒子根据本地最优解 pbest_i^t 和全局最优解 gbest^t，计算速度 $v_i^t = wv_i^{t-1} + c_1 r_1 (p_i^{t-1} - x_i^{t-1}) + c_2 r_2 (p_g^{t-1} - x_i^{t-1})$ 并更新位置 $x_i^t = x_i^{t-1} + v_i^{t-1}$。其中 w 是惯性权重，c_1 和 c_2 为学习因子，分别表示局部最优值（即每个粒子的最优值）和全局最优值的影响。这些参数有多种计算方法。例如，对于惯性权重，可采用线性递减算法，即 $w = w_{\text{start}} - (w_{\text{start}} - w_{\text{end}})t/T$，其中 w_{start} 为初始惯性权重，w_{end} 为迭代至最大次数时的惯性权重，t 为当前迭代代数，T 为最大迭代代数。一般来说，当 $w_{\text{start}} = 0.9$，$w_{\text{end}} = 0.4$ 时，算法性能较好。对于学习因子，一般推荐取值范围为[0,4]，当 $c_1 = c_2 = 2$ 时，在大多数情况下可以得到较好的结果[17]。

2. 基于智能合约的微电网调度算法

为了实现基于 PSO 算法和智能合约进行自动化电力调度，本章方案对电力系统建模以评估每种发电方式的成本，调度算法的目标是最小化系统总成本。在满足功率平衡、容量限制等约束条件的前提下，求解使系统总成本最小的电力调度方式，即每种发电方式的发电量。在 10.4.2 节提出的安全数据聚合方案的基础上，利用智能合约实现了微电网中的分布式自动化电力调度，即图 10.5 所示的调度合

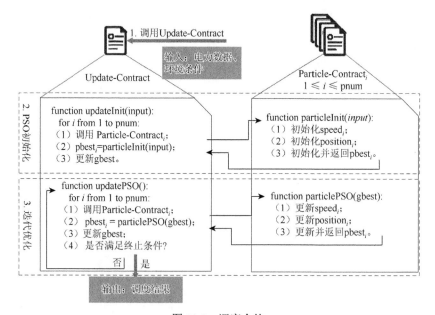

图 10.5　调度合约

约。合约由微电网内的发电站、用户、记账员等实体共同部署和维护。在调度合约的初始建立阶段，将 PSO 算法和相关参数作为初始参数写入合约；随后，在完成数据聚合后，调度合约将聚合结果作为输入，运行调度算法并输出调度结果。

考虑到智能合约的计算能力受限，将调度过程分散到多个智能合约中，由它们合作完成调度过程。调度过程由两类智能合约组成：多个粒子合约（particle contract）和一个更新合约（update contract）。每个粒子合约代表 PSO 算法中的一个粒子，更新合约负责全局调整。调度过程分为调用更新合约、PSO 初始化和迭代优化三个步骤。

为启动调度算法，区块链中的实体需要调用更新合约的 updateInit 函数，并将电力数据、环境条件和其他相关信息作为输入。接下来进行 PSO 初始化，即更新合约调用每个粒子合约中的 particleInit 函数，以初始化每个粒子，包括速度 $speed_i$、位置 $position_i$、粒子最优值 $pbest_i$。之后，粒子合约向更新合约提交返回值 $pbest_i$，更新合约可根据收集到的粒子最优值计算全局最优值 gbest。在完成初始化后，更新合约将执行 updatePSO 函数，将全局最优值作为输入，迭代调用每个粒子合约的 particlePSO 函数。基于 PSO 算法，每个粒子合约在获得全局最优值后，可更新速度和位置，并将更新后的粒子最优值发送给更新合约，以更新全局最优值。该过程迭代执行直至全局最优值不再变化，或达到最大迭代次数。最后，更新合约输出最终结果作为调度结果。

在微电网中，一段时间内所有的发电和配电过程都遵循相同的规律，只需部署一个调度合约。调度规则由电力联盟成员协商决定，完成协商后，其中一名联盟成员将调度规则转换为合约代码编写入调度合约，并将其部署在区块链上。调度合约在首次发布时会触发激活挑战，其他成员通过调用挑战函数响应该挑战以激活调度合约。合约在收到 ϵl 个响应后被激活并开始调度过程，其中 l 是电力联盟中调度员的数量，$0 < \epsilon \leqslant 1$ 是联盟成员协商而来的参数。如果合约在规定时间内没有收到足够的响应，就会关闭，需要重新部署调度合约。

10.6　安全性分析

为证明所提出的微电网电力调度系统的安全性，本节将分别分析数据聚合和电力调度过程中的安全问题。

10.6.1　用户隐私保护

一方面，攻击者无法通过窃听获取用户隐私信息。在数据读取和加密阶段，

智能电表 S_{ijk} 所产生的用电数据 pd_{ijk} 通过记账员 B_i 的公钥 puk_i 加密,因此,只有 B_i 可解密数据。假设攻击者可以窃听智能电表与聚合器之间的通信,即攻击者可以获取 cpd_{ijk} ,只要攻击者不是 B_i ,它就无法解密出 pd_{ijk} 。在本章方案中,假设 B_i 是诚实且好奇的,因此不会主动窃听用户端数据,而是等待聚合器发送的聚合结果。因此,攻击者无法获得单个用户的实际数据,从而保护了用户隐私信息。另一方面,即使是记账员也无法获取单个用户的隐私数据。记账员 B_i 会接收到所管辖聚合器 $A_{ij} (1 \leqslant j \leqslant m)$ 发送的聚合器消息,其中包含加密聚合结果 $cAggRS_{ij}$ 。 B_i 使用自己的 Paillier 私钥 sk_i 解密 $cAggRS_{ij}$,可得到聚合结果 $AggRS_{ij} = \sum_{k=1}^{n} pd_{ijk}$,即 n 个用户用电数据之和,但无法揭示每个用户的具体数据。

10.6.2 抵抗恶意参与者

攻击者伪装智能电表提交的虚假数据不会被记录在区块链上。假设攻击者可以拦截智能电表 S_{ijk} 上传的用电数据 cpd_{ijk} ,并伪造新的数据 cpd'_{ijk} 试图将其注入最终的聚合结果,以干扰后续电力调度过程。但是,在数据读取和加密阶段,每个智能电表需要在数据上传前使用私钥对加密数据签名;在数据聚合和共识阶段,聚合器会对签名进行验证,验证失败的数据会被丢弃而不被计入聚合结果。由于攻击者无法获取智能电表私钥,因此无法对伪造的数据构造有效签名,因此这种攻击不会成功。

若恶意聚合器数量少于共识组聚合器总数的 1/3,则无法将错误数据注入聚合结果。恶意聚合器可能将接收到的 cpd_{ijk} 篡改为 cpd'_{ijk} ,导致所计算的聚合结果中包含错误数据,即 $cAggRS'_{ij} = cpd_{ij1} \oplus \cdots \oplus cpd'_{ijk} \oplus \cdots \oplus cpk_{ijn}$;若记账员 B_i 解密该结果,将得到 $AggRS'_{ij} = pd_{ij1} + \cdots + pd'_{ijk} + \cdots + pk_{ijn}$ 。但是,由于共识机制的存在,这种攻击无法成功。在共识过程的准备阶段,共识组中的每个聚合器将验证每个 $RDsig_{ijk}$ 来确定其对应的用户数据 cpd_{ijk} 的正确性,只有超过 2/3 的聚合器提供签名,聚合结果才能够生效;但是攻击者无法获得智能电表的私钥,因此无法对其伪造的数据 cpd'_{ijk} 提供有效的 $RDsig'_{ijk}$ 。因此,虚假数据将无法通过 PBFT 共识,从而无法被记账员记录到区块链上。

若恶意记账员向区块链上传虚假数据,该恶意行为能够被任何实体检测到。在微电网系统中,记账员具有较高的安全性,因为记账员本身为发电站、物业等实际身份,且在加入电力联盟前需要提交保证金。但是,仍然存在记账员服务器被攻击者攻击而导致其安全性降低的可能。假设攻击者成功攻击记账员 B_i 并尝试通过 B_i 身份上传虚假聚合结果,虽然这种攻击无法提前预防,但是任何实体都可以快速检测到。在数据解密和上传阶段，需要同时将相关验证信息的摘要上链，并将验证信息在网络中传播。验证信息中包含聚合器在共识阶段对聚合结果的签名，但攻击者无法对伪造的聚合结果构造合法签名，因为攻击者无法获取聚合器的私钥。因此，一旦攻击者上传了伪造数据，系统中的任何实体都可以检测到验证信息中包含的签名与数据不一致，从而判断记账员被攻击者攻击，并进行相应处理。

10.6.3　电力调度安全性

电力调度过程由智能合约实现，基于区块链提供的安全性，可以认为，一旦调度合约被正确部署，就可以按照预定程序提供正确的调度结果。但是，一个恶意的调度者可能尝试向区块链部署带有错误调度算法的调度合约，例如，该调度算法可能偏向某些发电站以使其获益更多，导致调度结果的不公平性。这种攻击是无法成功的。这是因为，在调度合约被部署后，需要由至少 ϵl 个调度者激活，否则调度合约无法被进一步调用；也就是说，调度过程可以容忍 $(1-\epsilon)l$ 个恶意的调度者。ϵ 的具体取值与联盟成员之间的信任度相关，可由成员共同决定。例如，当联盟中发电站侧的调度者和用户侧的调度者比例相近时，可以设置 $\epsilon=1/2$。

10.6.4　与其他智能电网数据聚合方案的对比

如 10.2 节所述，针对智能电网数据聚合已经提出多种解决方案，包括 Li 2010[6]、EPPA[7]、PPMA[18]、Ghadamyari 2019[20]等。下面从五个方面将所提出的数据聚合方案与这些方案进行对比，包括隐私保护、抵抗恶意聚合器、抵抗恶意记账员/数据中心、无可信第三方、可信共享，数据聚合方案的安全特性如表 10.1 所示。隐私保护是数据聚合方案最基本的要求，通过加密数据实现。抵抗恶意聚合器能够保护数据完整性，这要求，若存在恶意聚合器（或聚合网关）试图篡改、删除或伪造数据，方案能够及时检测和制止这种行为。抵抗恶意记账员/数据中心则要求，如果某些记账员（或数据中心）被攻破并试图篡改、删除或伪造数据，这种恶意行为能够被发现。无可信第三方指系统的所有参与者能够分布式地完成数据聚合、存储和共享过程，而无须依赖数据中心等可信第三方。可信共享是指数据能够在相互不信任的实体之间可靠地完成共享，即保证共享的数据是正确的。

表 10.1 数据聚合方案的安全特性

数据聚合方案	隐私保护	抵抗恶意聚合器	抵抗恶意记账员/数据中心	无可信第三方	可信共享
Li 2010	√				
EPPA	√	√			
PPMA	√	√			
Ghadamyari 2019	√		√	√	√
本章方案	√	√	√	√	√

10.7 仿 真 评 估

本节通过验证性评估本章方案提出的微电网电力调度系统。其中，数据聚合方案基于 Python 3 实现，并使用树莓派模拟电表和聚合器以进行性能分析；调度合约基于 Solidity 实现并在以太坊测试网络中测试，验证调度算法的有效性，并通过 gas 消耗量评估运行开销。

10.7.1 数据聚合方案的计算开销和通信开销

假设 Paillier 加解密的计算成本为 C_p，签名或验签的计算成本为 C_{sig}，聚合 n 个密文数据的计算成本为 C_{agg}^n，表 10.2 展示了数据聚合过程的计算开销。数据聚合方案分为三个阶段。在数据读取和加密过程，智能电表需要执行一次加密和一次签名操作，因此每个智能电表的计算成本为 $C_p + C_{sig}$。在数据聚合和共识过程，每个聚合器作为主节点发起一次 PBFT 共识，并作为普通节点参与其他 $m-1$ 个聚合器发起的共识。作为主节点时，$A_{ij}(1 \leqslant i \leqslant m)$ 验证每个电表的签名 $RDsig_{ijk}(1 \leqslant k \leqslant n)$，将至多 n 个电表的数据进行同态聚合，并对结果签名。因此，聚合器的计算开销为 $nC_{sig} + C_{agg}^n + C_{sig}$。之后进入 PBFT 共识过程。在预准备阶段，主节点广播聚合结果；在准备阶段，每个普通节点验证每个电表的签名、重新聚合结果，并与主节点提供的结果进行对比，最后对聚合结果签名。因此，聚合器在共识前两个阶段的计算开销为 $m(nC_{sig} + C_{agg}^n)$。在提交阶段，每个聚合器需要验证 Psigset 中的签名，开销为 mC_{sig}。最后，在数据解密和提交过程，记账员需要验证每个聚合器提交数据中的 Psigset 并解密聚合结果，之后将结果签名并上传至区块链。

表 10.2　数据聚合过程的计算开销

数据读取和加密	生成 RDmsg	生成 RDsig	数据聚合和共识	验证 RDsig	生成 TBCmsg	生成 TBCsig
	C_p	C_{sig}		nC_{sig}	C_{agg}^n	C_{sig}
PBFT 共识	预准备阶段	准备阶段			提交阶段	
	广播	验证 RDsig	验证 cAggRS	生成 Psig	验证 Psigset	生成 Csig
	—	$m(n-1)C_{sig}$	mC_{agg}^n	mC_{sig}	$(m-1)C_{sig}$	C_{sig}

在实际应用中，聚合器算力相对较低，因此在 arm 1776 CPU 和 256MB 内存的树莓派上测试不同用户数量下的聚合算法运行时间，数据聚合方案的运行时间随用户数量的变化如图 10.6 所示。其中智能电表总数为 lmn ，l 为微电网中记账员的数量，m 表示每个记账员所管理聚合器的数量，即共识组的大小，n 表示每个聚合器所管理智能电表的数量。结果表明，数据聚合过程的运行时间与 m 和 n 呈线性关系。当 $m=50$、$n=500$ 时，一个记账员能够在 90s 内完成对 25000 个用户数据的聚合。由于整个微电网的聚合过程由 l 个记账员并行执行，整个电网能够在 90s 内完成对 $25000l$ 个用户数据的聚合，能够较好地满足现实需求。

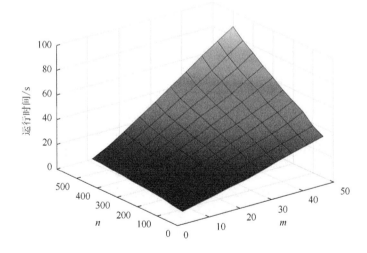

图 10.6　数据聚合方案的运行时间随用户数量的变化

10.7.2　电力调度方案的调度效果

为了评估电力调度方案的有效性，使用 Solidity 完成调度合约，并将其部署在以太坊测试网络上。具体方法：模拟一天 24h 中的用户电量和自然环境（包括光照强度、风力等），并每小时调用一次调度合约，运行基于 PSO 算法的电力调度算法。表 10.3 为电源类型、功率及其发电成本。

表 10.3　　电源类型、功率及其发电成本

电源类型	功率/W	发电成本
太阳能	50	$P_v = \eta SI[1 - 0.005(t_0 + 25)]$
风能	50	$F^{\text{HLLC}} = \begin{cases} 0, & 0 \leqslant V < V_{ci}, \quad V_{co} \leqslant V \\ f(V), & V_{ci} \leqslant V < V_r \\ P_r, & V_r \leqslant V < V_{co} \end{cases}$
燃料电池	30	
小型内燃机	30	$F_i(P_i(t)) = C_{F_i}(P_i(t)) + C_{OM_i}(P_i(t))$
微型燃气轮机	30	
蓄电池	5	—

电力调度的目标是基于用户用电需求和自然环境等因素变化，调整不同电源的发电量分配，以最小化系统总成本。总成本由三个部分组成，分别为发电成本、电源折旧成本和污染处理成本，目标函数为 $C_{\text{total}} = \sum_{t=1}^{T} \left\{ \sum_{i=1}^{N} [F_i(P_i(t)) + C_{\text{DE}}(P_i(t)) + C_{\text{pollut}}(P_i(t))] \right\}$。优化过程中需要满足两个约束条件，即电力平衡和功率限制，分别表示为 $P_d^t + P_{\text{loss}}^t = \sum_{i=1}^{N} P_{\text{G}i}^t$，$P_i^{\min} \leqslant P_{\text{G}i} \leqslant P_i^{\max}$。

基于文献[32]中使用的发电成本计算方式，通过 Solidity 实现基于 PSO 算法的电力调度合约，包括 1 个更新合约和多个粒子合约。通过调用更新合约并输入用户电力数据、光照强度和风速，合约将运行调度算法并计算每种电源的最佳发电量，使得总成本最低。图 10.7 给出了粒子数 pnum = 10、最大迭代次数 $T = 50$ 时的调度结果，横坐标为一天中的 24h，纵坐标为系统总成本。此外，将均匀分配的发电方式作为对比实验，即将电力需求平均分配到各个发电站。结果表明，调度算法能够显著降低系统总成本。

10.7.3　电力调度方案的运行开销

以太坊智能合约的运行成本一般通过 gas 消耗量标识。因此，为评估调度方案的运行开销，测试在粒子数（pnum = 5、10、15）和迭代次数（$1 \leqslant t \leqslant 50$）不同时，调度合约的 gas 消耗量，不同设置下调度合约的 gas 消耗量如图 10.8 所示。

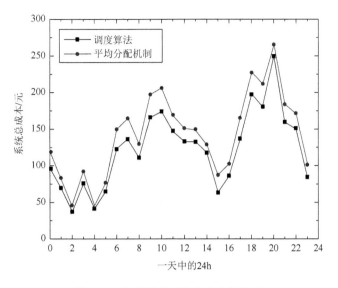

图 10.7 电力调度对发电成本的影响

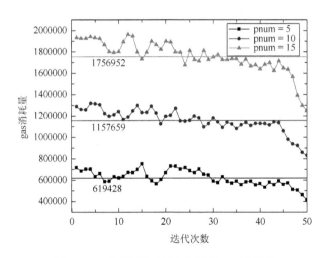

图 10.8 不同设置下调度合约的 gas 消耗量

当 pnum 分别为 5、10、15 时,平均每次迭代的 gas 消耗量约为 6×10^5、1.2×10^6 和 1.8×10^6,均为比较合理的以太坊合约 gas 消耗水平。同时可以看到,gas 消耗量随粒子数的增加而增加,基本呈线性关系。当粒子数固定时,随着迭代次数的增加,gas 消耗量初始在一个较大的值附近波动,之后缓慢下降,最后在某处显著降低。这是因为每次迭代后的结果都会更接近最优解,导致下一次迭代的计算成本降低。当某一个粒子到达最优解时,它的运行成本达到最低;随着迭代次数的增加,更多的粒子将到达最优解,则总开销明显降低,使得总 gas 消耗量稳定为一个较低的值。因此，gas 消耗量的大幅下降意味着粒子开始达到最优解。此外，粒子数越多，gas 消耗量的下降趋势越明显。这是因为当粒子数较多时，算法可以更快地找到最优解；且由于每个粒子的计算成本都会降低，随着粒子数增加，总成本自然会降低得更明显。

需要说明，本章方案选择以太坊智能合约进行测试，是因为在以太坊上能够通过 gas 消耗量直观地体现计算开销，以便更好地评估所提出的调度方案的性能。在实际中，电力系统可以构建自己的电力区块链，而非直接使用昂贵的以太坊公有链。

10.8　本 章 小 结

为了解决发电系统日益分散化而导致传统电力调度模式无法有效工作的问题，本章提出了一种基于区块链的微电网能源管理系统，包括基于区块链的安全数据聚合方案，以及基于智能合约和 PSO 算法的微电网电力调度方案。基于 Paillier 同态加密和 PBFT 共识提出安全数据聚合方案，能够在不依赖可信第三方的去中心化环境中实现抵抗恶意聚合器的数据聚合方案；利用 PSO 算法进行电力调度，并通过将 PSO 算法分散到多个合约中实现在算力受限的智能合约中进行自动化电力调度。安全性分析证明，所述方案可以很好地解决微电网中的安全问题，且能够适应电力系统的未来发展趋势。此外，通过在小型微电网系统中对所提出的数据聚合和调度算法进行验证性实验，证明提出的方案提供了预期的功能，并能够满足电力调度系统的性能要求。未来可以进一步改进数据聚合算法，以达到更好的性能；并在更真实的环境中模拟整个电力调度过程，从而发现更多可能存在的问题，对方案进行进一步完善。

参 考 文 献

[1]　WU F F，MOSLEHI K，BOSE A. Power system control centers：Past，present，and future[J]. Proceedings of the IEEE，2005，93（11）：1890-1908.

[2]　BADAL F R，DAS P，SARKER S K，et al. A survey on control issues in renewable energy integration and microgrid[J]. Protection and Control of Modern Power Systems，2019，4（1）：1-27.

[3]　ANAND S，FERNANDES B G. Reduced-order model and stability analysis of low-voltage DC microgrid[J]. IEEE Transactions on Industrial Electronics，2013，60（11）：5040-5049.

[4]　LASSETER R H，PAIGI P. Microgrid：A conceptual solution[C]//2004 IEEE 35th Annual Power Electronics Specialists Conference，Aachen，2004：4285-4290.

[5]　CHE L，SHAHIDEHPOUR M，ALABDULWAHAB A，et al. Hierarchical coordination of a community microgrid with AC and DC microgrids[J]. IEEE Transactions on Smart Grid，2015，6（6）：3042-3051.

[6]　LI F J，LUO B，LIU P. Secure information aggregation for smart grids using homomorphic encryption[C]//2010

First IEEE International Conference on Smart Grid Communications，Gaithersburg，2010：327-332.

[7]　LU R X，LIANG X H，LI X，et al. EPPA：An efficient and privacy-preserving aggregation scheme for secure smart grid communications[J]. IEEE Transactions on Parallel and Distributed Systems，2012，23（9）：1621-1631.

[8]　ZUBIETA L E. Power management and optimization concept for DC microgrids[C]//2015 IEEE First International Conference on DC Microgrids，Atlanta，2015：81-85.

[9]　LISOVICH M A，WICKER S. Privacy concerns in upcoming residential and commercial demand-response systems[J]. IEEE Proceedings on Power Systems，2008，1（1）：1-10.

[10]　PENG C，SUN H T，YANG M J，et al. A survey on security communication and control for smart grids under malicious cyber attacks[J]. IEEE Transactions on Systems，Man，and Cybernetics：Systems，2019，49（8）：1554-1569.

[11]　MASSOUD AMIN S，WOLLENBERG B F. Toward a smart grid：Power delivery for the 21st century[J]. IEEE Power and Energy Magazine，2005，3（5）：34-41.

[12]　NAKAMOTO S. Bitcoin：A peer-to-peer electronic cash system[EB/OL].（2008-10-31）[2023-6-25]. https://www.bitcoinpaper.info/bitcoinpaper-html/.

[13]　BUTERIN V. A next-generation smart contract and decentralized application platform[J]. White Paper，2014，3（37）：2-1.

[14]　THE SOLIDITY AUTHORS. Solidity documentation.（2023-11-8）[2024-1-22]. https：//docs.soliditylang.org/.

[15]　PAILLIER P. Paillier Encryption and Signature Schemes[M].　Boston：Encyclopedia of Cryptography and Security：Springer，2011.

[16]　CASTRO M，LISKOV B. Practical byzantine fault tolerance[C]// Proceedings of the Third Symposium on Operating Systems Design Implemen，New Orleans，1999：173-186.

[17]　MARINI F，WALCZAK B. Particle swarm optimization（PSO）. A tutorial[J]. Chemometrics and Intelligent Laboratory Systems，2015，149：153-165.

[18]　LI S H，XUE K P，YANG Q Y，et al. PPMA：Privacy-preserving multisubset data aggregation in smart grid[J]. IEEE Transactions on Industrial Informatics，2018，14（2）：462-471.

[19]　XUE K P，ZHU B，YANG Q Y，et al. An efficient and robust data aggregation scheme without a trusted authority for smart grid[J]. IEEE Internet of Things Journal，2020，7（3）：1949-1959.

[20]　GHADAMYARI M，SAMET S. Privacy-preserving statistical analysis of health data using paillier homomorphic encryption and permissioned blockchain[C]//2019 IEEE International Conference on Big Data，Los Angeles，2019：5474-5479.

[21]　ZHENG B K，ZHU L H，SHEN M，et al. Scalable and privacy-preserving data sharing based on blockchain[J]. Journal of Computer Science and Technology，2018，33（3）：557-567.

[22]　ZHANG X H，YOU L，HU G R. An efficient and robust multidimensional data aggregation scheme for smart grid based on blockchain[J]. IEEE Transactions on Network and Service Management，2022，19（4）：3949-3959.

[23]　REIJSBERGEN D，MAW A，DINH T T A，et al. Securing smart grids through an incentive mechanism for blockchain-based data sharing[C]//Proceedings of the Twelfth ACM Conference on Data and Application Security and Privacy，Baltimore，2022：191-202.

[24]　PARK K，LEE J，DAS A K，et al. BPPS：Blockchain-enabled privacy-preserving scheme for demand-response management in smart grid environments[J]. IEEE Transactions on Dependable and Secure Computing，2023，20（2）：1719-1729.

[25]　BAGHERIAN A，TAFRESHI S M M. A developed energy management system for a microgrid in the competitive

electricity market[C]//2009 IEEE Bucharest PowerTech，Bucharest，2009：1-6.

[26]　KAKIGANO H，MIURA Y，ISE T. Distribution voltage control for DC microgrids using fuzzy control and gain-scheduling technique[J]. IEEE Transactions on Power Electronics，2013，28（5）：2246-2258.

[27]　KHORSANDI A，ASHOURLOO M，MOKHTARI H. A decentralized control method for a low-voltage DC microgrid[J]. IEEE Transactions on Energy Conversion，2014，29（4）：793-801.

[28]　XUE L，TENG Y L，ZHANG Z Y，et al. Blockchain technology for electricity market in microgrid[C]//2017 2nd International Conference on Power and Renewable Energy，Chengdu，2017：704-708.

[29]　MENGELKAMP E，NOTHEISEN B，BEER C，et al. A blockchain-based smart grid：Towards sustainable local energy markets[J]. Computer Science-Research and Development，2018，33（1）：207-214.

[30]　LI Z T，KANG J W，YU R，et al. Consortium blockchain for secure energy trading in industrial internet of things[J]. IEEE Transactions on Industrial Informatics，2018，14（8）：3690-3700.

[31]　DANZI P，ANGJELICHINOSKI M，STEFANOVIĆ Č，et al. Distributed proportional-fairness control in microgrids via blockchain smart contracts[C]//2017 IEEE International Conference on Smart Grid Communications，Dresden，2017：45-51.

[32]　JAINI A，MUSIRIN I，AMINUDIN N，et al. Particle swarm optimization（PSO）technique in economic power dispatch problems[C]//2010 4th International Power Engineering and Optimization Conference，Shah Alam，2010：308-312.

索　引